大学体育教学理论与设计研究

徐 琳　杜文革　田 磊◎著

吉林出版集团股份有限公司
全国百佳图书出版单位

图书在版编目(CIP)数据

大学体育教学理论与设计研究 / 徐琳 , 杜文革 ,
田磊著 .-- 长春：吉林出版集团股份有限公司 ,
2024.11. -- ISBN 978-7-5731-6028-7

Ⅰ . G807.4

中国国家版本馆 CIP 数据核字第 2024MX2049 号

DAXUE TIYU JIAOXUE LILUN YU SHEJI YANJIU

大学体育教学理论与设计研究

著　　者	徐　琳　杜文革　田　磊	
责任编辑	张婷婷	
装帧设计	姬　强	
出　　版	吉林出版集团股份有限公司	
发　　行	吉林出版集团青少年书刊发行有限公司	
地　　址	长春市福祉大路 5788 号（130118）	
电　　话	0431-81629808	
印　　刷	安徽中皖佰朗印务有限公司	
版　　次	2024 年 11 月第 1 版	
印　　次	2024 年 11 月第 1 次印刷	
开　　本	787 mm × 1092 mm　　1/16	
印　　张	12.75	
字　　数	280 千字	
书　　号	ISBN 978-7-5731-6028-7	
定　　价	58.00 元	

前言

在当代社会，体育教育作为大学不可或缺的一部分，不仅关乎学生体质的强健，更深层次地影响着其精神风貌、团队协作能力，乃至终身健康观念的形成。体育教学是服从和服务于学校教育目标的一项具有明确目的的实践活动，是一个由认识过程、实践过程和教学价值实现过程构成的有机整体。它必须通过学生学习知识、掌握技能，改善学生的身心健康状况，使体育教学价值得到充分体现，使学校体育的系统功能得到全面发挥。体育教学设计从教育教学规律出发，应用系统的观点和分析方法，客观地考察体育教学工作的规律和特点，以学生为中心，分解教学目标，科学规划教学过程，运用相应的教学策略，突出对学生学习方法的培养，使学生乐于学习，勤于练习，充分发挥其主观能动性，最大限度地取得理想的整体效果。

本书系统探讨了大学体育教学的理论框架与实践路径，全书共八章，涵盖了从基础理论到教学实践，再到改革与创新的全方位解析。首先，本书基于教学目标与特点，明确了任务与原则，阐述了教学理念，为大学体育教学奠定了理论基石。其次，本书深入分析了教学内容的编排、变迁及教学方式的多样性，结合信息化教学方法，如微课、慕课、翻转课堂等，展现了教学策略与模式的创新实践。再次，本书针对教学改革，聚焦训练、人文与管理层面的革新思路。本书还着重讨论了教学设计的理论支撑，包括学习者特性分析与多元化理论的应用，并细致入微地设计了课堂教学过程与评价体系，确保教学质量的优化。最后，本书针对大学体育教学俱乐部的体系设计，构建了目标、管理与评价的三维框架，为实现体育教学的组织创新与学生个性化发展提供了新视角。全书旨在为大学体育教学提供一套理论联系实际、紧跟时代发展的系统性指导方案。

在本书的写作过程中，作者力求做到严谨、客观和全面，但由于时间和能力的限制，书中难免会有疏漏和不足。我们真诚地希望得到各界同人的批评指正，愿以此为契机，共同推动我国大学体育教学向着更加科学、高效、人性化的方向迈进。

目 录

第一章 大学体育教学基础理论

第一节 大学体育教学的目标与特点

一、体育教学目标及相关概念

（一）体育教学的条件关系

体育教育领域中，与体育教学目标相关的术语较多，如体育教学目标、体育教学任务等，导致人们容易混淆。那么，"体育教学目的"与相近的"体育教学目标""体育教学任务"之间是什么样的关系呢？

1. 体育教学目的、体育教学目标、体育教学任务的含义

（1）体育教学的目的

体育教学的目的就是人们设立体育学科和实施体育教学的行为意图与初衷。体育教学目的也是贯穿整个体育教学的指导思想，是对体育教学提出的概括性的和总体性的要求，其把握着体育教学的进展方向。

（2）体育教学目标

体育教学目标是努力的方向和预期的成果，是"要在各个阶段达成什么和最后达到什么"的意思。由此而论，体育教学的目标是人们为达到体育教学的某个目的，在行动过程中所设立的各个阶段的预期成果，以及最后的预期成果。

（3）体育教学任务

体育教学任务是受委派担负的工作或责任，即上位的人或事对下位的人或事提出的要求及布置的工作，是"要做什么"的意思。由此而论，体育教学任务是为了达到体育教学目的、实现体育教学目标所应该做且必须做的工作。

2. 体育教学目的、体育教学目标、体育教学任务三者之间的关系

体育教学目的、体育教学目标、体育教学任务三者之间应是如下的相互关系：

第一，最终的体育教学目标是实现了体育教学目的的标志。

第二，各个阶段的体育教学目标的总和就是最终的体育教学目标。

第三，体育教学任务是为达到体育教学目的和实现体育教学目标所应该做的实际工作和应担负的责任。

3. 教学目标与教学目的

人们往往把体育教学目的和体育教学目标混淆。在现代汉语中，"目的"的意思是"想要达到的境地或想要得到的结果"。从这一释义上看，我们可以把"教学目的"理解为教学活动预期要达到的结果，它规定着教学活动的方向和标准要求。

由于在汉语词汇中"目的"和"目标"并没有质的差别，因此，教师经常将教学目的和教学目标视为同一概念。其实二者既有密切联系，又有明显区别。体育教学目标是体育教学目的的具体化，与体育教学目的在方向性质上是一致的，都是教学活动所要预期达到的结果。其区别在于：第一，体育教学目的与体育教学目标是一般与特殊的关系，体育教学目的是对体育教学活动的总要求，对体育教学活动具有普遍的指导意义；而体育教学目标是对体育教学的具体要求，只对特定阶段、特定范围内的教学活动有指导规范作用，如某一课时、某一单元的教学活动。第二，体育教学目的具有稳定性，而体育教学目标具有一定的灵活性，体育教学目的体现了社会的意志和客观要求，特别是体育教学目的是以指令性形式表现出来的；而体育教学目标则较多地体现了体育教学活动的主体要求，有一定的自主性，体育教师可以根据教学的具体情况予以制定、调整，有一定的灵活性。

体育教学目标对整个体育教学活动起着统贯全局的作用。教学目标反映着教育思想，也反映着制定者对教学规律、教学过程等客观性教学要求的看法。教学目标一经确定，便对其他主观性教学要求产生影响，即影响到教学内容、教学计划、教学方法、教学原则及其他种种的教学行为。当然，人们从教学行为中获得的经验与体验又反过来使自己对教学目标进行再思索，或进一步加深对教学目标的理解或对教学目标做某种幅度的调整。

教学目标具有两个特征：一是可行性。说明目标的内容，即说明做什么以及如何做。二是预期性。用特定的术语描述教学后学生应能做到以前所不能做的事情，即教学后所要实现的结果的详细规格。

4. 教学目标与教学任务

体育教学任务是为了达到体育教学目的、实现体育教学目标所应该做的，而且是必须做的工作。教学目标与教学任务虽然是同一个范畴，但又有区别。第一，教学任务是以教师为主体的；而教学目标则是在一定教学时间内各种教学活动行为要达到的标准和境界，它是以教师为主导、学生为主体的。第二，教学任务是比较笼统的，分不出阶段和层次；教学目标的描述由于采取了具体的行为动词，因而对教学过程的阶段、深度和层次有明显的限定。第三，教学任务是教师对教学的期望，缺乏量和质的规定性，观察和测量都难以进行，其结果难以评价；教学目标则将教学任务具体化和量化，可观察、测量，或作为评价的依据。第四，教学任务一般为教师所掌握；教学目标师生都要明确和掌握，学生可以根据教学目标进行自我学习和自我检测，有利于增强学生学习的主动性和兴趣。

5. 体育教学目标的概念

体育教学目标是依据体育教学目的而提出的预期成果。这个预期成果可分为阶段性成果和最终成果：阶段性成果是体育教学的阶段目标，而阶段性成果的总和就是最终成果，即体育教学总目标。体育教学总目标是体育教学目的得以实现的标志。

（二）制定体育教学目标的依据

1. 对学生的研究

教育是一个改变人行为方式的过程。这个"行为"是广义上的，它既包括外显的行动，又包括思维和感情。从这个角度去认识体育教育时，体育课程目标就是体育教育寻求学生发生各种行为变化的代表。教师要使体育教育实现预定的目标，就必须对学生进行各方面的研究。

（1）学生身心发展的规律

体育课程的主体是学生，体育教育的工作要求、内容选择、安排和组织形式，以及教育、教学、训练方法手段等，都要以遵循学生身心发展的规律为前提。学生心理发展的主要特点，主要包括学生的认知发展、情感和意志发展、个性发展三个方面；生理发展的主要特点包括身体的形态发育、机能发育和素质发展三个方面。不同年龄的学生，其身心发展的特点是不一样的。体育教育工作必须结合学生身心发展特点来进行，才能有针对性，并实现预先设计的目标。

因此，学生身心的发展规律是确定体育课程目标的生理和心理依据，它能够反映学生身心发展的客观规律和作为体育课程主体的客观需要。只有经过充分认识学生身心发展的特点，教师所确定的体育课程目标才是科学的，并能指导实践，实现体育课程目标。

（2）学生全面发展需要

教学与发展的问题是教育学的核心问题之一，它同教育科学的一系列其他重大问题都有这样或那样的联系。客观真理和科学是现代课程的支柱和核心，对原理结论的被动接受与对科学真理的绝对服从导致了人们主体意识的减弱和人生目标的迷失，甚至出现了被书本知识主宰和控制的"异化"现象。很少有人去探寻课程实践中人性发展的内涵、精神提升的意蕴，也很少有人把课程与人的精神解放、生命历程联系起来。在这种情况下，提倡对人的主体与人生目标的哲学探讨，将会把课程研究提升到一个新的境界。因此，人的生命和发展都应该是课程研究的出发点，任何知识内容的安排都应以人的发展为依据、准绳。

"发展"主要是指人的发展。关于人的发展问题历来是哲学、心理学、社会学、人类学和教育学等众多学科关注的重要课题。教育学把人的发展看作个体的人的天赋特性和后天获得的一切量变和质变的复杂过程，即由一个生物性的个体变成一个具有无限创造能力的社会成员，其中包括身体、智力、品德、审美和劳动技能等的形成和发展。教育学中讨论的人的发展，既包括个体的自然发展，又包括个体的社会发展。人的自然发展和社会发展常常是密切关联的，是相辅相成的。这样的情况说它是自然发展也可以，说它是社会发展也可以。当然也有自然发展包含着一部分社会发展和社会发展包含着一部分自然发展的情况。由此可知，作为学生个体的发展，实质上是人的不同自然成长因素、社会因素和基于社会的教育过程综合作用的发展，这也说明了为什么每一个学生个体在同样的教育环境下会表现出不同的学习能力和发展水平。作为体育课程的主体——学生，无论是否接受了体育课程的教育，其都会在自然成长因素和社会因素的影响下得以成长和发展。但体育课程的作用则是通过体育的手段引导、鼓励、教育学生，使之能够更为健康地成长、发展，从而达到社会所需要的人才标准。由于体育课程所面临的任务是培养、塑造处于不断发展中的人，因此，应当说体育课程的主体是"发展人"。"教育是人类有意识地促进自身发展的实践。"也就是说，体育课程的根本任务是根据人的发展的概念中必然包括的生物因素和社会因素，来促进学生的健康发展。

既然人在生物因素和学校教育以外的社会因素下仍然可以得到发展，那么，围绕主体所进行的体育课程主要着眼于儿童、少年、青年，直至成年人的成长，即"发展人"。所以，在体育课程的任何阶段，教师在考虑其目标和计划时，都必须遵循人的基本发展规律来设计、制定并实施。无论是群体的人，还是个体的人，其发展的规律和状况都应该成为制定体育课程目标和计划的根本依据。

2. 对社会的研究

对社会的研究，主要是研究社会的需要，是指社会经济、政治、科学文化、生产力的发展水平对体育课程提出的要求。它集中体现于社会在培养人的质量规格要求上。当今世界正处于激烈的国际竞争和新技术革命的挑战时代，世界范围的经济竞争、综合国力竞争，在很大程度上是科技和人才的竞争，归根到底是教育的竞争。我国改革开放和现代化建设事业已经迈进了新的世纪，面对新的形势，我国体育课程要根据新形势对人才的要求，考虑我国对体育教育提供的必要条件、合格体育师资的数量与质量、场地、器材设备、工作经费等实际情况，这样制定出来的体育课程目标才是科学合理的。

我们在对社会需求的研究中，不能忽略了社会文化传承的需要。文化的传承，不只是静态的积累、保留和传递，更是选择性地汲取传统文化的精髓，并将其转化为适合时代的有用的东西，并加以传扬下去。

教育是个人发展和社会生活延续的手段，就其本质而言，它是实现人类文化传承的最主要手段。自然，体育教育是体育文化传承的主要手段，而体育教育的核心就是体育课程。体育课程的文化传承功能主要体现在：首先，体育本身就是一个文化现象，学习体育就是接受体育文化熏陶。体育作为国际社会文化现象由来已久，现代体育的产生和发展与近代文化发展史息息相关。因此，通过体育课程，学生就能够接触并认识一定的社会文化。其次，体育课程又是体育文化传承的媒介，学习体育是传承体育文化的一条捷径。学习体育的好处就是能为学习者打开认识体育文化的大门。此外，体育课程本身的功能特点，有利于体育文化的传承。现代体育课程的结构丰富了体育文化的传承途径选择，体育的显露课程、隐蔽课程、社会课程与体育文化的传承互为补充。

3.对学科的研究

学校课程毕竟是要传递通过其他社会经验难以获得的知识，而学科是知识最主要的支柱。由于体育课程专家谙熟课程的基本概念、逻辑结构、探究方式、发展趋势，以及学科的一般功能及其相关学科的联系，所以，体育课程专家的建议是制定该课程目标的主要依据之一。

体育课程本身的功能是制定课程目标的重要信息，是课程内部特性的反映，是在课程实施过程中，学生所要获得的体育教育的结果。到目前为止，体育课程的功能是多元化的，包括健身功能、教育功能、启智功能、情感发展功能、群育功能、美育功能、娱乐功能和竞技功能等。

由此可见，只有依据这些功能所确定的体育课程目标，才能充分发挥学校体育的作用，使目标的实现成为可能。

（三）体育课程目标的层次结构

体育课程的目标应该是什么呢？可以是促进学生的全面发展，也可以是增强体质或是促进健康，还可以是学会某项运动技术。从这些目标当中可以看出，它们之间并不是处在同一层次上的。此外，对于同一层次的目标而言，它们也存在着不同领域和水平的区分。课程目标是有层次结构的，不同的层次结构发挥着不同的功能。

1.课程目标的纵向层次

根据目标的上下层次关系，我们可以依次将课程目标分为以下几种不同的层次：

（1）课程的总体目标——教育目标

所有课程的共同目标，即课程的总体目标。对课程的总体目标的规定，反映了特定社会对于合格成员的基本要求，与该社会根本的价值观一致，一般有浓厚的社会政治倾向。这一层次的目标经常被写进国家和地方的法规，或其他形式的重要课程文件当中。

从国家或整个社会的角度来看，教育目标只能是总体性的、高度概括性的，而不可能是具体的、菜单式的。就课程编制而言，总体目标具有导向性，渗透在课程编制的各个方面，可运用于所有的课程实践。例如，课程编制者在考虑课程的宏观结构时，必须服从教育目标的根本方向，在决定课程的具体内容时，必须保证其与教育目标要求相符合：像义务教育阶段各门课程的设置，能否满足学生全面发展的要求；各门课程所选择和涉及的内容，是否与学生全面教育目标方向相一致；等等。人们从总体上考虑和判断具体课程的意义和价值、课程结构的科学性、课程内容的合理性时，经常是用教育目标作为根本依据的。

（2）课程的总体目标的具体化——培养目标

课程的总体目标——教育目标，是整个国家各级各类学校必须遵循的统一的质量要求，各级各类学校根据国家的教育目标和自己学校的性质、任务对培养对象提出特定的要求，这就是人们平时所讲的培养目标，如基础教育、高等教育、职业教育等培养目标。

培养目标是总体目标在各个教育阶段或不同类型学校中具体化的体现，两者没有实质性的区别。

培养目标尽管是教育目标的具体化，但仍然具有高度的概括性，如通常用发展学生文化、科学、技术的基础知识和基本技能等表述方式，并不涉及具体的学科领域，而只是为各个教育阶段和各级各类学校中的各种学科课程的编制提供相应的依据。同样，各个教育阶段和各级各类学校的体育课程，也是根据培养目标而编制的。

（3）学科领域的课程目标

学科领域的课程目标实际上就是人们通常意义上所讲的课程目标，这一层次的目标适用于一定阶段的具体课程，要研究的体育课程的目标就是属于这一层次的。这个层次上的目标比培养目标更为具体，可以说是培养目标在特定课程领域的表现。学科领域的课程目标的确定首先要明确课程与上述教育目标、培养目标的衔接关系，以确保这些要求在课程中得到体现；其次，要在对学生的特点、社会的需求、学科的发展等各个方面进行深入研究的基础上，确定行之有效的学科领域课程目标。学科领域的课程目标有助于澄清课程编制者的意图，使各门课程不仅注意到学科的逻辑体系，而且关注到教师的教与学生的学，关注到课程内容与社会需求的关系。体育课程的目标实际上就是结合体育学科本身的特点、教育目标、学校的培养目标、学生的特点以及社会的需求而制定的。

（4）学科领域的课程目标的具体化——教学目标

尽管学科领域的课程目标有细化和可操作性的趋势，但仍然是总体性的或阶段性的一般目标；而对于作为短期的某一教学单元以至某一节体育课，我们又如何分析它的目标体系呢？这通常被称为单元或课的教学目标。实际上它们是学科领域的课程目标的进一步具体化。课的教学目标又是单元教学目标的具体化，是最微观层次的课程目标。这一层次的目标通常分析到操作化的程度，它往往与具体的情景联系在一起，对体现较抽象的课程目标的结果给予明确的界定，引导教学的展开。

教学目标是一所学校在确定体育课程的实施方案并制订以单元为基础的全年教学计划以后，由任课教师制订的，它是教师制订单元计划和课时计划的依据。在过去，我国较为重视的是课时计划，并把一堂课看作最基本的教学单位。其实一堂课是最基本的教学单位，却不一定是一个完整的基本教学单位，因为一堂课不能把一个教学系列完整地教给学生，有时只能完成其中一部分。只有一个教学单元才能把一个完整的教学系列教给学生。因此，在改革的新形势下，我们应当更加重视单元计划的构建和单元目标的设计。

2. 课程目标的横向关系

课程目标的横向关系实质上反映了各种目标的区分以及相互关系。"目标领域"是指预期学生学习之后所发生变化的内容领域。在教育目标这一层次上，我国通常用德、智、体或德、智、体、美、劳来划分目标领域。无论怎样划分目标领域，各领域对总的目标来说都应当具备逻辑的合理性。它们彼此之间在相互关系上虽然可能是并列和平行的，尽管这样使得课程目标更加具体、清楚和明确，但它们之间必须是个相互联系的整体，每个领域都不能脱离其他领域而单独实现课程目标。

二、体育教学目标与体育学科功能、价值的关系

（一）体育学科的多功能

功能取决于事物的性质和特点，体育学科的功能同样来自体育学科自身所具有的性质和特点。由于体育学科的内容产生于不同的文化现象，如产生于军事中的体育活动、产生于民间娱乐中的体育活动、产生于教育中的体育活动、产生于养生保健中的体育活动、产生于竞争竞赛中的体育活动等，因此，体育学科具有了上述这些文化母体所带有的多样功能和特征。

（二）体育学科的价值

多样的功能和特征，使得体育学科具有了价值取向多样性。功能与价值有着非常密切的联系，但二者又不相同，功能是一个事物或物体固有的作用范畴，而价值则是利用者面对这个事物时的态度和选择，即价值取向。虽然体育学科的功能是相对稳定的，但在不同的历史背景下和不同的国度中，体育学科的各个功能被不同程度地加以利用，体育学科被赋予了各种各样的价值。与此同时，体育学科的部分功能可能被忽视，导致这方面的价值也难以实现。

当然，人们在注重追求某种体育功能并努力实现某种体育价值时，也并不是绝对单一的。在多数情况下，人们是同时追求体育的几种功能，注重实现体育的多种价值，只不过是更注重、更强调某个功能而已。

（三）体育教学目标、体育学科的功能及价值之间的关系

功能、价值和目标的意义各不相同。功能是一个事物固有的、客观的属性，价值是外赋的、主观的属性，目标则是根据功能进行价值取向后的行为效果指向。

功能是事物固有的和客观的属性，而价值是外赋的和主观的属性。也就是说，一个事物即使具有某一功能，而人们如果没有在意这个功能，也不会将其实现作为目标；相反，一个事物不具有某一功能，即使人们非常希望通过这个事物实现这个功能，也是无济于事的。所以，我们不能将功能简单地等同于目标，也不能将价值简单地等同于目标。我们虽然认识到了体育的多种功能，但也不能将这些功能不加分析地作为体育学科的目标。

体育学科的功能不会有大的改变，但不同的社会和不同的历史阶段会有不同的体育价值取向，因此，体育教学的目标会随着社会的变化与发展产生相应的变化。

三、合理制定体育教学目标的意义

根据以上分析可以看出，合理地制定体育教学目标对于体现体育学科的功能，完成人们对体育学科的价值期待是非常重要的。合理制定体育教学目标的意义主要体现在以

下几个方面：

（一）充分发挥体育学科教学的功能

只有合理地制定了体育教学目标，我们才能明确要实现哪些体育教学的功能，如健身的目标可以帮助实现体育教学的健身功能，愉悦身心的目标可以帮助实现体育教学的满足乐趣功能，传授技术的目标可以帮助实现体育教学的授业功能，等等。乱定体育教学目标则不能充分发挥体育教学的功能，如有些老师不适当地制定了"研究"和"创造"的体育教学目标，使目标偏离了体育教学的基本功能，也就无法发挥好体育教学的主要功能，使得这些体育课上得空洞而虚假，也使得体育教学的质量大为下降。

（二）保障达到体育的教学目的

只有合理地制定了体育教学目标，才能稳妥地达到体育教学的目的。如前所述，体育教学目标是体育教学目的实现的标志，如使学生的体格强健是健身目的的标志，使学生每个单元每节课都能愉悦身心是促进学生运动参与的标志，让学生在本学段学好一项有用的运动技能是促进学生体育实践能力形成的标志，等等。如果总的体育教学目标不是体育教学目的的标志，那么就意味着体育教学目的（意图）没有得到实现。例如，针对高中阶段"培养学生锻炼身体的能力"的目的制定的教学目标是"发展学生的身体素质，让全体学生都达标"就很不恰当。因为"培养学生锻炼身体的能力"必须是"掌握锻炼身体的方法"的目标，"全体学生都达标"不能标志"学生锻炼身体的能力的形成"，因此这是个不当的目标，当然也就无助于体育目的的达成。

（三）确保层层目标衔接，最终实现总目标

如果每一个阶段的体育教学目标制定好了，就可以保证阶段体育教学目标的总和等于总的体育教学目标，那么就意味着总的教学目标可以顺利完成；反之，如果阶段体育教学目标错定了，就使得阶段体育教学目标的总和不能等于总的体育教学目标，那么就意味着总的教学目标没有完成。因此，正确地制定各个层次的教学目标，层层目标衔接，是最终实现总目标的可靠保证。

（四）明确和落实体育的教学任务

体育教学目标决定着具体的体育教学任务。目标是标志，没有标志就没有方向，但只有标志没有具体的行动，标志也是没有意义的。因此，要有具体的体育教学任务来支撑目标的实现。体育教学任务要以体育教学目标为依据，好的目标有助于明确教学任务，体育教学目标是"的"，体育教学任务是"矢"，有了明确的目标，教学的任务才能"有的放矢"，切实有效。

（五）规范了体育教学过程

体育教学目标不仅在方向上对体育教学起着指导作用，而且在具体的步骤和方法上也具有规约的作用。体育教学最终要取得怎样的结果，要先达到怎样的结果、再达到怎

样的结果，它们之间是怎样的逻辑关系，这些都要靠制定阶段的体育教学目标来明确。体育教学目标预先规定了体育教学的大致进程，体育教学的展开过程就是体育教学目标得以实现的过程。因此，清晰的体育教学目标有利于体育教师对教学活动的控制，有利于提高体育教学设计的预见性和科学性。

（六）指引、激励教师的教与学生的学

目标反映了人的愿望和努力方向。当明确的目标意识延伸到人的行为领域，并同行为相联系的时候，动机和动力源泉就形成了。虽然体育教学目标并不完全是由任课教师和上课学生群体制定的，但合理的体育教学目标必定充分反映着教师的努力方向和学生的学习愿望。因此，科学合理的体育教学目标必定可以指引教师的工作，必定可以激励学生学习。体育教学目标为教师指明了体育教学工作的预期成果，使他们清楚地知道自己工作的努力方向；体育教学目标的不断实现还会使教师受到鼓舞，实现过程中的困难也会促使教师去发现和解决问题，所以明确具体而切实可行的教学目标，可以指引教师努力地工作；同理，体育教学目标也为学生的体育学习提供了努力的方向，使他们清楚地知道自己与预定目标之间的差距，学习目标的不断实现会使学生受到鼓舞，实现过程中的困难也会使学生受到鞭策。因此，明确具体而切实可行的教学目标可以激励学生努力地学习。

（七）形成检验教学成果的标准

体育教学目标是到达点、是标志，因此其本身就是很鲜明的和可判断的标准，阶段性目标的达成与否是在教学过程中进行体育教学质量评价的标准，而总目标的达成与否就是在教学过程终结时进行体育教学质量评价的标准。从这一点上讲，体育教学目的和体育教学任务都少有标准的性质，因此难以用来作为检验体育教学成果的标准。

同任何事物一样，体育教学目标也有着自己的结构，体育教学目标的结构是由体育教学目标的外部特征和内部要素共同构成的。

四、体育教学目标的外部特征

体育教学目标的外部特征是属于体育教学目标内容以外的，但对体育教学目标内容具有规定性的那些特点及其标志。体育教学目标的外部特征主要有：目标的层次、目标的功能与特性、目标的着眼点和目标登载的文件。

（一）体育教学目标的功能与特性

所谓体育教学目标的功能与特性，是指各个层次的体育教学目标都有其独特的"功能"和"特性"，即"为什么要有这层目标""这层目标是干什么的"等层次目标的必要性和不可替代性。如果不明确各层目标的功能与特性，这层目标就会与其他层目标相混淆，那么该如何考虑、如何制定、如何表述这个目标也就不清楚了。我们也可以把"目标的功能与特性"理解为"目标的定位"或"目标的个性"。过去有些体育教师把"培

养集体主义精神"写进课时目标，就是因为不了解课时的体育教学目标具有不宜写进如此大的目标的"功能与特性"。

（二）体育教学目标的着眼点

各层体育教学目标有着各自要解决的问题，因此各层的目标就有自己的着眼点，即"围绕着什么来看目标"和"围绕着什么来写目标"的视角。例如，学段体育教学目标就是围绕着"本学段学生的身心发展特点"，单元体育教学目标就是围绕着"运动技能学习"，两者在这里是不能互换和颠倒的。因为学段体育教学目标的实现涉及许多的运动教材，因此不可能围绕某一个运动技能来写。它的着眼点是"在这个发展阶段学生需要什么，能发展什么"；同理，单元体育教学目标是学段目标的下位目标，它也不可能围绕学段的发展来写目标，而它的着眼点是"在这个单元中，利用这个运动教材应该发展学生什么，能发展学生什么"。因此，体育教学目标的"着眼点"也是形象地辨别体育教学目标功能的观察点。

五、体育教学目标的内部要素

体育教学目标还有它内部的要素。例如，"学习单手投篮"是一个不合格和不完整的体育教学目标，因为这个目标不具体，也无法用来检验目标是否实现。我们如果制定"学习单手投篮"这个目标，只能根据它来判断学生"是否学习了单手投篮"和教师"是否教了单手投篮"。换句话说，只要教师教了、学生学了单手投篮，这个目标就算是达成了，但学了几次，学生学会了没有，都不在这个目标范围之内，因此，这样的目标是"管教不管会"的，是不完整的，也是不能指导体育教学实践的。

（一）条件

条件是决定目标难度的因素。我们在规定目标难度和学习进度时，可以利用目标中条件因素来进行变化，如同样是排球的垫球，可以根据条件的变化来改变教学目标的达成难度。例如，条件A——自己抛球后，将球垫起。条件B——接垫同伴在3米外柔和的抛球。条件C——接垫同伴隔网抛来的球。条件D——接垫同伴隔网发过来的球。

（二）标准

标准也是改变目标难度的一个因素，同样是"接垫同伴隔网发过来的球"，我们就可以通过改变标准来调整目标的难度。例如，标准A——垫出的球要达到2米的高度，并落到本方场地中。标准B——垫出的球要达到3米的高度，并落到本方场地的前半场。标准C——垫出的球要达到4.5米的高度，并落到本方场地的前左方规定的范围内。

（三）课题

课题可以通过改变动作形式来改变目标的难度，如体操中的平衡运动的课题。课题A——手放在什么位置都可以，做十秒钟的单脚站立。课题B——手在体前相握，抱膝盖，做十秒钟的单脚站立。课题C——闭眼做十秒钟单脚站立。课题D——闭眼并手在体前相握，做十秒钟的单脚站立。知识和原理理解方面的目标也是如此。

六、体育教学的特点

（一）身心合一的健身统一性

体育对人自身自然的改造，不仅是形态结构与生理机能的统一，也是身与心的统一。体育教学要在追求学生身体改造的同时，也要注重学生无形的心理发展。因此，体育教学要善于营造不同于智育教学的、生动活泼的教学气氛，为学生的心理健康发展提供良好的环境；要善于利用体育活动自身所蕴含的吸引力，并通过合理的教学组织，使这种吸引力倍增和放大。体育教学应该是一种快乐的教学，重过程的主动参与，重情绪的积极体验，重个性的独立解放，使人际关系变得宽松和谐，使学生在轻松愉快的环境中，在欢快愉悦的心境下，自由自在、无忧无虑、不知不觉地获得身心的健康发展。

体育教学中身心合一的健身统一性体现于以下三个方面：

第一，教师在体育教学中选择教材时不仅要注重教材对学生身体各部分、各种运动能力和各种身体素质的积极影响，而且要注重教材对学生心理的影响，尽可能从心理学、美学和社会学三个方面使学生得到良好的体验，使其在完成动作的过程中，不知不觉地感受协调、默契、流畅和成功的欢喜与愉悦。

第二，体育教学的组织教法必须克服一体化的固定模式，体现体育教学生动活泼的教学形式，让学生活动得更自由、更自在、更开心、更充分，从而达到身心和谐和内外兼修的目标。

第三，教师在注重学生生理负荷起伏变化的同时，还要注重心理活动起伏变化的规律。在体育教学中，学生的身心同时参加活动。在反复的动作和休息交替的过程中，学生的生理机能变化有一般的规律：当进行练习时，生理机能开始变化，生理机能水平开始上升；达到一定水平后，保持一定时间，然后再开始下降。在一定范围内，由于练习与休息进行合理的交替，所以学生的生理机能变化呈现出一种波浪式的曲线。与此相适应的，学生的心理活动也呈现出高低起伏的曲线图像。这种生理、心理负荷波浪式的曲线变化规律，体现了体育教学鲜明的节奏性和身心的和谐统一。

（二）体育教学过程的教育性

"教学过程永远具有教育性"，这是任何教学过程的一条基本规律。古今中外的体育教学，概莫能外。体育教学的教育性主要体现在以下两个方面：

第一，在体育教学中组织每一项活动，均有一定的目的任务、组织原则、规则要求、需要学习和掌握相应的动作技术，以及克服各种各样的困难等，这些是构成体育环境的基本因素。学生在这一环境中进行学习、锻炼或参加比赛，就会受到直接的影响。同时，体育环境还包括教师使用的教材，采用的教学方法、教学环境、教学条件、学校传统和班级风气等，这些都会有力地吸引、潜移默化地熏陶感染和教育与之有关的人；体育环境能够提供学生许多乐于自愿接受，更多情况下是不知不觉接受的、有利于个性品质形成的机会和情景，并可促进学生将良好的思想品德和个性品质迁移到学习、生活和工作等各个方面去，以收体育之效。

第二，在体育教学中，学生的思想感情和作风，很容易自然地表现出来。这有利于教育者把握学生的思想实际和特点，从而对他们进行有针对性的教育。体育教学中，进行思想品德教育的内容是极其丰富的，概括地说，主要包括：培养热爱集体的情感和意识，培养团结友爱、关心他人、互助合作的思想和意识，培养竞争意识、胜不骄败不馁的精神，培养坚忍不拔、勇敢顽强、机智果断等优良意志品质，以及培养心情开朗和愉快活泼的良好性格。

（三）教学目标的多元性

体育教学既有强身健体、提高运动技能的目标，又有调节情感、提高心理素质的目标，也有促进交往、建立和谐关系、规范运动行为、促进社会化等目标。体育教学目标受政治、经济的制约影响比较大，在特殊的社会背景下，往往还会出现代偿性目标。

（四）授课活动的复杂性

为提高教学的有效性，体育教师课堂教学特点非常突出，不仅需要组织有序得当，还需要调控学生的运动负荷；不仅需要言传指导，还需要动作示范；不仅需要具备一定的教学素养，还需要掌握运动技能。体育教师的教授不仅是体力活动，也是智力活动。体育教师不仅是知识技术的传授者，也是活动的组织者。由此可见，体育授课活动不是看上去那样简单，其较理论学科的授课活动要复杂。

（五）内容编制的制约性

体育教学内容不仅包括体育理论知识内容，还有身体锻炼内容和体育运动项目内容，各内容在教学中所占比重的多少，都将受到体育教学目标和教学时间的制约。另外，虽然体育教学内容中有些运动内容之间逻辑性不是很强，但这些内容也不能随意编制，不仅要考虑内容的功能与价值，而且要考虑学生的身心特点，还要切合当地和本校的实际情况。

（六）环境管理的重要性

体育教学大都在室外或体育场馆里进行，这些场地环境受外围影响比较大，特别是户外，还受季节和气候的影响。另外，学生在体育活动中流动性的特点，也使开放性的教学环境的管理更加复杂。教学的安全性、健康性、有效性等都要求重视教学环境的管理。

第二节　大学体育教学的任务与原则

一、体育教学的任务

（一）学习掌握体育的基础知识

使学生理解体育的目的任务和体育在教育中的地位和作用；使学生学会基本实用的身体锻炼的技能和运用技术；使学生掌握与了解身体锻炼的基本原理和科学锻炼身体的方法，以适应终身锻炼身体的需要。

（二）发展学生良好的思想品德

培养学生勇敢顽强和富于创造的精神，遵守纪律、团结协作和朝气蓬勃的体育道德作风；因势利导，全面地发展学生适应于社会和生活需要的个性；提高学生对体育的认识，培养学生经常参加身体锻炼的兴趣和习惯；陶冶学生美的情操。

（三）全面发展学生的身体

根据学生的年龄特点，有计划地进行各项内容的体育教学，以促进学生身体的正常生长发育和生理功能的发展。

上述三项体育教学任务是互相联系的统一整体，它是通过体育的实践活动和理论讲授完成的。这三项体育教学任务，必须协调一致，全面贯彻，不可偏废。但在具体教学中，这三项体育教学任务根据课程的具体任务、教学要求和教材特点而有所侧重，也是理所当然的。

二、体育教学的任务完成

要想在课堂上圆满地完成体育教学的任务，用传统的教学方式很难达到教学大纲和教材对学生的要求。从时间上说，看一堂课学生锻炼和掌握动作质量的好坏，密度是关键的一环。如果将大量的知识技术传授给学生，而学生没有足够的时间去消化和掌握，那就很难使所传授的知识和技术转换成有效的课堂质量。由于动作的难度与动作的特殊，以及教师对动作、体态、语言表达的差异，教师在教某些动作时，很难使学生通过视觉、听觉准确且完整地了解动作的全过程，于是便给课堂教学带来了一定的困难。

在语言与动作的结合方面，体育课上有很多动作往往是教师一边做一边进行解说。这对于慢做和那些可以分解的动作来说还是能够办到的，但对那些只能在快速而连贯的情况下才能完成的动作，就很难做到两全其美了。

因为场地、队形、视角、环境等问题，教师在教授某一动作时，就要在不同的地点、方向上反复、多次地进行示范讲解，才能使所有的学生都能看清和听清动作的做法和要领。这就在无形中浪费了时间，加大了教师的工作量，减少了学生练习的时间。

为了解决体育课中存在的上述问题，很多体育老师都总结出了许多有效的方法。随着电化教学在各学科中的运用与推广，电化教学也以它快速省时、生动直观、图文并茂、信息量大、容易接受的特点为体育教师所采用。在室内理论课中，电化教学一改过去那种教师在上边讲，学生在下边听的常规惯例，利用幻灯、投影、录像等电教手段将学生紧紧地吸引到了教材之中。在课堂上，教师在连贯动作示范中无法做出停顿的一些动作，通过画面的定格处理，就可以很自然地加以解说。字幕和解说也可节省大量的板书和阅读时间，提高授课质量。

在新授课上采用电化教学，可以提高学生的学习积极性，集中学生的注意力，便于教师对学生的组织与管理。由于电化教学内容是事先制作好的，教师在做示范动作时的失败和重复讲要领做动作的现象也就不会再出现。学生可以在最短的时间内就看到最标准最完整的技术动作，听到最简练的技术要领，建立起真实、完整、逼真、系统的表象认识过程，使学生减少或不产生错误的动力定形。

复习课是学生对已学过的动作进行练习改进和巩固掌握。在复习课上使用电教手段可以加深学生对技术动作的认识理解，将感性认识上升到理性认识的高度。电教既可以将所学过的动作逐一定格让学生对照动作进行有针对性的练习，也通过可以播放录音或录像让学生集体进行复习练习。这样不但巩固了所学的知识，而且培养了学生协同一致的良好习惯，对发扬集体主义精神也能起到好的作用。

如果在上综合课时用"分组轮换"的形式进行组织教学，教师就可以集中精力辅导新授教材的一组，而进行复习的一组可以在电化教学的情景中进行自我学习。当教学中因动作本身的难度，教师无法亲身去做示范，学生对动作的方位距离、运动轨迹等空间概念产生疑问时，使用电教手段可以轻松地解决这一难题。如对于在跳跃练习中起跳后的腾空动作，电影、录像、幻灯都可以在不改变动作技术的情况下，运用慢放或定格的手法，将动作清晰地展现在学生面前，为教师在课堂中讲解动作的重点、难点，提供了行之有效的手段。运用电化教学可以帮助教师整理数据资料。总之，要想使电化教学在体育课上运用得好、收效大，教师就需要做好以下几点：

第一，要根据教学内容、学生情况、课的类型、授课环境、场地器材、组织形式、教学程序、时间分配等条件，来选择电教设备、教学手段等。

第二，必须熟悉电教设备的性能、使用方法及实际操作，以确定选择内容和使用的具体时间。

第三，在备课时要将传统教法与电教手段相结合一同备入教案，要培养几名能够操作电教设备的学生做助手，以便在课堂上进行分组轮换时，学生能自己组织练习。

第四，课前要教育学生爱护公共财物，爱护电教设备，遵守纪律，保证课堂秩序。

第五，要充分利用电化教学的声响、画面、解说等手段对学生进行思想方面的教育，提高学生学习积极性，培养学生良好的自我锻炼习惯，使学生得到全面发展。

三、体育教学的原则

（一）体育教学原则的概念

"原则"一词，在汉语中通常指"观察问题、处理问题的准绳"。在教学论中，我们通常把教学原则定义为对教学的基本要求和指导原理。教学原则对整个教学过程都起着指导作用。第一，教学原则是指导教学活动的出发点，教师要根据教学原则来设计整个教学过程；第二，教学原则是实施教学的总调节器，在整个教学进程中，教师要以教学原则来调节、控制教学活动；第三，教学原则是判断教学质量的基本标准，教学质量的高低从根本上来说，就看教学原则贯彻得如何。因此，每个教师和教学管理者都必须掌握教学论所确定的一系列教学原则。

基于以上对教学原则的分析，体育教学原则是实施体育教学最基本的要求，是保持体育教学性质的最基本因素，是判断体育教学质量的基本标准。

（二）体育教学原则提出的依据

1. 哲学依据

这是最重要的依据。从体育教学原则所应遵循的哲学思想来说，最基本的有两条：一是唯物论，二是辩证法。

违反辩证唯物论，主观主义地杜撰出一些"原则"来的事物是不难看出的，硬要把某些只能在局部地方起作用的东西夸大为在任何地方都起作用肯定行不通。

对事物的基本关系的分析，具体问题具体分析，这是辩证法的重要内容，也是避免片面性的重要方法，但片面性却常见，例如，直观性原则就是一条有片面性的原则。尽管直观在认识中有重要的作用，而且教师在教学活动中应当自觉地运用直观，但是，直观只能在有利于认识的启动和深入时才使用，不能为直观而直观。直观适用的范围并不是普遍的，大量的概念、原理是不可能借助直观手段的，"道德"这个概念你怎么去直观地解释？"是一个无理数"这个原理你怎么去直观地说明？这里的"片面性"体现在这样两点：第一，直观手段的普遍性有限；第二，直观与认识的关系，直观与抽象的关系。

2. 教育理论依据

按照整个教育科学领域的理论层次来说，教育理论，从大的方面来说，有教育本质论、教育目的论、教育价值论、教育规律论、教师论、学生论、德育论、智育论、美育论、教学论以及德育体制与教育管理理论等许多方面。

教育目的论、教育价值论所要涉及的人的发展理论无疑对教学原则有重大影响。关于人的全面发展的目标是最基本的，教学应当体现教育目的是这一目标最重要的内容，这一点应为教学原则的制定所充分考虑，然而，传统的教学原则研究对此是比较忽略的。凯洛夫教学原则体系的重大缺陷之一亦在于此，他提到的自觉性原则只是附带地涉及教学的教育目的。课程论、教师论、学习论，这些也是对教学原则制定有影响的。教学中的几个基本要素——教师、学生、教材，它们的相互关系及其正确处理是教学原则所应当回答的问题。传统的教学原则研究一般只从教师的角度出发，教学原则尽管必然主要为教师所掌握和运用，但仍应涉及教学中几个基本要素的关系。对于教材，系统性原则对之给予了部分的注意，特别给予注意的是结构原则。

（三）体育教学原则的作用

体育教学原则是体育教学过程中必须遵守的准则或标准。作为体育教学工作的指导原理和基本要求，体育教学原则对体育教学工作具有指导作用。在体育教学过程中，体育教学原则既是出发点，又是调节中枢。它在一定程度上具体决定着教学内容的安排、教学方法的选择和教学组织形式的运用。教师通过学习和掌握体育教学原则，能按照体育教学的客观规律组织教学活动，正确解决教学内容、教学方法和教学组织形式等一系列理论与实践问题；遵循体育教学原则进行体育教学，就能提高体育教学质量；反之，违背教学原则，就会降低教学效果，甚至劳而无功。

体育教学原则作用的发挥，不是某个原则所能单独完成的，而是需要一个完整的体育教学原则体系以发挥整体功能。所谓教学原则体系就是指：反映教学规律的多个原则之间不是孤立分散的原理，而是有机地相互联系的组合。只有建立一个科学完整的体育教学原则体系，体育教学原则对整个体育教学过程的指导作用才能发挥。人们由于对体育教学规律认识的角度不同，在构建体育教学原则体系的过程中，有的从社会学的角度出发，有的侧重教育学，有的偏重心理学，等等。就"如何建立一个完整的体育教学原则体系"这一问题，目前的体育教育理论界认识尚不一致。

（四）体育教学原则

1. 自觉积极性原则

自觉积极性原则是指在教师主导下，充分调动学生学习的自觉积极性，发挥学生的主体作用，培养学生学习的主动性和创造性，把认真完成学习任务变成自觉的行动。它是由教师的教与学生的学的双边活动过程的教学规律决定的。师生关系是体育教学过程中的一对基本矛盾，矛盾的主导方面是教师。因为教师是教育者，他们掌握了比较丰富的体育知识、技术和经验，能满足教好学生的需要。在实施教学计划过程中，教师起着主导作用，它不仅表现在对计划的制定和执行上，而且还表现在对教学过程的调节和控制上。学生是教学的对象，是知识、技术的接受者，是学习的主体。但是，学生学习的自觉积极性不完全是自发的，还取决于教师的指导、传授、调节和控制；反之，学生有了学习和练习的自觉积极性，又能主动地进行自我调节和控制，并与教师的调节和控制协调一致，才能保证预定教学目标的实现。所以，体育教学要把教师的主导作用与调动学生学习的自觉积极性很好地结合起来，这是提高教学质量的根本条件。贯彻和运用自觉积极原则的基本要求如下：

（1）了解和熟悉学生

教师必须了解和熟悉所教学生的特点和概况，要了解他们爱好什么、需要什么、擅长什么、有什么困难和不足等。这是教师搞好体育教学工作的前提。但是，真正做到了解学生是很不容易的。教师对学生的了解要做到"知人、知面、知心"，能够做到这一点，关键在于教师，因为教师是师生关系中的主导者，教师不主动去了解和熟悉学生、关心学生，学生就不可能对教师产生信赖，当然也就谈不上"知心"。教师只有做到"知人、知面、知心"，才有了调动学生自觉积极性的基础。

（2）发挥教师的主导作用

学生的自觉积极性不完全是自发的，还必须通过一系列细致工作才能被充分调动起来。所以，要调动学生的积极性，教师就必须发挥主导作用。教师的主导作用，不仅表现在教学中，如通过讲解、示范、组织教学等手段，把学生引导至所教的内容上来，更重要的应该是给学生提供和创造一种良好的条件，使外因能顺利而迅速地转化为内因，从而调动学生的自觉积极性。

（3）建立民主平等、情感融洽的师生关系

在体育教学过程中，教师要为人师表，教书育人，既要严格要求学生，又要满腔热情地关心与信任学生，使师生关系融洽和谐，感情息息相通。这种良好的人际关系，有利于学生能动地参加到体育教学中。

（4）注意培养学生学习的内在动力

学生学习的内在动力，是鼓舞和推动学生的内驱力。教师应不断提高教学的艺术性和启发性，培养学生正确的学习动机和兴趣。动机是一切行为的前提，是推动学生学习、锻炼的心理依据。只有使学生形成了正确的学习动机，学生的主体作用才能发挥。

（5）培养学生自学、自练和自评的能力

自学、自练和自评的能力是让学生养成经常参加体育锻炼习惯、培养终身体育锻炼意识的重要基础。教师在发挥主导作用的前提下，要为学生自学、自练和自评能力的培养与发展，创设一个良好的外部环境，放手让学生独立自主、生动活泼、积极主动地学习与锻炼。

2. 直观性原则

直观性原则是指在体育教学中，要充分利用各种直观方式和学生已有的经验，通过学生的各种感觉器官去感知事物，培养学生的观察能力和积极思维的能力，使学生获得直接经验和感性认识，为掌握体育知识、技术和技能奠定基础。

确定直观性原则的依据是辩证唯物主义的认识规律。从生动的直观到抽象的思维，并从抽象的思维到实践，这就是认识规律、认识客观实际的辩证途径。任何知识的来源，都在于人的肉体感官对客观外界的感觉。在体育教学中，学生掌握体育的知识、技术和技能，也是从建立感性认识开始的。首先，教师必须使学生感知所学的动作，在感知的基础上建立起完整的、正确的动作形象和概念，从而为学生掌握体育的知识技术奠定基础。贯彻和运用直观性原则的基本要求如下：

（1）综合运用身体的各种感觉器官，感知体育教材，扩大直观效果

在体育教学中除通过视觉、听觉来感知动作的形象、结构和要领外，教师还要指导学生通过触觉和肌肉的本体感觉来感知完成动作时肌肉用力的程度、方法，及空间与时间的关系等，以扩大直观教学的效果。

（2）充分发挥教师本身对学生的直观作用

教师自身的一切活动，都是学生观察的目标，特别是教师的动作示范、语言表达等都是学生获得生动直观的主要来源。学生模仿能力很强，所以教师必须加强自身修养，提高体育理论和运动技术水平，重视动作技术示范的准确性和规范性。

（3）充分运用多种直观教具和手段

教师要借助多种教学媒介和各种现代化教学手段，如模型、图片、幻灯、录像、录音、电影等，发挥直观教学的作用。

（4）善于引导学生观察和激发学生积极思维的能力

直观性是通过学生直接观察运动动作的形象来实现的。学生在教师的指导下，通过分析、比较、弄清正在学习的与已学过的身体练习有何联系，辨别运动动作的技术结构，找出动作技术的关键，明确正确动作与错误动作的界限，从而形成运动动作的正确表象，同时还要防止一般化的观察和单纯形式的模仿。

此外，选择运用好各种直观位置和把握使用时机，也将会取得良好的直观效果。

3. 因材施教原则

因材施教原则是指体育教师在教学中，既要面向全体学生提出统一要求，又要根据不同班级和学生的个体差异区别对待，把集体教学和个别指导结合起来，使每个学生的才能和特长都能得到充分发展。

确定因材施教原则的依据是学生身心发展的客观规律及个体发展的不平衡性。同一年级和年龄组的学生，他们的身心发展规律具有共同点，因而体育教学可以对他们提出统一的规格和要求。同时，同一年级和年龄组的学生的身心发展又存在着个体差异发展的不平衡性，如他们在身体形态、身体素质、运动能力、兴趣爱好、运动项目专长等方面都存在差异。这些不同点要求教师在统一的基础上，还要注意区别对待，因材施教。贯彻因材施教原则的基本要求如下：

（1）深入了解学生的一般情况和个体特点

这是进行因材施教的基础。教师要通过调查研究，全面了解班上学生的体育认识、兴趣爱好、思想品德、健康状况、体育基础、身体发展等多方面的情况，找出他们的共同点和差异，从而采取不同的方法，因材施教。

（2）面向全体，兼顾两头

教师要把主要精力放在提高学生的成绩上，所制订的教学计划、确定的教学目标和要求应该是大多数学生经过努力可达到的；同时，还要兼顾两头，解决"吃不饱"和"吃不了"的矛盾。对个别身体素质好，有体育才能的学生，教师要为他们创造条件，让他们参加课余体育训练，为提高专项成绩打基础；对体弱和身体素质差的学生，教师要热情关心、耐心帮助，使他们在原有的基础上逐步提高水平，完成教学要求。

（3）从客观条件的实际出发

教师在教学中贯彻因材施教原则时，还必须考虑学校的客观条件。不同地区、季节、场地器材设备条件，都会对体育教学起制约作用。教师在制定教学目标时，除了要考虑教材、学生的特点、组织教法外，还必须考虑上述各方面的客观条件，这样才能更好地因材施教。

4.身体全面发展原则

身体全面发展原则是指在体育教学过程中，教材内容的选择和安排要全面多样，使学生身体的各个部位、器官、系统的机能，各种身体素质和基本活动能力，都得到全面发展。

体育教学中选择多种多样的不同性质的教材，采用多种有效的教学手段，有利于学生身体的全面锻炼和身体各个器官系统的机能得到协调的发展，养成正确的身体姿势；而长时间进行单一的、局部的锻炼，则得不到理想的锻炼效果，有碍学生健康。人体是一个完整、统一的有机体。人体各器官系统的机能、各种身体素质和基本活动能力之间，都是相互联系、相互制约和相互促进的，某一方面的发展，会影响其他方面的发展与提高。因此，只有以身体全面锻炼为基础，才能促进学生全面协调发展。贯彻和运用身体全面发展的基本要求如下：

（1）全面贯彻教学大纲（或课程标准）提出的目标和要求

教师应认真学习体育教学大纲（或课程标准）的精神，全面贯彻教学大纲所提出的目标和要求；在制订全年教学工作计划和教学进度时，教师应注意各类教材和考核项目的合理搭配，保证学生身体的全面锻炼。

（2）身体全面发展的原则落实到课堂教学的全过程

课程的准备部分，要全面多样；基本部分教材要进行科学、合理搭配。较理想的方案是，准备部分要以活动全身各部位肌肉、关节和韧带为主，使全身各部位充分伸展，为完成课的目标做准备；基本部分既有上肢为主的练习，又有下肢为主的练习，使学生身体得到全面、协调的锻炼和发展；课程的结束部分，要让学生做好放松活动，并布置课外体育作业，有组织地结束一节课。

（3）不断克服单纯从兴趣出发的倾向

体育教学中应激发学生的学习兴趣，使他们乐于上好体育课。古人说："知之者不如好知者，好知者不如乐知者。"因此，采用一系列手段和措施激发调动学生的学习兴趣是必要的。但是，要把激发学生的兴趣，与单纯从兴趣出发两者区别开来。所谓单纯从兴趣出发，就是以学生的兴趣为中心，甚至背离体育教学大纲和全面锻炼的原则，学生喜欢什么，教师就教什么、练什么，这种片面迁就学生兴趣的做法，长此以往，就会带来不良的后果。教师要善于引导，使学生对如何上好体育课和如何对教师教学内容进行选择，有一个科学的、正确的认识。

5.合理安排生理负荷和心理负荷原则

负荷包括生理负荷和心理负荷两个方面。合理安排生理负荷和心理负荷就是在体育教学中要使学生承受适当的生理负荷和心理负荷，并使练习与休息合理交替，以促进学生身心全面协调的发展。

确定合理安排负荷的依据，是学生在体育教学中生理负荷和心理负荷变化的规律。从生理负荷变化的规律来看，人体功能的改善和提高，必须在适宜的生理负荷的刺激下才能实现。因此，在一定的限度内，生理负荷大，超量恢复的效果也就好，适应变化的能力也会加大；但如果生理刺激的强度过大，超过了一定限度，生理机能就会受到损害；而生理负荷刺激强度过小，对生理机能的发展也不会产生好的影响。贯彻和运用合理安排负荷原则的基本要求如下：

（1）合理安排授课和复习课

学生的性别、年龄和健康状况不同，安排生理负荷时，教师要注意区别对待。对不同性质的教材，教师应考虑它们对身体机能的不同作用和影响，进而做出科学安排。此外，对学生的生活制度、营养条件和其他体力活动的负担、所在地区的气候因素及作业场所的环境条件等，教师在安排生理负荷时也应给予全面考虑。

（2）正确处理生理负荷的量和强度的关系

教师应正确处理生理负荷的量和强度的关系，负荷量和负荷强度应互相配合，逐步增加。体育教学通常是先增加负荷量，待适应以后，再增加强度；在增加量时，强度宜适当下降；在强度再增加时，量则应适当减少，这样量和强度交替的增加和下降，密切配合，才能使学生承担负荷能力，逐步得到提高。

（3）正确处理生理负荷的表面数据和内部数据的关系

表面数据是指运动动作练习的量和强度，内部数据是指负荷量和强度所引起的一系列的生理、生化变化。生理负荷的表面数据与内部数据在通常的情况下是一致的。但因学生的体质强弱和身体训练水平不同，一定负荷的表面数据作用于不同的学生，可以产生不同的内部数据。因此，在分析生理负荷时，教师应把表面数据和内部数据结合起来，加以判断和评价。

（4）安排好心理负荷

教师在安排心理负荷时，既要与教学进程相联系，又要与生理负荷相配合，使各种负荷高低起伏，节奏鲜明，起到相互调剂、相互补充的效果。

（5）科学地安排休息的方式和时间

教师应根据生理负荷和心理负荷的特点，科学地安排休息的方式和时间，以达到理想的效果。

（6）做好生理和心理负荷的测量、统计和分析工作

教师在评价体育课的质量时，既要安排生理负荷的测量，又要安排心理负荷的测量，以便从生理和心理两个方面进行全面的客观评价。

6. 循序渐进原则

循序渐进原则是指体育教学内容、教学方法和负荷的安排顺序，必须遵循系统性和连贯性的要求，符合学生的年龄、性别特征，使学生按照一定客观规律的顺序，逐步得到提高与发展。

循序渐进原则的依据，是人们认识事物的规律、动作技能形成的规律和知识、技术的系统性和连贯性。教师在体育教学中，必须遵循由易到难、由简到繁、由已知到未知的规律，逐步深化，才能使学生更好地掌握体育的知识、技术和技能。贯彻和运用循序渐进原则的基本要求如下：

（1）提高教师素养

教师要提高自己的文化素养，深刻了解学生身心发展的一般规律和特点，了解各项教材的系统性，以及各项教材之间的关系。

（2）制定教学文件

教师应制定切实可行的教学工作计划文件，保证教学工作系统连贯地进行。在制定教学计划文件时，每个运动项目、每次课、每学期的内容和教法，都应前后衔接，逐步提高。

（3）安排好教学内容

安排教学内容时，教师既要考虑该运动项目的由易到难、由简到繁的顺序，又要考虑与其他运动项目之间的关系。先安排哪个项目，后安排哪个项目，要符合循序渐进的要求，使前一个项目的学习有利于后一个项目的学习。

（4）有节奏地逐步提高生理负荷

教师对体育课中生理负荷的安排，应采取波浪式的有节奏地逐步提高。这是因为机体适应某种生理负荷需要有一定的时间。就一学年或一学期来说，不同负荷的体育课应有节奏地交替进行。本次课程的生理负荷，应安排在前次课后的超量恢复水平上。但生理负荷总的趋势是逐步提高的。

7. 巩固提高原则

巩固提高原则是指在体育教学中，教师要使学生牢固地掌握所学的基础知识、基本技术和技能，不断地发展体能、增强体质，并逐步有所提高。

巩固提高原则的依据是运动条件反射建立与消退的生理规律。因为动作技术、技能

的掌握、巩固和提高，是通过不断反复练习而形成的。反复练习可以使运动条件反射不断地建立和巩固，并在大脑皮层建立动力定型。但是，动力定型建立以后，还要继续练习，不断强化，使动力定型更加巩固和完善；否则，已经形成的动力定型还会消退，从而影响教学效果。贯彻与运用巩固提高原则的基本要求如下：

（1）反复练习

组织学生进行反复、经常的练习，增加练习密度，反复强化，不断巩固运动条件反射，是贯彻巩固提高原则的基本方法。每次课都要使学生有足够的练习时间和重复次数。但是反复练习不是简单、机械地重复，而是要在原有的基础上逐步提高要求，不断地消除动作的缺点和错误，使学生看到自己的进步，这里就能更好地激发起学生反复练习的自觉性，有利于学生巩固和提高所学的知识、技术和技能。

（2）采用提问、测验、竞赛等多种方式

采用提问、测验、竞赛等多种方式，是贯彻巩固提高原则的有效手段。教师在运用这些手段时，要根据课的目标和要求进行。此外，提问要有启发性。某一阶段的教学告一段落时，教师可采取竞赛的手段，观察学生在复杂多变的竞赛条件下，运用所学的体育知识、技术、技能的熟练程度。

（3）改变练习条件

改变练习条件能够对巩固提高体育基本技术、技能起到良好作用。改变练习条件包括场地、器材及动作结构、环境条件等，如平地跑改为斜坡跑，改变器械重量和动作组合等。

（4）课内外结合

教师在课堂教学的基础上，可以布置一定的课外体育作业或家庭体育作业，使课内外紧密结合，达到巩固、提高的目的。

（5）培养进取动力

教师应不断提出新的目标，培养学生的兴趣和进取动力。

以上的体育教学原则是一个完整的体系，应相互联系、互相补充，在体育教学中得到全面正确的贯彻执行。体育教学原则是一个发展的范畴。但是在一定的时期内，又具有相对的稳定性。随着体育教学实践的发展，人们对体育教学规律认识的不断深化，体育教学原则也将得到不断充实和发展。

第三节　大学体育教学理念

一、"以人为本"教学理念

（一）"以人为本"教学理念概述

1. "以人为本"的理论基础

"以人为本"教学理念是在现代人本主义教育思想的基础上发展起来的。人本主义教育思想的产生，源于对现代科学发展中人对科学产品的使用和在智能化时代发展过程中的人的价值的丧失的思考。

进入 20 世纪后，随着科学技术的快速发展，科学主义成为当代教育发展的主流。在 20 世纪 50 年代的教育改革中，各种教学思想、教学观点层出不穷，其中，认知心理学和行为主义者对人性的认识分析带来困惑，使得教育工具化，接受教育、获取知识的兴趣的快乐体验无法得到重视，教育单纯成为人们获得更高技能与认可的一个途径。

也正是在科学技术不断发展的影响下，人类社会的生产生活方式和模式发生了很大的变化。科学改变生活，对人们启发很大，人们依赖科技，也会越来越受制于科技，因此在教育层面，人们也越来越强调"人本主义"，旨在将人从"器物"中解放出来。现代人本主义强调，人类应从依赖科技中解放出来，恢复在世界中的主体地位，而非依附于科技发展。

从社会发展中人的主体地位的体现到教育领域中对作为学习者、施教者的教学活动参与主体的"人"的重视，"以人为本"思想在包括教育在内的各个领域得到重视。

教育教学中的"以人为本"教学理念旨在将教学活动参与者从传统教学中的非人性化的状态中解脱出来，恢复人的教学主体地位，强调了"人"的重要性，在教学中，真正关注到教师、学生的自我健康、可持续发展。

"以人为本"理论具有以下几个基本观点：①学习者是学习的主体，应受到尊重；②学习是丰富人性的过程，根本目的是人的"自我实现"，强调教育应促进教学参与者（尤其是学生）人格的完整，促进人的认知与情感的丰富、提高；③人际关系是最有效的学习条件；④"意义学习"是最有效的学习。

2. "以人为本"的教学观点

（1）教育的目的是促进师生自我实现

首先，在体育教学中，学生的自我实现是要促进学生的身体、心理、智能、社会性等全方位的自我发展，让每一个学生都能通过体育教学有所进步。体育具有多元教育价值，通过体育教学能促进学生的各种素质的综合发展。在"以人为本"的基础性理论人本理论的支持下，体育教育强调了体育教学不仅要重视健康知识和运动技能的学习，还要通过科学的体育教学环境创设和教学过程安排来促进学生的心理、情感、智慧、社会性发展，使学生的情感和智力有机结合。教育学家卡尔·罗杰斯认为，体育教育的一个重要教学任务就是在体育教学中促进学生的认知与情感的共同进步与发展，通过体育教学，发掘和发挥每一个学生的学习潜能，培养学生在各个方面的创造性，最终所培养出来的学生应具有创新、创造意识与能力，这样的人才才是社会真正所需要的人才。

其次，在体育教学中，教师的自我实现最基本的就是能创造性地完成体育教学任务，在教学中实现作为教师这一角色的价值，通过体育教学培养出适合社会发展的合格人才，促进学生的发展与进步。同时，在体育教学中，教师应通过对体育教学的科学设计与各种丰富多彩的体育教学活动的开展和教学媒介的应用来提高自己的教学能力、组织能力、社交能力、科研能力、创造力等，促进自我综合教学能力和体育素养的不断提高，实现自我职业生涯的不断发展，并能在日常工作和生活中身体力行地从事体育健身锻炼，不断提高自身的身体健康水平，并能对学生和周围的人形成一种潜移默化的影响。

（2）课程安排应尊重学生的自由发展

在人本教育理念产生之前，传统的教育侧重社会价值和工具价值，人本位的思想和观念使得人们认识到了传统工具化教育是对其本质属性的违背。我们必须认识到，人是教育的出发点，人本教育将教育的重点落实到人身上，关注人的健康成长。

体育教学所面对的教学对象是人，每一个人都与其他人存在个体差异，教育不是为了"批量生产人才"，而是旨在促进每一个人健康全面发展的基础上的个性化发展。因此，体育教学应在统一要求的基础上做到因材施教，教师必须尽可能实现多种多样、侧重点不同的教学课程设计，使每一个学生都能在体育教学中有所进步与成长，并通过科学体育教学活动组织与引导学生进行正确、充分地参与培养个性化的人才。

（3）教学方法选用应重视学生情感体验

人本主义教学理论强调"以人为本"，主张教学以学生为中心，实现学生个性化发展，而学生的这种发展都是从学习经验中体悟和实现的。因此，这就要求教师在体育教学中应重视科学化体育教学方法的选择，激发学生的体育学习兴趣，为学生创造良好的学习体验。在"弘扬人的个性，强调以人为中心，尊重人的情感体验"的现代体育教学中，体育教师应全面了解学生、充分尊重学生、真正理解和信任学生。在此基础上，教师在学生面前的"高高在上""师命不可违"的形象才能被彻底改变，才有助于教师与学生构建和谐的师生关系。良好的师生关系的建立对于体育教学活动的顺利开展具有非常重要的意义。可以说，学生对体育学习的态度、个人爱好、获得学分是重要动机，而来自教师的个人魅力因素也具有重要影响。此外，师生的和谐关系建立也有助于教学活动中师生能够更好地配合，从而提高体育教学的质量。

（二）"以人为本"教学理念的大学体育教学指导

1.重新定位体育教育价值

传统体育教学在对"育人"的认识上存在不少误区。长期以来，人们总是在理解体育科学化的基础上，采用生物学的观点来对学校体育的价值做出判断，并且过多地关注学校体育"增强体质"的功能。此外，在对体育运动的本质理解上，一些教师存在一定的偏差，以足球运动教学为例，我国体育教材普遍将体育运动确定为"是以脚支配球为主，两个队在同一场地内进行攻守的体育运动项目"。针对此概念，有教师认为，"球"是活动争夺的目标，自然应该处于主体地位，从而也就忽视了"球"要受制于人，"人"才是整个体育活动中的活动主体。

在全球化的发展背景下，各种思想文化处在不断的发展和融合之中，教育思想也呈现出这一发展趋势，人本理论和"以人为本"教育理念的提出体现了当代社会对人的发展的重视。在体育教育教学领域，当前的学校体育更加强调人性的回归，学校体育的根本出发点和落脚点应是"育人"。

现代大学体育教学中，"以人为本"教学理念是符合当前时代的发展要求的。在当前社会，人的发展在社会的各个领域受到了重视，即使是在智能时代，很多机器生产代替了人工生产，但是发明机器、操控机器的还是人，人在人类社会的发展中是起到关键作用的，任何时候都不能忽视人的作用。

人本主义教学理念与思想指导下的体育教学，就是要求教育者在体育教学活动开展过程中关注作为教学对象的学生这一因素，教师的教学活动开展需要学生的参与、配合，如果没有学生的参与，教学活动就没有开展的意义了。

必须指出的是，教师也是教学活动中非常重要的参与一方，也是应该受到关注的人这一要素。体育教师在教学活动中所发挥的作用也不容忽视。

现阶段，我国的体育教学思想呈现出多元化的发展趋势，诸多教学思想都围绕"人"的教育展开论述，讨论了体育教学中如何更好地促进和实现"人"的发展。

2.体育教学目标的重构

在我国，传统的学校体育教学目标为增强学生体质、掌握"三基"和德育，体育教学过于功利化，过于追求竞技成绩和金牌数量，这些都严重忽视了学生的健康发展，既不利于学生的健康可持续发展，也不利于整个教学的可持续发展。

随着体育教学的不断发展，新的科学化的教学理论、教学理念给了体育教育工作者更多的教育启发与指导，体育教学的育人作用被不断丰富和发展，多元化的学校体育价值体系对体育教学目标重构提出了要求。

在新时期，"以人为本"教学理念在学校不同学科的教学中被广泛应用并渗透，也有越来越多的学者认识到传统的体育教育体制不再适合当前的体育教育教学，体育教学不能单纯地追求学生的外在技能水平，而应该重视学生的全面、健康、可持续发展。新时期的体育教学的重点转移到了"以人为主"上，在体育教学中，教师必须认识到，人是运动的参与者、是运动的主体，体育运动的教学和训练也必须以促进人的全面发展为根本目标。

3. 学生教学主体观的建立

现阶段，"以人为本"教学理念已成为我国体育教学的重要教学理念，在我国的体育教学实践活动开展过程中，越来越多的教师开始关注学生，从学生的特点、条件、基础和学习需要出发来选择教学内容、选择教学方法、选择教学组织形式与教学模式。大学体育更多以选修课形式设置，教师也正是通过个人教学能力和对学生的"因材施教"和关心关爱学生、研究学生获得学生喜欢，以此来促进更多的学生来选修自己的体育课程。总之，学生是教学的主体，没有学生，教学也就不复存在。

4. 体育课程内容的优选

传统体育教学对学生的全面健康发展关注不够，体育教学课程内容主要是竞技体育运动技能，体育教学课通常被体能训练课、技能训练课代替；而新时期的"以人为本"教学理念重视学生的全面、健康、个性化发展，在体育教学内容选择上也更加科学。

在"以人为本"教学理念指导下，我国的体育教学有了很大的进步与发展。为了进一步促进我国体育教学的改革，教育部门先后修订了各级学校体育教学大纲，强调在体育教学中要不断丰富体育教学内容，通过多样化教学内容促进学生的身心健康与全面发展。在大学体育教学中，教学活动的开展也建立在落实"健康第一"的教学理念的基础上，通过丰富的体育教学内容来吸引学生参与体育锻炼，通过体育教学促进学生身心健康发展；而非传统体育教学只关注竞技能力提高，有时为达到提高竞技力的目的甚至安排不合理教学内容，超负荷地揠苗助长，可能对学生身心健康造成损害，这种行为是"健康第一"教学理念坚决禁止的。

此外，在丰富大学体育教学内容的同时，"以人为本"教学理念还强调体育教学内容与不同大学生的发展需求相适应。教师在体育教学内容优选中应注意以下几点要求：

第一，突出体育教学内容的趣味性，在课程改革过程中，激发学生学习的兴趣。

第二，强调体育教学内容的健身性，过度强调竞技技术提高的体育教学内容应予以摒弃或改编，使之能更好地为促进大学生的身体健康服务。

第三，重视体育教学内容的适用性，体育教学内容的教学实施应有利于学生的当前身体健康发展，并能为大学生的终身体育意识和体育能力的培养奠定基础。

第四，关注体育教学内容的创新性，大学体育教学内容还应适应现代化社会发展潮流，应具有启发性、创新性，促进大学生的创新意识和能力培养。

二、"健康第一"教学理念

（一）"健康第一"教学理念概述

1. "健康第一"的理论依据

从世界范围来看，"健康第一"教学理念的提出是符合世界教育发展趋势和社会对人才的发展要求的。

（1）世界范围内对人类健康发展的重视

在人类社会的发展历程中，健康始终是一个备受关注的课题。人类健康是推动人类社会发展的一个必要条件。

随着国际的大众健康交流日益增多，各国和地区都非常重视本国和本地区的大众健康发展，整个社会已对体育的功能、价值等方面形成了全新的认识。在教育领域，重视学生的健康发展，成为各个国家和地区重视本国体育事业和教育事业发展的重中之重，体育健康教育对提高青少年体质健康水平和通过青少年群体影响周围群众健康、实现青少年进入社会、成为社会体育人口并间接增进社会大众健康具有重要且深远的影响。

（2）社会发展对人才健康发展的客观要求

随着科学科技的不断进步、经济发展迅速、社会生活节奏日益加快，人类的体力劳动越来越少了，长时间伏案工作所造成的"运动不足""肌肉饥饿"严重影响了人们的身体健康。

在当前和未来社会的发展过程中，健康问题将始终是影响个人和社会发展的一个首要问题，社会的快速发展与激烈竞争要求现代人才不仅要有正确的政治思想，具备扎实的科学知识和能力，还必须具备强健的体魄。"身体健康是其他一切健康的基础""身体是革命的本钱"，身体健康是个体生活、学习、工作的基础，如果没有一个健康的身体，人们很难在社会劳动力竞争中占据优势，社会竞争对劳动力的基本要求就是身体健康。要想在竞争中立于不败之地，必须首先拥有一个健康的体魄。

教育的最终目的是促进个人的健康发展、培养符合社会发展的合格人才，对学生群体的身体健康教育是体育健康教育的重中之重。

2. "健康第一"的教育特点

"健康第一"教育理念内涵丰富，其在体育教学实践中表现出以下特点：

（1）强调身体健康是健康的基础

"健康第一"，其中所提到的"健康"是全面的健康，是包括身体健康、心理健康、社会健康、生殖健康等在内的多维健康，健康的基础是身体健康。健康的体魄是人类发展的基本标志。教育应首先关注健康教育。

（2）强调多元健康发展的素质教育

"健康第一"作为一个现阶段重要的先进教育理念，强调了体育教育应重视学生的健康发展，指出学校教育教学的首要目标是促进学生的健康成长，学生的身心健康比"卷面分数"更为重要。

（3）强调健康教育的全面性

①学生身体健康教育：在"健康第一"指导思想指导下，大学体育教学应时刻关注学生的各方面健康的综合发展，通过体育教学，关注和促进学生的身体健康发展，也促进学生的心理和社会性的发展，为学生奠定良好的身体基础、心理基础，并让其能在走出校园走进社会之后能有良好的身心健康状态和水平应对生活、工作、再教育中的各种挑战。

②学生心理健康教育：现代社会竞争日益加剧，各种社会竞争要求社会生活中的每一个成员都应具备良好的心理素质，如此才能正确地看待、应对学习、生活、升学、就业、恋爱、婚姻等过程中的各种问题。当前，就我国大学生群体而言，许多大学生都深受学业、就业、生活中的各种问题的困扰，存在不同程度的心理问题。因此，教育关注学生心理健康非常必要。体育具有促进运动者健康心理形成和发展的重要作用，现代大学生压力大，也容易受不良因素影响，大学体育教育应关注大学生的心理健康发展，通过体育教学活动的开展，促进大学生心理健康发展。

③学生社会性发展教育：体育是一种独特的教育形式，学校体育教育可促进学生的社会性良好发展，应该在教学中有意识地培养学生的人际关系建立、竞争与合作能力。

因此，在大学体育教学活动开展中，深入挖掘体育的教育价值，在体育教学实践中充分贯彻"健康第一"的教育理念，可切实促进学生身心健康、全面发展。

（二）"健康第一"教学理念的大学体育教学指导

1. 树立体育教育新观念

"健康第一"教学理念对我国的体育教育的最重要的影响就是教育重点和方向的转变。新时期，体育教育要想贯彻"健康第一"教学理念，就必须转变体育教育观念，改变竞技化体育教育，关注学生身心健康发展，把教育的重心从单纯地追求学生的外在技能水平向追求学生的全面协调发展转移。

新时期，为了不断强化大学体育教育教学改革，大学必须落实健康教育，每一个大学、每一个大学体育教育工作者，都应该形成正确的体育价值观，培养良好的意志品质，不断完善性格特征。总之，现代科学化的体育教育应该将体育教育工作理念从以往单纯的"增强体质"为主转移到"健康第一"的新型教育观、发展观。

现阶段，社会发展对人才的要求是全面化的，一名合格的社会人才应该是健康发展的人才，身体健康、心理健康、社会健康等缺一不可。

2. 明确体育健康教学目标

在当前的体育教育教学实践中，"育人"是学校体育教学工作的最根本目标，技术教育和体制教育并不能完全作为学校体育实践的重心，"健康第一"的教育理念为促进我国大学体育目标多样性、多层次的建构提出了新的要求。具体要求如下：

第一，大学体育教育应重视加强学生的体育文化知识教育，提高学生体育文化素养。

第二，大学体育教育应充分融合健康、卫生、美育等多种教育内容，通过内容全面的体育教育来培养学生健康的体育意识、健康的娱乐休闲习惯，远离可能影响个人身体健康的一切不健康因素和事件的影响。

第三，大学体育教育工作的开展应紧密结合学生生长发育与生活实际开展健康教育，使学生会自我保护，预防疾病发生。

第四，大学体育教育应重视大学生青春期教育和心理健康教育，并将其作为健康教育的重要内容来抓，为学生在特殊时期的健康成长提供科学指导。

3. 完善体育教学课程体系

深化大学体育教学课程体系改革是促进大学体育教学发展的一个重要且有效途径，大学要贯彻落实"健康第一"体育教学理念，就必须在体育教学课程体系建设方面做好工作，不断丰富体育教学课程体系内容，以更好地满足当前大学生的多元化、个性化的体育健康发展需求。

在"健康第一"教育理念影响下，我国的大学体育教学课程现状发生了很大的改变，如体育课程内容的增加，教学方法的不断丰富、学校体育课内与课外活动的有机结合，体育选修课越来越考虑到大学生的学习爱好与需要，体育课程与内容设置针对不同专业学生凸显出了专业特点等。

现阶段，要继续贯穿"健康第一"教学理念，建设更加完善的体育教学课程体系，大学应持续做好以下工作：

第一，大学体育教学中，应始终坚持以学生为主体，将学生的身心健康发展放在首位，所有教学活动的开展都应围绕促进学生的健康发展服务。

第二，调整体育教学内容，充分了解学生的特点和需求，对体育教学大纲所规定的教学内容进行科学选择，对与本校实际教学情况和本校学生不适合的教学内容进行调整，使体育教学内容能更好地将理论落实到教学活动实践中。

第三，丰富体育教学内容。通过丰富的体育教学内容吸引大学生学习体育并参与体育，通过丰富的体育教学内容满足大学生的不同体育学习需求。

第四，重视教学内容的因地制宜，根据本地区气候、资源以及学校自身教学特点来进行特色化的体育教学课程设置，并研究推出更能反映本校学生健康发展的健康检测内容与标准。

第五，重视大学生课内体育教育与课外体育活动的有机结合，加强体育课对学生的教育意义和提高学生对体育课的兴趣，并使学生养成科学合理的作息习惯、健身习惯，在课余时间也能科学健身，保持健康的生活方式。

4. 重视体育教学方法优化

体育教学方法影响体育教学效果。在大学体育教学中，有很多体育教学方法可以供教师选择，不同的体育教学方法有不同的特点，同一种体育教学内容的展现可通过多种教学方法来展现给学生，体育教师应该判断出哪一种教学方法是最合适的，这样可以促进教学方法应用的最优化，进而促进体育教学效果的最优化。重视体育教学方法优化，要求体育教师具有良好的体育教学能力，具有能科学选择各种教学方法、有效应用各种教学方法的能力。

5. 教学评价体系的完善

在"健康第一"教学理念的影响下，体育教学的评价应以学生的体质增强、身心健康发展为重要评价指标，进而完善体育教学评价体系。在"健康第一"教学理念指导下的大学体育教学评价体系的科学化构建与完善，具体要求如下：

第一，对学生的全面评价中，要重视对多方面的教学效果进行量化分析，并且将定性评价和定量评价相结合，提高教学评价的科学性，促进学生能更好地认识自身的不足以及获得学习的动力。

第二，对学生的全面评价中，要做到评价内容的全面、评价指标的全面、评价方法的全面，还有尽量做到邀请不同的评价主体进行评价。

第三，体育教学不仅注重对学生进行全面的评价，还注重对教师教学方面的评价。

第二章 大学体育教学内容与方式

第一节 大学体育教学内容的概念

一、体育教学内容的概念

体育教学内容是依据当前国家总的教育方针和社会对体育教学的需求选择出来的，根据对学生身体条件和学校教学条件的深入分析和研究在体育教学环境下传授给学生的一种体育锻炼活动。

体育教学内容是根据体育教学的目标进行选择的，是根据学生在成长过程中的发展需要，以及体育教学过程中必备的教学条件最终整理而成的，并且是随着社会需求的发展而不断变化的。

体育教学内容主要是针对教学对象的大肌肉群的运动而进行的，具有很强的实践性，主要包括身体的锻炼、运动型教学的比赛、运动技能的获取等。

诸如语文、数学、英语等学科知识的传授可以在教室内完成，学生可以通过对书本的反复研读，最终获得一定的知识和技能。但是对于体育教学而言，其所有的运动技能的传授，都必须在体育教学活动中完成。

二、体育教学内容与体育运动内容的区别

（一）服务的目的不同

体育教学内容是以教育为主的，其服务的目的是促进学生身心健康发展，其内容偏于理论性，对教学活动具有指导意义。体育运动内容是以提高竞技运动水平、夺取胜利为主的，其服务的目的较偏重于教学内容的娱乐性和竞技性，对教学活动而言具有很强的实践性。

（二）内容的改造要求不同

随着时代的不断进步，体育教学内容需要根据时代的变化和社会的需求不断改变，以保证体育教学内容能够满足社会培养人才的需要。因此，高校需要对体育教学内容进行必要的改造、组织和加工，而体育运动内容则不必进行这种改造。

三、体育教学内容的发展

（一）体操和兵式体操

古代体育的主要形式是兵式体操，由国家专门机构指导参加训练的士兵进行列队、

射击、剑术等战术的操练。后来，随着兵式体操训练的不断改进和制度的不断优化，体操最终成为今天体育教学中的内容之一。

（二）竞技类体育运动

我国早期出现的竞技类体育运动有骑技比赛、蹴鞠比赛等，后来随着人们对竞技类体育运动的兴趣不断增加，这类体育运动的发展日趋完善，最终成为一种正规的体育运动。工业革命以后，随着人们生活水平的不断提高，英、美的体育游戏迅速发展成为一种近代的体育运动，如足球、篮球、棒球等。而后，这些体育运动传到世界各地并流行起来，迅速在各国的学校教育中开展，再加上这些体育运动具有很强的娱乐性，因此深受广大青少年的喜爱，最终演变成体育教学活动中的重要内容。

（三）武术和武道

在古代的学校教育中，体育教学多是以武术教育的形式体现的，体育教学内容也大都是一些具有军事针对性的武术内容。这种运动不仅可以强身健体，而且能防身，因此迅速成为当下流行的一种体育教学内容，并在社会上展现出独特的魅力，这也构成了"武术"和"武道"的基础。再加上这些运动在人的精神和意志方面的培养上有其他理论知识和教育学科所达不到的作用，因此此类型的体育活动深受人们的关注和喜爱。鉴于这种原因，以"武术"和"武道"为原型构成的运动项目成为体育教学中的一种正式的教学项目，受到很多国家的关注。

（四）舞蹈与韵律性体操

舞蹈是人类最古老的艺术形式之一，是从古至今人们最喜爱的活动之一。在社会发展的历程中，舞蹈的影子随处可以见到，研究各国文化发展的历史可以发现，舞蹈是世界上很多国家民族文化的重要组成部分，在民族文化的形成、民族之间的交流中占据着举足轻重的地位。除了舞蹈，韵律性体操也因为具有很多体育爱好者追求的美感和锻炼效果，逐渐登上体育锻炼的舞台。而且，在韵律性体操的基础上又出现了艺术体操、健美操等。传统舞蹈经过不断改进和提升，形成了多样的民族舞蹈、体育舞蹈等。舞蹈和韵律性体操能够陶冶身心，并且在培养机体的美感和节奏感等方面也具有非常重要的作用。因此，舞蹈和韵律性体操逐渐成为体育教学内容的重要组成部分。

研究表明，以上四类体育教学中所涉及的内容在体育教学中所占有的比例不同，并且每个国家在进行体育教学的过程中对其重视的程度也有所不同。

四、体育教学内容的特点

（一）体育教学内容的功能具有多样性

体育教学内容起源不同，又受到所处文化形态的影响，这就决定了体育教学内容具有不同的功能，人们对体育教学内容的判断也必然会受到其传统起源的影响。因此，在进行体育教学时，教师要遵循因材施教的原则，这样才能保证体育教学顺利进行。

（二）体育教学内容的更新速度较快

大学体育教学具有很强的针对性，这一点在实际教学中尤为突出。针对不同专业、不同身体条件和不同兴趣爱好的大学生，体育教师需要设计和实施个性化的教学计划，以确保每位学生都能在体育活动中获得最佳的发展效果。此外，针对身体条件较差的学生，教师需要设计适合他们的低强度运动，以避免运动损伤，同时逐步提升其体质。而对于身体条件较好、有特长的学生，则可以通过更高强度和专业性的训练，帮助他们进一步提高运动水平。这种针对性的教学不仅能够满足学生的个性化需求，还能有效提高大学体育教学的质量和效果。

（三）体育教学内容之间是一种平行的关系

体育教学虽然涉及的内容较多，但是各内容之间并没有太多的联系和牵制，各内容之间是一种平行的关系。比如跑步和跳远，就是相对平行的两个内容，在教学过程中，两者之间没有太大的联系。

（四）每一种体育教学内容被赋予的教学任务不同

体育教学内容具有很强的时代性，不同时代的人对于体育教学的要求不同，因此每一种教学内容所承担的教学目标和任务也就不同。例如，在体育教学中开展各种体育锻炼是为了提升学生的体育素质，进行比赛是为了培养学生的团队精神、合作意识等综合素质。因此，进行体育教学或选择教学内容时，教师应该仔细地分析教学目标，以便对教学内容进行梳理和选择。

五、体育教学内容与教育内容的共性

（一）教育性

体育教学内容是对受教育者进行身体健康教育和心理陶冶教育的参考，体育教学研究者和教学内容组织者将众多的运动项目选为体育教学内容时，首先想到的就是这些运动项目本身所具有的教育性。体育教学内容的教育性主要体现在以下三个方面：

1. 有利于学生身心健康

体育教学是通过指导学生身体的运动和一些竞技性的小组活动，促进学生的身心健康发展的一种教学。体育运动本身就是一种肌肉群的活动，它能够通过对身体的锻炼来增强学生的体质，通过各种小组教学活动和竞技类活动来培养学生的综合素质。

2. 对学生成长具有积极的影响

体育教学内容主要是一些具有深远影响意义的内容，能矫正学生的心态，培养学生坚强的意志，促进学生正确价值观的形成，对学生的成长具有积极的影响。

3. 内容的设计具有普遍性

体育教学内容所面对的是教学活动中的全体学生，因此所选择的教学内容具有普遍性。所谓普遍性，就是指教学内容要保证适应大多数人群，这样才能达到教学的统一，有利于教学的开展和进行。

（二）科学性

1. 体育教学具有很强的针对性

体育教学的对象是广大青少年，其目标就是培养社会所需要的身心健康且全面发展的人才。另外，体育教学内容是对人类文明的反映和表现，同时体育锻炼的实践性也使得人们不得不重视这一过程，因此体育教学具有很强的针对性。

2. 教学内容符合学生的需求

在对体育教学内容进行筛选时，为了保证体育教学内容能够更好地为学生服务，体育教学研究者要对教学内容进行反复的筛选，使其能够符合学生的身体发展需求和社会需求。同时，体育教学内容具有很强的指导性，可以为教学过程提供参考和依据。

3. 遵循体育教学的规律和原则

任何一门学科的教学都要遵循其特定的规律和原则，这是保证教学目标顺利实现的基本条件之一。体育教学涉及的内容较多，较为复杂，为了保证教学过程能够按照目标的方向进行，体育教学研究者在选择教学内容时应该遵循体育教学中特定的科学规律和原则，保证体育教学的科学性。

（三）系统性

体育教学是一门繁杂的学科，不仅所涉及的内容较为繁杂、范围较为宽泛，而且对教学目标的要求也较高。因此，进行教学内容的梳理时，体育教学研究者应该根据知识之间的系统性进行组织和安排。通过对体育教学内容的研究，我们可以发现，体育教学内容的系统性主要表现在以下两个方面：

1. 教学内容本身的系统性

通过以上对体育教学内容的介绍可知，体育教学内容具有很强的复杂性，但是每一个知识内容之间又表现出一定的联系性和逻辑性。例如，安排低年级的学生学习体育时，教师首先应该培养学生的方向意识，先通过"向左转、向右转、立定、向后转"等一些简单指令培养学生的方向意识，然后对学生进行各种体育教学内容的训练。由此可知，体育教学内容本身就具有系统性。

2. 体育教学目标的系统性

在体育教学的过程中，教师需要根据体育教学的特点、学生的成长特点和教学环境等，深刻掌握体育教学过程和教学内容之间的规律性。必须根据学生的成长过程系统地、有逻辑地安排各个学校、各个年级的体育教学内容，并处理好它们之间的相互关系，将体育教学贯穿于教学的始终，这就是体育教学目标的系统性。

六、体育教学内容的特性

体育教学内容除了具有教育内容的共性，还具有很多专属于体育教学的特性，这些特性在体育教学过程中发挥着非常重要的作用，主要包括以下四个方面：

（一）实践性

众所周知，体育教学内容主要是一些具有教育意义的运动项目，并且需要学生肢体和大肌肉群的共同作用才能完成，因此运动实践是体育教学中的一个较为突出的特点。一般学科都是通过教师的课堂讲授，加上听、说、读、写等一系列训练完成教学任务的，而体育教学内容仅仅依靠听、说、读、写这种相对静态的方式是无法保证完成的，需要在特定的场地通过一定的体育运动才能完成。虽然国家规定的体育教学目标中包括对学生的心理健康的教育，但是这种教育也是通过某种体育活动的开展让学生体会到的。由此可见，体育教学内容具有实践性的特点。

（二）娱乐性

通过之前对体育教学内容的介绍可知，体育教学内容主要来源于生活、军事和艺术等方面。例如，武术来源于古代军营，体操、健美操、舞蹈等来源于艺术行业，跑步来源于日常生活。适当的运动或者竞赛活动会让学生获得身心上的放松或者身体上的改变，如篮球、足球、乒乓球等，这些运动能够丰富学生的业余生活，促进学生之间的交流，使学生在运动中获得快乐，这就是体育教学内容娱乐性的表现。

（三）健身性

体育教学的目的之一就是增强学生的体质，保证每一位学生都能拥有健康的体魄。由于体育教学内容有很大一部分是以大肌肉群运动为主要形式的技能传授与练习，因此很多能为身体带来动能的体育运动都会增加学生身体中的运动负荷。再加上青少年正处于身体发育的关键时期，适当的体育运动能够促进他们的身体成长，提高他们的肺活量和身体承重力，不断激发他们身体内部的潜能，从而达到强身健体的目的。

（四）开放性

体育教学内容和其他学科教学最大的区别就是体育教学内容具有很强的集体性，注重对学生的人际交流能力、团队合作能力等社会性能力的培养。体育教学内容中所涉及的很多运动项目都需要小组或者集体共同完成，并且需要全体成员充分地发挥自己的作用才能更好地完成。从这一方面来看，其教学内容具有很强的人际交流开放性，有利于对学生人际关系的培养。

第二节 大学体育教学内容的编排与变迁

一、体育教学内容的编排

体育教学内容的编排方式一般有"直线式排列"和"螺旋式排列",以及两者混合而成的"混合型排列"。关于"直线式排列"和"螺旋式排列"所适用的教学内容,历次的体育教学大纲只是提到了那些"锻炼身体作用大的教材"适合于"螺旋式排列",而关于什么体育教学内容适合于"直线式排列",却没有言及。

关于体育教学内容编排的理论还存在着一定的问题:①并非"锻炼身体作用大的教材"才适合于"螺旋式排列"。因为一些有深度、有难度的,要求学生熟练掌握运动技能的教学内容更需要"螺旋式排列"。②没有阐明哪些运动实践教学内容适用于"直线式排列"。历次的体育教学大纲均未说明过这个问题,仅举例说体育卫生知识可采用直线排列。因此,哪些运动实践教学内容适用于"直线式排列"成为传统体育教学内容排列理论的"盲点"。③没有明确说明"直线式排列"和"螺旋式排列"单元的区别。比如每学期 3 课时"螺旋式排列"、一次 3 课时"直线式排列"和一次 30 课时"直线式排列"对教学计划安排和教学效果的作用都是不一样的。如果没有区别,那么以往理论所说的"螺旋式排列"和"直线式排列"到底有什么不同?如果说不可能有这样统一的规定,那么什么内容适合 3 课时"螺旋式排列",什么内容适合 30 课时"螺旋式排列",什么内容适合 3 课时"直线式排列",什么内容适合 30 课时"直线式排列"等就必须予以说明。

教育科学出版社《体育与健康》教材提出了教学内容新的排列理论:体育教学内容排列中的"循环周期"现象。所谓教材排列的循环是指同一教学内容在不同学段、学年等范围内的重复安排。这种循环有以课为周期的循环、以单元和学期为周期的循环、以学年为周期的循环、以学段为周期的循环等。举例来说:上节课上 100 米跑,下节课还上 100 米跑就是以课为周期的循环;在上学期安排 100 米跑,在下学期还安排 100 米跑就是以单元和学期为周期的循环;在第一年安排 100 米跑,在下一年还安排 100 米跑就是以学年为周期的循环;在大学之前安排 100 米跑,在大学学段同样教授 100 米跑的技术和理论知识就是以学段为周期的循环。根据不同的内容性质,体育教学内容有四个层面的排列:①"精学类"教学内容(充实螺旋式);②"粗学类"教学内容(充实直线式);③"介绍类"教学内容(单薄直线式);④"锻炼类"教学内容(单薄螺旋式)。

以上编排方式较好地落实了新课程标准对体育教学提出的新要求,并根据体育教学内容分层及排列理论,结合当前体育教学内容和教学时间的现状,有创新性地将学的、练的、介绍的、体验的内容合理编排在体育教学中。

二、我国体育教学内容的发展和改革

（一）体育教学内容的发展趋势

1. 正规的体育运动项目迅速兴起

人们对体育教学的认识及对体育教学的重视程度逐渐提高，随着现代竞技体育运动的不断兴起和普及，其逐渐取代了乡土体育教学的内容。

2. 对体育教师的要求较高

随着新课标的推行，体育教学内容的数量正在不断减少，但是随着体育大纲教学目标的强度不断加大，体育教学内容的难度却有所增加。这就要求承担体育教学工作的教师必须由受过专门体育训练的人员担任。

3. 体育教学的娱乐性因素在减少

随着教育事业的不断创新和发展，体育教学也在素质教育的推动下逐渐发挥了其重要作用。目前，体育教学已成为社会培养全面发展人才、培养健康体魄学生的重要途径。在这一背景下，体育教学逐渐淡去了其本身具有的娱乐性，加大了对锻炼性的要求。

4. 运动器材的正规化

体育运动已经作为一种正规的体育教学手段，被推上了教育的舞台，并且得到了足够的重视。随着科学技术的不断发展，一些新型的正规体育器材也被应用于教学情境中。

（二）体育教学内容的改革

通过上述对体育教学发展趋势的分析，我们可以看出，体育教学内容虽然日益正规，但是却很单调，技术难度在不断加大，娱乐性在不断降低，长此以往，学生会逐渐降低对体育运动的兴趣。针对这种情况，我们必须进行以下体育教学内容的改革：

1. 改变体育教学内容的生硬化

体育教学内容的生硬化将会使体育教学变得枯燥无味，并降低学生对体育运动的兴趣，不利于教学效果的加强和教学质量的提高。因此，当前我们应该改变体育教学内容生硬化这一现象，使学生重新燃起对体育运动的兴趣。

2. 解决体育教学内容与学生社会体育活动之间的差异

体育教学内容的原型来源于人们的日常生活，也正因如此，体育教学内容与学生社会体育活动联系了起来，有利于学生掌握和巩固体育知识和技能。因此，我们应该解决体育教学内容与学生社会体育活动之间的差异，推进体育教学的群众性和实践性。

3. 提高学生的体育兴趣

兴趣是促进学生更好学习的催化剂，但是随着近几年来体育教学内容去娱乐性的特点，很多学生觉得目前较为正规的体育教学变得枯燥无味，逐渐对体育学习失去了兴趣。这对于体育教学而言是非常不利的，因此教学内容应该重视其娱乐性，提高学生对体育学习的兴趣。

4. 多增加一些具有民族性的体育内容

体育教学内容中应该多增加一些具有民族性的体育教学内容，提高学生对民族文化的认识度，促进民族体育文化的传播。

三、体育教学内容的分类

（一）体育教学内容分类的重要性

对内容进行层次性的分类的主要目的是对这些内容进行整合和归类，据此加深人们对此内容的认识。对体育教学内容的层次和分类进行研究的目的，是便于体育教师在体育教学的过程中对教学内容进行梳理和讲授，让体育教师建立更加清晰的体育教学内容体系，保证体育教学内容与体育目标之间的联系更加紧密，也便于体育教学研究者对体育教学过程进行合理安排。

但是，由于体育教学内容较其他学科的教学内容而言具有很大的特殊性，再加上体育教学内容所涉及的知识较为复杂，体育教学内容的分类一直是困扰体育教学工作者和研究者的主要问题。自体育教学逐渐成为学校教学内容之一并受到普遍关注以来，体育教学研究者就对体育教学内容进行了很多不同的划分和研究。因此，体育教学内容的划分是一个多角度、较为复杂的工作，这主要还是由体育教学内容的复杂性决定的，也是由体育教学内容的多功能性、多价值性决定的。

在我国进行体育课程和教材建设的过程中，很多体育教学研究者遇到了体育教学内容分类上的难题，虽然这是体育教学研究者一直致力研究和解决的问题，但是从目前来看，其结果不容乐观。这也直接影响了我国体育教学的发展和进步。

（二）体育教学内容分类的方法和层次

1. 体育教学内容的分类方法具有多样性

体育教学内容的分类方法具有多样性，这种多样性主要取决于研究者观察、审视体育教学内容的角度和方向。因为体育教学内容较为繁杂，因此对其进行分类时，我们要多角度、全面地对内容进行分类和整理，保证其内容的合理性和科学性。

2. 注意体育教学内容的层次性

为了避免体育教学内容的分类繁多，我们可以先根据其层次的不同进行具有层次性的分类，然后在此基础上对其进行系统的分类，这样的分类方法较为清晰明了，而且便于教学的开展。例如，教师在进行篮球教学时，首先进行运球技术的教授和训练，然后进行传球技术、投球技术的训练，这样有层次的教授和练习有助于学生对知识和技能的掌握。

（三）体育教学内容分类的注意事项

1.教学内容的分类要服从教学目标

体育教学内容的分类并不是一成不变的，而是根据社会和国家的教育方针和教育目标的要求不断变化的，而教学目标是随着时代的变化和人们需求的不同逐渐变化的，所以固定的体育教学内容的分类也是不存在的。因此，体育教学内容的研究者和教材的编写者在对体育教学内容进行分类时，要不断地更新自己的观念，关注社会体育教学目标的变化，使教学内容的分类更好地服从教学目标。

2.教学内容的分类要具有科学性

体育教学内容的分类是体育教学过程的指导依据，是实现体育教学目标的根本保障。因此，研究者和编写者在对体育教学内容进行分类时，要保证其符合教学大纲的根本要求和原则，同时要有科学的观念，这样才能保证体育教学内容的分类能够更好地指导体育教学过程顺利进行。

3.教学内容的分类要具有阶段性

体育教学贯穿学校教育的始终，但是个体的成长具有阶段性，不同年龄段的学生对知识和技能的接受能力不同，加之体育教学大纲对各个年龄段学生的教学要求和目标是不同的，所以在对体育教学内容进行分类时，研究者和编写者应当注重阶段性，结合学生身体发育的阶段进行教学内容的编排。

4.教学内容的分类要为教学实践服务

体育教学对实践性要求较高，实践性是体育教学的一个显著特征。研究者和编写者进行体育教材分类时，应该对教材的内容按照其实践性的强弱进行适当的划分：对实践性要求较强的体育教学内容，多安排其实践环节；对实践性要求较弱的内容，根据其性质多安排其理论课程的讲授，这样才能全面掌握教学内容的重点、难点。

5.教学内容的分类要明确选编原则

随着社会对体育教学要求的不断提高，体育教学内容需要通过体育教学研究来得到调整和优化，而为了保证体育教学内容更有利于学生的成长和发展，体育教学内容的科学性首先应该保证。因此，体育教学研究者应该明确体育教学内容的选编原则，这也是进行体育教学研究的必备条件。

6.教学内容的分类要掌握和了解体育校本教材

体育校本教材是体育教师在指导学生进行体育活动时的参考基础，也是教学内容的载体，无论是哪一个层次的体育教学研究，都是建立在对校本教材加以了解的基础上的。掌握当前情况下体育教学的基本内容及编写方案，可以为研究提供更多的理论基础和现实依据。

7. 教学内容的分类要研究和了解体育教案

体育教案是体育教师在进行体育教学时的方案和步骤，是体育教学能够顺利进行的前提条件。开展体育教学研究的最终目的就是提高体育教学的质量，其中包括教师的教学方法和策略。对体育教案的研究和了解，能够帮助体育教师认识到体育教学内容研究层次的划分方法和要求。

8. 教学内容的分类要了解和掌握体育教学条件

体育教学的实践性极强，为了保证体育教学的顺利完成，高校首先应该保证良好的物质条件和适宜的教学环境。良好的物质条件为体育教学提供了基础，如在开展体育教学时，学校需要提供诸如单杠、双杠、铅球、跳绳等一些能够保证体育运动项目顺利完成的物质条件。如果没有这些物质条件的依托，体育教学就会成为一纸空谈，无法落到实处，无法发挥其重要作用。适宜的教学环境同样也是体育教学的必备条件，学生只有在适合开展体育教学活动的环境中，才能真正融入体育教学活动，并且适宜的教学环境能够确保学生在体育教学活动之中的安全，避免不利于学生安全的事件发生，与此同时，适宜的教学环境能够促进师生之间的交流和互动，促进体育教学质量的提高。因此，在从事体育教学研究时，研究者首先应该清楚地了解体育教学条件，只有清楚地掌握体育教学条件，才能在此基础上对所得的教学方案进行可行性研究和分析。

第三节 大学体育教学方式

一、体育教学思维方式

首先，我们需要简单回顾一下什么是"思维"与"思维方式"。从逻辑学角度讲，思维是人们认识事物的理性阶段，是一个对感性认识进行加工，进而把握事物本质、形成概念与判断、逻辑推理的理性认识过程。因此，思维的基本形式是概念、判断、推理。哲学是从认识论角度，即从人类认识的来源以及认识发展过程的角度来研究思维的，如认识发展的过程是从感性认识到理性认识，途径是"认识—实践—再认识—再实践"等。因此，从哲学角度讲，思维是人脑的机能，是对客观存在的能动的、间接的和概括的反映。

思维是人类特有的现象，自从"人猿相揖别"以后，人类就以特有的"人群"协力合作，一步一步地发展着人类的文明。这个发展过程离不开人类的思维，而作为一个认识活动的整体，任何思维过程都包括各种思维形式及方法在内。

目前，学界对思维方式存在多种理解，比较有代表性的有以下几种：

①思维方式是指"人们的理性认识方式，是人的各种思维要素及其综合，按一定的方法和程序表现出来的、相对稳定的定型化的思维样式，即认识的发动、运行和转换的内在机制与过程。通俗地说，就是人们观察、分析、解决问题的模式化、程式化的心理结构"。

②思维方式作为哲学认识论的一个重要范畴，包括相互联系的两个方面。从思维主体看，它是主体在进行思维活动中所采取的模式或样式；从主体和客体的关系看，它是主体把握客体、通向客体的工具和手段。

③从现代信息科学的意义上说，思维方式是主体从外界获得信息、加工信息，从而形成新信息的途径和方法。

④思维方式就其本质来说，是人脑的运动。作为人脑的"固有属性"或"存在方式"的思维运动，其结果是精神或意识，思维方式正是产生这种结果的方式。因此，思维方式就是思想、观念、意识、理论、方案等一切软件的生产方式，即精神产品的生产方式。

综合来看，以上几种观点均认为思维方式应是人们进行思维活动过程中所运用的工具和手段。或者说，思维方式是人们通过思维活动达到一定思维目的的途径、手段。思维活动是一个过程，是一个由多种因素构成的动态系统。这个过程中必然要有思维的对象（思维什么）、思维的主体（谁在思维）、思维的方法（怎样思维）。

教学思维方式是指"师生关于教学存在的思维途径及其致思导向的理论概括，在思维中认识和构建教学活动的经验、知识、观念等要素的综合模式"。从功能上说，教学思维方式深刻地制约着师生关系对教学存在的选择、整理和评价过程。

（一）体育教学思维方式的组成

结合体育教学活动的特殊性，体育教学思维方式的结构应由以下几个部分组成：

1. 体育教学思维目标

思维目标是指人作为主体，思维所要实现的目的和结果。从中西方传统哲学思维的差异性来说，中国传统哲学，特别是传统孔子哲学，把思维的目标重点锁定在"论道"，尤其是论做人之道上，所以道德的善是其要实现的首要目的；而西方哲学思维，自古希腊第一期哲学家开始，就具有知识理性的传统，他们主要的思维兴趣在于"求知"，把探索对象世界的客观真理作为哲学思维的首要目的，这也是西方哲学与科学之间始终具有密切关联性的重要原因。由此，中西方两种不同的思维传统直接影响了教学过程中的思维目标，中国教育与教学的目标比较倾向于培养人的道德与境界，即把"育人"放在首位。在体育教学中，师生的思维目标除了包含掌握知识与技能之外，还十分重视品德的发展。

从具体角度而言，师生的教学思维目标具有较大的差异性，如体育教师的思维目标主要是完成体育教学目标，同时实现"育人"的任务，把学生培养成既体格健壮又身心健康，同时还具有优良的体育道德与社会道德的人才；而就学生的思维目标而言，当然没有那么抽象，而是比较具体化、直接化，即直接指向运动的乐趣。因此，在体育教学活动过程中教师与学生的教学思维目标的差异性较大，不能一概而论，要区别对待，这样才能把师生教学思维目标的共性连接起来，产生共鸣，并在此基础上实施教学策略，进行有效教学。

2. 体育教学思维定式

思维定式是指以思维能力为主体而长期形成的思维态势和惯性，它表现着思维有可能达到的深度和运作的态势。这种定式往往带有鲜明的群体性、民族性和地域性的特征，是一定地域条件下的民族、群体长期的思维传统的积淀。因此，思维定式是一种稳固的思维因素。对于每一个认识主体而言，这种因素不仅与自我实践经验有关，而且与其赖以存在的种族、群体的关系更为密切。在实际生活中，人们都以某种独特的不自觉的习惯进行思维。

在体育教学过程中，这种思维的定式具体可表现在以下几个方面：一是体育教师的思维定式。体育教师的成长离不开高等教育专业培养与个人成长的过程与环境，这些环境直接影响并导致体育教师的个人特质，就思维态势和惯性来说，它隐含了培养环境与成长环境的各种要素沉淀。二是学生的思维定式。与教师的思维定式影响因素类似，学生也受着成长环境的影响、学校教育的影响，只是在时间上比教师要短一些。三是师生经过磨合的共同思维定式。这种定式在体育教学过程中将起到重要的作用。教师独立的思维定式与学生独立的思维定式比较难以改变，但教学是双边的，体育教师自接受一个班级之后，就必然在一个学期内或一年内，甚至几年内与同样的学生长期相处，这就需要一个相互碰撞、相互影响、相互磨合的过程，而这个磨合过程的长短直接影响着教学的效果与质量。一个善于教学的教师必然很快摸清学生的思维，在此基础上结合自己的思维特点，形成一种比较一致的师生思维定式，这样师生就能心往一处想，劲儿往一处使，共同营造良好的氛围。

3. 体育教学思维策略

思维策略是指在一定思维定式的前提下选择的思维具体运作过程中的技巧、方法。它直接涉及思维的精细程度，表现为思维操作的具体方式、方法，用不同的方法从不同的角度和层面对某一问题进行思考、突破，对于认识结果的真伪及其程度具有不同的影响。例如，在对微观世界的认识过程中，它表现在思维的技巧和方法上，用形象思维和抽象思维、宏观思辨和微观实证的不同方法进行认识，可以得出不同的结果。

在体育教学过程中，师生选择的思维策略是不同的，其维度也是多方面的。首先，每一个体育教师都有自己独特的思维目标与思维定式，这些特征可以具体表现在各类教学计划的设计与规划上，也就是说，教师所呈现的各类课前准备的成果凝聚了体育教师的思维方式；还可以表现在课堂教学实施方面，如教法的安排、教学组织与管理、指导与反馈等；同时还表现在课后的评价与反思方面。其次，就学生的角度而言，其思维策略也各有不同，表现为对于教师布置的任务与要求，学生的反应是不同的：有的学生努力实践、认真完成；有的学生应付了事、马马虎虎；更有的学生置之不理、我行我素。这些思维策略都是由他们的思维定式决定的。这就要求在体育课堂教学过程中，师生的思维定式要达成一致，形成一种师生之间较为一致的、比较协调的思维定式，才能产生比较相近的思维策略，进而产生教学思路与策略共赢的效果。

（二）体育教学思维方式的种类

1. 形象思维法

所谓形象思维，主要是指人们在认识世界的过程中，对事物表象进行取舍时形成的，使用直观形象的表象解决问题的思维方法。形象思维是在对形象信息传递的客观形象体系进行感受、储存的基础上，结合主观的认识和情感进行识别，并用一定的形式、手段和工具（包括身体操作、文学语言、线条色彩、音响旋律等）创造或描述形象（包括艺术形象和科学形象）的一种基本的思维形式。

首先，在体育教学活动中，形象思维非常普遍，身体的运动形态的展示（体育教师的示范动作）对于学生而言就是一种形象呈现，学生需要感知这些直观的信息，进行形象思维。因此，体育教学过程最重视的思维就是形象思维，没有这种形象思维，运动技术就不可能传承，学生也不可能学会运动技能。其次，学生在基本认知运动过程、运动原理之后，在运动实践过程中，大部分还是依赖于自身运动的形象思维，有时还可以通过录像观看优秀运动员的视频来感知正确的形象等。当然，学生在进行形象思维的过程中也需要其他的一些思维方式，如抽象思维等，因为人是一个综合的复杂有机体，任何一种行为方式都要依赖机体的综合效应。

2. 动作思维法

动作思维亦称直观动作思维。其基本特点是思维与动作不可分，离开了动作就不能思维。动作思维一般是在人类或个体发展的早期所具有的一种思维形式。成人的动作思维特别指向运动思维方式。动作思维的任务是与当前直接感知到的对象相联系，解决问题的思维方式不是依据表象与概念，而是依据当前的感知觉与实际操作。如儿童在掌握抽象数学概念之前，用手摆弄物体进行计算活动，就属于动作思维；成人在进行抽象思维时，有时也借助于具体动作的帮助。

体育教学活动的目的有别于其他实践活动，儿童学习抽象数学之前的动作思维之目的是积累初步的实践经验，以帮助理解与掌握抽象数学的概念；而体育教学中学生进行动作思维的目的直接指向掌握动作本身，因此就动作思维目的而言，体育教学活动与其他实践活动有着根本的不同。体育教学活动必须依赖形象思维与动作思维，没有动作思维的参与，学生的运动技能就不可能形成。因此，在教学过程中，体育教师在呈现动作示范等直观形象之后，必须进行运动动作的实践，开展积极的动作思维，这种思维必须依靠学生身体的本体感觉，因为不同的学生对于同一个运动形式的感觉是不同的，由此而产生的动作思维状态也截然不同。

3. 创新思维法

创新思维法是相对于习惯性思维的一种新型思维方式，它是思维的一种智力品质，是在解决问题的过程中通过选择、突破和重新建构已有的知识、经验和新获取的信息，以新的认知模式把握事物发展的内在本质及规律，并进一步提出具有独特见解的、符合人文精神的、具有主动性和独特性的复杂的思维过程。

创新思维对于一个教师来说特别重要，对于体育教师也不例外，它是教师进行教学创新的源泉。体育教师具备创新性思维素质不仅在体育教学活动中，而且在重塑体育教师的形象与地位中具有特殊的意义。在过去，体育课教学经常出现"一个哨子两个球，教师学生都自由"的放羊式教学现象，社会舆论中的体育教师都是"四肢发达、头脑简单"的人。因此，要改变传统的看法，体育教师就需要搞好教学本职工作，要有一定的创新性思维，只有这样，才能提高体育学科的教学质量与成效，才能开发学生的创新性思维素质，从而提升体育学科的地位。

4. 逆向思维法

所谓逆向思维法，就是为了实现创新过程中的某项目标，通过逆向思考，运用悖逆常规的逻辑推导和技术以实现创造发明的思维法。逆向思维是"思维倒转"，是一种克服思维定式、另辟蹊径的行之有效的创新思维法。逆向思维方式往往通过以下具体途径实施：功能型反转构思法、结构性反转构思法、因果关系反转构思法、缺点逆向构思法。

逆向思维与创新思维紧密相连，也是进行创新性思维的一种方式，在体育教学中运用较为广泛。老教师若思维受阻，可以借助逆向思维法，进行反向思维，可能另辟蹊径。在体育课教学中利用体育活动培养学生的逆向思维素质也是体育教师的责任，是培养未来人才的要求。

5. 移植思维法

移植思维法是指把某一学科领域的科学概念或科学技术成果运用到其他领域从而导致创新的思维技法。移植思维法可以分为三类：科学概念的移植、技术手段的移植、技术功能的移植。

体育教学在某种程度上依赖于教育学科，而教育学则是综合了学校教育的各个学科的理论与成功经验。因此，体育教学思维方式与教育学的其他学科的思维方式具有一定的共性，体育教师可采用移植思维法借鉴其他学科的研究成果与思维模式，充分利用各种资源，实现学科互助、利益共赢的目的。

6. 类比思维法

所谓类比思维法，就是借助于两个或两类事物之间的某种相似关系，从一个或一类对象的已知属性推导出另一个或另一类对象对应的未知属性，从而提出创新的思维技法。

类比法在体育教学过程中的使用较为普遍，体育教师可以根据教材的性质对先学内容与后学内容进行类比，特别是内容相近或类似的运动项目，在课前准备与课中实施中，要注意类比，比较它们的相同点与不同点，以防止运动技能之间的相互干扰现象。如体操中的山羊分腿腾跃以及蹲踞式跳远，如果两者之间学习时间安排太近，就会产生干扰现象，因为山羊分腿腾跃是双脚起跳的，而蹲踞式跳远是单脚起跳的，两者的起跳方式完全不同。其次，在教学实践过程中，教师要了解学生前期所学内容，再结合教法重点突出起跳方式的练习，以防止学生运动技能之间的干扰。对于学生而言，他们也要注意类似思维，这包含两个方面的内容：一是通过类比同类教材内容的相同点，有利于运动迁移的产生。如跳远与跳高，其共同点是两者都是单脚起跳、两者的过程或环节是相同的、助跑与起跳衔接是重点等，不同点是助跑的弧线不同、起跳的用力方式不同等，这些特征对于先学跳高还是先学跳远会产生一定的作用，如能通过类比思维法，可产生有利影响。二是通过类比同类教材或不同教材的差异性，可以消除教材之间的干扰现象。

7. 联想思维法

联想创新法，是指在类比、模拟的基础上，由事物间的相似性触发联想，举一反三，转移经验，提出解决问题的新思路，或设计制造新产品的思维技法。联想思维法的类型有相似联想、接近联想、对比联想、因果联想。

联想思维法在体育教学中可用于教师与学生两个层面。

对于教师而言，发挥自身智慧优势是一个方面，也就是说，教师要尽力挖掘个人的教学智慧，发挥个人的智慧潜力，这样的教学才有创新，而教师之间通过互动教研，可借助他人的智慧，转移教学经验，这就是联想式思维的功效。联想思维法告诉我们，只要教学对象、教材内容、教学情境之间具有一定的相近性，教学的优秀智慧是可以相互借鉴与转移的。这个思维方式的大量使用，可以帮助教师之间相互交流与学习，特别是具有创新性的教学理念、教学方法、教材策略等都可以联想运用到每一个教师的教学之中，共同提升体育教学的质量。

对于学生而言，联想思维法还有助于开拓思路，发展思维，形成创新性教学成果，这种思维方式对于改变教师满堂灌的现状具有很重要的意义，对于张扬新课程标准的自主学习、合作学习、创新学生等具有重要的价值。如在健美操教学中，教师传授健美操的基本动作之后，可以让学生开展自主与合作学习，发挥学生联想思维的优势，对动作进行各种组合与编排，一方面，发挥学生的联想思维、类比思维等；另一方面，所呈现的结果代表了各组学生创新思维的成果，可以起到相互学习、相互提高、共同发展思维特征的目的。

8. 想象思维法

想象，就是在已有知识和形象的基础上，发挥主观能动性，构思某些未知理论和形象的思维过程。想象思维的类型有：再造性想象、创造性想象、幻想。想象思维的特点是：想象具有主观性、自觉性、目的指向性；想象具有新颖性、综合创新性；想象具有极大的自由度和超现实性；想象具有奇特的夸张性。

很多发明与创造都是在想象中产生的，体育活动中众多的运动项目、每一个运动项目的发展等都离不开人类思维的想象，如跳远从蹲踞式到挺身式再到走步式，跳高从跨越式到俯卧式再到背越式，都是人类发挥想象思维的结果。当然，这属于运动技术的创新与发明，一般教学过程中师生很难这样去做，也难以取得这样的成果。但是人们在体育教学过程中同样可以发挥想象空间，这是赋予任何人自由的、宽阔的、无限的思维空间，作为教学主体的师生可以在其间自由地翱翔。教师在他人经验与自身经历的基础上可以发挥自己的想象力，结合其他思维方式，发挥主观能动性，构思崭新的教学思路、教学设计、教学安排等，赋予教学活动强大的生命力；学生也可以在运动过程中发挥自己的想象力，体验运动乐趣，变换运动形式等，这些活动都为体育教学赋予了生命的气息。

以上 8 种体育教学思维方式仅仅代表了部分思维方式的内容，其他的思维方式还有很多，这里不再一一列举。在体育教学过程中，对于教师来说，培养良好的思维方式很重要，它是直接影响体育教学行为方式的一个重要因素，同时也是开拓体育教师视野、进行教学创新、发展学生良好思维方式、提高教学质量的重要保障。

二、体育教学方式的运用

由于体育教学方式包含了两个层面的内容，因此，有关体育教学方式的运用也应体现体育教学思维方式与行为方式两个内容。具体可从以下几个层面来设计：一是体育教师采用何种思维方式，如采用创新思维法，针对目前学生被动学习的现状，借助教育学创新原理与创新理念，开展探究式教学方式。这样的教师思维目标，首先要求教师具有开拓性思维，勇于创新；其次要求教师在教学准备方面要充分了解学生，掌握学生基础，设计出探究式教学的单元计划与教案；最后，要求学生积极配合，开动脑筋，开创发散式思维、联想思维、对比思维等，以配合教师的课堂教学，这样才能为探究式体育教学方式奠定可靠的基础。二是体育教师在创新思维的引领下，正确选择适合探究式教学的各种行为方式，如选择探究式教学方法、教学手段与教学模式等，这样才能把设想落实到位，把理想变成现实。任何缺失了思维方式或行为方式的教学方式都是不完整的。

体育教学方式在体育教学实践中的运用十分广泛，体育教师可以根据自身的特点、教学的需求、教材的性质等各个方面综合考虑需要运用何种教学方式进行教学，然后进行精心的教学设计与实施，这样才能产生实际的教学效果，促进体育教学改革的创新与发展。

第三章 大学体育教学策略与模式创新

第一节 大学体育教学策略与模式概述

一、体育教学策略概述

（一）体育教学策略的概念和特点

1.体育教学策略的概念

教学策略是教师为实现教学目的，完成教学任务，在对教学活动取得清晰认识的基础上，根据学习内容、学习者的知识水平和理解与认识能力以及学习过程等因素而对教学活动及其因素进行计划、评价和调控而采取的一系列执行过程，包括教学活动的元认知过程、教学活动的调控过程和教学方法的执行过程。体育教学策略是体育教师为达成体育教学目的、完成体育教学任务，根据教学实际情况而采用的教学程序、方法、手段、技巧和控制方式，包括对教学全局发生作用的宏观教学策略和由教学方法与技能构成的微观教学策略两大类。

2.体育教学策略的特点

（1）灵活性

体育教学策略的产生是为了解决现实的教学问题，掌握特定的教学内容，达到预定的教学目标，收到预期的教学效果。各种教学策略只有在具体的条件下才能发挥相应的作用，不存在适合一切问题和内容的万能的教学策略。同时，由于各种教学策略和需要解决的教学问题之间不存在一一对应关系，同一教学策略对不同的教学对象可能产生不同的教学效果，而将不同的教学策略运用到同一教学对象时也会有不同的效果。所以，教师在选用教学策略时，要综合衡量教学目标、教学内容、教学对象和教学环境的具体情况。

（2）整体性

要形成科学有效的体育教学策略，教师必须针对具体的教学需求和条件，从整体上对构成教学的整个过程及其诸多要素进行全面综合考虑，最终形成方案，以将教学理论和经验应用到教学实践中。

（3）可操作性

任何教学策略都是针对教学目标的每一具体要求而制定的，具有与之相对应的方法、技术和实施程序。教学策略要转化为教师与学生的具体行动，必须是可操作的，而不是笼统、含糊、抽象的。

（4）可调控性

由于教学活动元认知过程的参与，教学策略具有可调控的特点。教师要根据对教学进程及其诸多要素的认识总结，及时把握教学过程中的各种信息，及时反馈和调整教学进程及师生的教与学的方法和手段，以实现教学目标。

（二）常用的体育教学策略

1.优化体育课堂时间管理的策略

（1）坚持时间效益观，尽可能减少时间的无谓损耗

要坚持时间效益观，最大限度地减少时间的损耗。要提高课堂的时间效益，高校必须建立合理的教学制度和增强教师的时间观念，减少可能导致教师、学生的分配时间浪费的人为因素，提高时间的利用率。

首先，体育教师要尽快进入教学。教师如果在开始正式上课之前所做的其他活动太多，如把过多的时间用于点名、整理调动队形或课堂导入等方面，就可能造成教学时间的损耗。因此，体育教师应认真、详细备课，精心规划，争取以合理的时间进入教学。

其次，减少教学活动中的过渡时间。在体育教学中，教师要安排学生从事不同的练习。练习过程中的队伍调动、等候练习、拿取器材、变换练习内容时的移动等，都要消耗时间。如果在这些方面花费的时间过长，势必造成时间的损耗，因此教师要让各种过渡自然协调、紧凑流畅。

再次，减少和避免突发事件。体育课中的突发事件可能源于一些意外事故，如学生捣蛋、受伤、中暑、晕厥、打架争吵、器材损坏、天气突变等。体育教师在上课前要有预案，尽量减少并力争避免突发事件的发生。万一发生时，可综合采用"热""冷"处理。具体而言，热处理是对刚刚发生的突发事件就地解决。教师对突发事件当机立断，迅速采取对策，可达到既有效解决事件，又能让突发事件转化成教学事件，成为对学生进行教育的契机。

（2）适时施教，优化体育教学过程

一般而言，一节体育课学生体力和注意力的最佳时间是上课后的第15—20分钟，教师要提高课堂的时间效益，就必须保证在最佳时域内完成主要教学任务，解决关键问题，并辅以精心设计的方法，使教学过程一直按照预定的目标进行，并使学生一直处于积极的专注状态。

（3）保持合理的信息量，提升知识的有效性

从心理学的角度看，学生的体育学习是一个不断获取信息并加工处理信息从而不断调节、完善认知结构的过程。课堂信息量过少、环节松散会导致时间的浪费；信息量过多、密度过大，超越学生的接受能力，会导致教学效益低下，也会浪费时间。因此，教师要保持单位时间内适度的信息量。当然，教师课堂传授的体育知识要尽可能有效，要杜绝因讲授无用知识而产生的无效劳动。

（4）提高学生的专注率，增加学生的学习时间

专注率，即教学时间内学生专注于某项教学活动时间所占的百分比。提高学生的专注率旨在增加专注时间，使其尽量接近于分配时间。提高学生的专注率，一是要抓住可教时机及时施教，二是选择恰当时机处理学生行为，防止出现破坏课堂规则和形成冲突的情境。此外，体育教师还要在提高学生专注率的基础上提高过渡时间效率，保障教学各项活动的有机衔接。另外，体育教师通过适当的办法、生动形象的途径激发学生的学习兴趣和动机，也可以提高学生的专注率。

增加体育学习时间指教师将体育课中的时间更多地用在教学活动上。要做到这一点，教师可以从两个方面着手：一是必须以教学为中心。体育课中有很多活动，包括教学活动和非教学活动，教师必须将教学时间紧扣在教学活动上，尽量减少非教学活动上的时间。二是减少用于课堂管理和组织教学的时间。课堂管理和组织教学工作虽然是必不可少的，但应该控制在合适的范围内，否则，也可能造成时间的无谓损耗。

2. 安排运动负荷的策略

（1）安排每节课的教材和确定课堂的任务

教师在安排教材内容时，应合理搭配不同性质、不同强度、不同密度的教材。因为不同年级、不同教材、不同类型的体育课，其运动负荷是不同的。在教材内容的安排上，教师可以根据负荷的大小交替安排练习，如强度较小的走、投与强度较大的跑、跳等内容的组合。在课前的备课中周密地安排运动负荷，要重视并设计合理的运动负荷，针对不同的教材设计不同的运动负荷。例如，跑的项目和投掷项目的运动负荷不同，教师要在练习密度上加以调整。

（2）合理调节运动负荷

一般来说，一节课的运动负荷模式有标准型、双峰型、前高后低型、前低后高型等多种模式。但不管采取哪种模式，运动负荷总的调节策略应是高低结合，动静交替。在教学中，常用脉搏测量、询问法、观察法等来测量和了解运动负荷。

3. 减少和预防运动损伤的策略

（1）教师方面

加强专业思想修养、敬岗爱业、关爱学生、增强责任意识，估量每节课可能存在的安全隐患并准备相应的安全措施；加强专业理论和技术的学习，与时俱进，针对学校及学生的实际情况，采用适应性教学；制定各种规章制度并长期坚持，如体育课堂教学常规、场地器材安全制度、场馆使用制度、游泳池使用制度、学生体检制度等；科学合理地安排授课过程，选配内容要合理，高难度动作不安排在活动能力下降阶段，某一局部动作不宜安排较大的运动负荷等，还应根据天气合理安排教学；以正确的动作技术教学，教师上课时必须正确示范、科学合理地教学，使学生能熟练地掌握运动要领，预防运动损伤；提高教学场地的安全性，如场地设施、保护器材设置是否牢固结实，沙

池是否平整松软、学生着装是否适宜以及课堂中存在的其他安全隐患等，如在进行投掷练习时，必须讲授投掷规则、捡拾器材的要求和时机、排队等待的学生的分布位置，强调注意事项与要求等；建立有效的教学管理组织，加强组织纪律性教育，确立"安全第一""预防为主"的指导方针。

（2）学生方面

增强安全和自我保护意识，学会遇到意外事故时做自我保护，学生之间应学会在练习中相互保护和帮助；提高身体素质，避免因素质差而引起运动损伤；注意准备活动和整理活动，减少运动中拉伤韧带、肌肉或扭伤关节的概率，减少慢性劳损的积累。

（3）场地器材的选择方面

改善场地设施条件，改善练习环境，修复或者更换损坏的器材，都可以减少学生受伤的概率。

4. 安排练习密度的策略

保持合适的体育课的练习密度，是提高体育教学效果必须注意的问题。在实际教学中，由于影响课的密度的因素很多，如地区、季节、教学阶段、课的类型、教材、教学条件，以及教学对象的性别、年龄、体质、体能和技能水平及精神状态等方面的差异都能对课的密度产生影响，因此难以用某一绝对标准来评定课的密度的合理性。

在实际教学中，以下三种因素可以综合考虑：

（1）根据教学目标确定练习密度

每一堂课的具体教学目标不一样，其练习密度也应有区别。在讲授新课中，教学因素必然要多一些，包括教师讲解、示范以及相关必要的教法的时间以及学生观察、理解、分析动作的时间都要多一些，练习时间相对减少，练习密度可以降低；而在复习课和提高身体素质的课上，"教"的因素相对少了，练习密度可适当增加。

（2）根据练习强度确定练习密度

对于强度较大的练习，间歇时间可适当延长，即练习密度小一些，使学生能得到必要的休息和恢复；而强度较小的练习，则可以安排较大的练习密度。

（3）根据气候确定练习密度

夏天气温高，如果练习密度过高、运动量过大，可能导致心跳加剧、头晕恶心甚至中暑等情况，影响学生健康；而冬季气温较低，肌肉黏滞性增大，要以较大的练习密度和运动量才能让身体发热或活动开，以便从事体育学习和锻炼。

5. 促进师生交往的策略

良好的师生关系能使学生保持稳定的情绪、愉快的心境、敏锐的智力，适应周围的生活环境，与他人建立、保持和谐的心理状态。师生之间关系好，有助于教师的主导作用和学生的主体作用更好地发挥，进而提高教学效率。

促进良性的师生交往，主要从建立正确的师生观入手。民主平等的沟通是建立新型师生人际关系的前提与基础。教师应该树立做"平等中的首席"的师生观，对学生一视同仁、平等对待，全面了解学生，走进学生的心灵，让学生从过去被动的执行者变为主动地参与课程设计的决策者；在学习内容的安排上，教师从决定学生应该学什么、怎样学的主宰者，转变为与学生合作学习的朋友。体育教师要以发展的眼光，学会赏识学生，用鼓励性的语言评价学生的行为，同时还注意培养和保护学生的自信心，维护学生的自尊。学生越能感受到教师的爱心，就越会亲近和信任教师，体育教师的教学就越容易被学生理解和接受，从而诱发出符合教师期待的意志和行为，体育教学才能收到更好的教学效果。

与此同时，体育教师要树立自己的威信，赢得学生发自内心的尊重。要想使自己成为学生的表率和楷模，教师就必须以职业道德的规范严格要求自己，不断加强自我认识、自我教育、自我改造和自我提高。

6. 安排心理负荷的策略

在体育教学中，学生的心理负荷是指学生在学习和练习的过程中，神经系统保持紧张与兴奋的程度和时间的长短、心理能量消耗的多少等应激反应的总和，一般包括注意力、情绪、意志三方面的负荷。在体育教学中，只有运动负荷和心理负荷保持适宜，我们才能得到较好的教学效果。同时，学生的心理负荷变化具有一定的阶段性。一般而言，注意力高峰出现在课的前区 15 分钟处，情绪高峰出现在中前区第 4—15 分钟处和后区第 36—40 分钟处，意志高峰出现在课中第 20—30 分钟处。

在体育教学中，教师要根据人体心理变化规律、教材特点、学生的实际以及器械、气候等因素合理确定课的心理负荷曲线。其既要与教学进程相联系，又要与生理负荷相配合，使学生的心理负荷高低起伏并与生理负荷相互调节、相互补充，同时要注意休息和调整，使体育课对学生身心发展的影响更加全面、有效。

一般来说，体育活动中学生的情绪负荷要保持合适的强度和量，且需有积极愉快的情绪伴随，让学生在快乐中参与运动。学生的意志负荷也不应太大，教师应确定让学生通过一定的努力就能完成任务，从而体验到成功的喜悦，增强自信心。这就要求教师在安排教材时充分考虑学生心理发展的特征，所选的内容难易适当，富有兴趣性和直观性；同时还应循序渐进，因材施教。例如，由于大部分学生十分喜欢游戏，学生在游戏中的注意负荷、情绪负荷、意志负荷都较高。因此，在体育教学中教师应多安排趣味性、针对性强的体育游戏，再结合生动形象的讲解、示范来调动学生活动的积极性，提高学生锻炼的效果。一般来讲，在课堂的前半部分时，学生头脑较清醒，注意力比较集中，这时可安排新的、较难的教材，以增大学生的注意负荷，后半部分可安排注意负荷较小的或者复习教材；情绪负荷方面，课堂的前半部分不宜太大，以避免因学生情绪过度兴奋而影响新教材的学习，后半部分可通过适当的安排让情绪负荷达到高潮；意志负荷方面，学习新教材和较难教材时宜先大后小，复习旧教材或学习较易教材时则相反。总而言之，教师应采取适当的措施，处理和保持好学生注意负荷的张弛有序，情绪负荷的涨落有节以及意志负荷的合理变化。

7. 激发学生动机的策略

良好的动机能促成学生的学习需要，也是学生能否主动积极地进行体育学习和创造性地探索的决定因素之一。在教学实践中，体育教师可以通过激发学生的内在需求、创造外在诱因和激发学生的自我调节作用来激发和培养学生的学习动机。具体而言，可采取以下策略。

（1）了解学生的动机

只有把握了学生的学习动机，才知道怎样去调整。教师可以利用问卷调查、单独交谈、小组讨论等形式来了解学生的学习动机，并从小处着眼，从尊重学生的人格做起，提高学生的自尊，以激励性评价促进学生的发展，从而更有效地激发学生的学习动机，并发挥最有效的影响和作用。

（2）提高学生的参与程度

一般而言，人们是否愿意在某任务上消耗精力，可能取决于以下原因：全身心投入的情况下预期成功完成该任务的难度大小，或对所完成任务意义或价值的认识。如果学生觉得难度很大，成功机会很小，或者认为所完成任务没有任何价值与意义，他们就不会参与，也不会在任务完成上投入时间和精力。

教师需要帮助学生认识到学习不同内容领域的价值，并让学生相信，有投入就会有所收获。特别是对于体育成绩不理想或是性格内向的学生，教师要给予更多的关心和帮助，以提高其主动参与性，可以通过以下途径来实现：一是将性格内向的学生分在一个小组，从而避免组织能力较强的学生的"话语霸权"，也能保证共同学习时"心理舒适地带"的存在；二是预先告诉性格内向的学生，教师期望他们做什么，让其更有安全感；三是在班级讨论中，尽量为他们创造成功的机会，体会到成功的快乐，从而激发更强烈的学习动机，提高其学习的积极主动性，提升教学效果。

二、体育教学模式基本理论

（一）体育教学模式的特点

1. 可操作性

体育教学模式的可操作性主要包括以下两个方面的内容：

一方面，体育教学模式易被教师模仿。究其原因，主要是由于教学模式不仅是教学理论的操作化，同时还是教学实践的概括化。体育教学活动在时间上的开展以及每一教学步骤的具体做法都需要教学模式提供相应的逻辑结构与思维，也就是所说的操作程序。这样，教师在教学中应该先做什么，再做什么，最后做什么，就非常有条理，可操作性较强。

另一方面，体育教学模式的操作程序是处于基本稳定状态的，究其原因，主要是因为体育教学活动的特殊性、复杂性以及影响体育教学的主要因素不能受到精确控制。关于此，比较具有代表性的是魏书生同志创立的"六阶段教学论"，从总体上看，教学是按照提出教学要求——组织学生自学——师生讨论启发——开展实践运用——及时作出评价——系统总结这样的程序进行的；运动技能类教学模式是按照教师的示范讲解——动作分解教学——学生初步练习——纠正错误动作——再次练习——动作部分的结合练习——纠正错误动作——完整动作练习——强化练习、过渡练习——掌握动作这样的程序进行的，而且需要强调的是，教学程序是不可逆转的，但是，其中某些步骤可以以教学实际情况为主要依据进行压缩、省略和重叠。这就充分体现了体育教学模式的可操作性特征。

虽然体育教学模式具有较强的针对性，但在不同条件与环境下开展体育教学，其产生的体育教学模式也表现出一定的差异性，也会因不同的教学指导思想和理论而表现出一定的差异性。但是体育教学模式一旦确立了，就可以代表一定的教学思想和理念，也就表明某一特定的条件下的具体操作的稳定性和可模仿性，具有相同的理念和外在条件，便可以轻易地被体育教师模仿，这就是体育教学模式的稳定性特点。需要注意的是，随着时代的变迁，指导思想与外在条件等发生质的变化，这就要求教师适当调整和变更体育教学模式。由此可以看出，体育教学模式的稳定性并不是绝对的，而是相对的。

2. 简洁概括性

体育教学模式并非"复写"体育教学活动，而是在能将自己个性充分显示出来的基础上，将教学目标、教学方法、组织形式等开展某一教学活动的不重要因素省去，从理论高度简明、系统地将模式自身反映出来。由此可以看出，它是对某一理论的浓缩，对实践的精简，表现出一定的简洁性与概括性。一定的体育教学模式能够将特定的体育教学思想充分反映出来，而且也在一定程度上简化教学模式的各环节，通过教学程序的方式将其展现出来，因此，充分体现出了体育教学模式显著的简洁概括性特征。

教学模式的概括性主要在教学模式的表现形式、表现内容和表现种类等方面得到体现。具体来说，每一个方面的概括性都有着不同的特点，具体如下：

①表现形式的概括性，就是用较少的笔墨、少许的线条、符号或图表就能够将整个教学模式大致反映出来。

②表现内容的概括性，就是浓缩、提炼单元体育教学活动的理论或实践。

③表现种类的概括性，就是把具有共同特征的模式归结为一类，从而达到将某一体育教学模式的教学目标更明确地表达出来的目的，也可以在体育教学实践中使体育教师对体育教学模式有更加明了的理解与选择，从而避免了多种体育教学模式产生相互混淆的现象。

3. 针对性

无论何种体育教学模式，其建立都是针对体育教学实践过程中的某个具体问题或问题的某一方面进行的，针对体育教学内容、体育教学对象、体育教学环境等不同要素所形成的体育教学模式是有很大区别的。从这一点来看，体育教学模式有其特定的教学目标和使用范围，是不能包罗万象的。例如，情景教学模式是针对学生理解能力较差、体育基础不够，而以体育故事形式把各种简单的体育活动动作组合起来进行教学的。因此，这种教学形式对于中学高年级的学生是不适合的。又如，快乐体育教学模式是与传统体育教学中的强制性教学相对立的，学生在强制性体育教学中是体验不到快乐的，因此，这种教学模式对于学练一些简单的体育活动动作是较为适合的，而对于体育复杂动作的教学则是不适合的。由此可以看出，普遍有效的可能模式或者最优的模式是不存在的。然而，教学模式与目标往往是一对多或多对一的关系，而绝非一对一的关系。

通常来说，一种模式的目标是多种多样的，而多样化目标又可以进行主、次的划分，其中主要的目标不仅是此模式与彼模式相区别的主要特征之一，同时也是人们有针对性地选用模式的一个重要依据。例如，启发式教学模式与快乐体育教学模式中都有发展学生技能、运动参与、情感方面等目标，但是，这些方面的主要目标并不是一样的，而是有一定差异性的。具体而言，开启学生的学习智力，使学生的运动思维得到有效的发展，从而对运动技能的学习与掌握产生积极有利的影响，是启发式教学模式的主要目标；而使学生在学练一些较为简单的体育活动动作中体验运动的乐趣，并创造性地组合一些简单的动作，体验运动成功的感觉，使其自信心有所增强，则是快乐体育教学模式的主要教学目标。

4. 优效性

体育教学模式的建立是需要有一定的理论基础作为基础条件的。一定的理论基础是建立体育教学模式的基础条件，但同时，体育教学模式的构建与完善离不开体育教学实践的不断修正与补充。因此，促进体育教学质量的提高，逐步改进体育教学过程，不断更新与完善体育教学的各个环节，避免教学资源的浪费与缺失，是完善体育教学模式的主要着眼点。从这一角度上来说，体育教学模式充分体现了其显著的有效性特点。

5. 整体性

体育教学模式对体育教学的处理是从整体上进行的，具体而言，它不仅要明确规定教学活动中的教学主体（体育教师与学生）、教学客体（教学目标、教学内容等）等主要因素的地位与作用，而且要对教学物质条件、组织形式、时空条件、师生互动关系或生生合作关系等影响体育教学活动并在教学活动中起重要作用的其他因素进行相应的说明。由此可以看出，这几乎把体育教学论体系中的基本内容都涵盖了，因此人们也将体育教学模式称为"体育微型教学论"。体育教学模式的整体性特征要求人们在对体育教学模式做出正确的认识及运用时，一定要将体育教师的教学风格、学生的年龄特点、体育基础特点、课程内容特点等体育教学模式的主要要素整体、全面地确定下来并熟练把握。除此之外，教学场地条件、环境条件、教学班级人数、气候特点等一些次要要素也要列入考虑的范围，同时还要清楚地认识到它们之间的相互关系，对各环节的相互配合、相互衔接也要引起足够的重视，从而使教学模式成为系统的教学程序。这种多部分、多要素、多环节的有机组合将体育教学整体性充分体现了出来，同时也对体育教学模式并非多环节、多要素的简单堆积进行了说明。因此，可以说，体育教学模式是具有一定科学性的。

（二）体育教学模式的功能

1. 简化功能

体育教学活动有着较为显著的特殊性和复杂性的特征，因此，要想取得较为理想地处理这种特殊性和复杂性的效果，除了人们的思辨和文字的处理方式外，我们还需要其他一些简单明了的方式。例如，图示方式往往就能够使人们对事物有一个整体的印象。体育教学结构能够反映各环节、各要素的关系，除此之外，也能够将其组织结构和流程框架反映出来，这种结构的主要特点在于注重原则、原理，而且也较为重视行为技能的学习。因此，从客观的角度上来说，体育教学模式有着非常重要的作用和意义，与现代体育教学任务是相符的，具体而言，主要表现在三个方面：第一，对体育知识的学习和体育技术、体育技能的学习与掌握非常重视；第二，对学生的学习目标和教师的设计方案非常重视；第三，在充分反映教学理念的同时，对具体的操作策略也非常重视。由此可以看出，体育教学模式具有较强的可操作性，其结构和机制也较为完善。另外，体育教学模式比抽象的理论更具体、简化，不仅与教学实际更为接近，而且能够为体育教师提供基本操作框架，使教师明确具体的教学程序，因此其较容易被教师理解、选用、操作与认可，受到教师的欢迎。

2. 预测功能

体育教学模式是以体育教学活动中的内在规律与逻辑关系为基础的，因此它有利于准确地对体育教学进程和结果做出判断，即使不能准确判断，也能对体育教学进程和结果进行合理估计，甚至可以对教学结果假说进行建立，通常以某种教学模式内在与本质的规律及其现象为主要依据，来对该模式进行预测。例如快乐体育教学模式，这种教学模式既要注重学生在学习过程中的学习体验，也要使学生对运动技能加以掌握，从而为学生的终身体育打下良好基础。这种模式的预测功能主要体现在两个方面：一方面，如果在教学过程中没有达到预期的教学目标，说明实际与预测存在一定的差距，需要进行合理、正确的调整；另一方面，如果在教学过程中达到了预期的教学目标，说明与事先的预测是相吻合的，证明理论与实践是相统一的。

3. 解释与启发功能

体育教学模式的功能和作用，主要表现在通过简洁明了的方法来解释相当复杂的现象。比较常见的一种体育教学模式是发展体能教学模式，这一教学模式的建立给人以整体的框架，其中文字的解释让我们能够更加深入理解教学模式，具体而言，发展体能教学模式中所蕴含的理论知识主要在以下三个方面得到体现：

其一，阶段性的体能目标实施与反馈控制理论。

其二，体育教学系统地、长期地发展体能的指导思想。

其三，非智力、非体力因素参与体育活动并促进技能教学的发展理论。具体来说，体能的发展是比较枯燥的，因此如何激发发展体能的兴趣就成为一项关键性因素。需要注意的是，这一关键因素是非智力、非体力的。

除此之外，对于整个教学活动来说，具体的某种教学模式的核心环节具有非常重要的作用和意义，其主要在教学目标的制定与教学过程实施的形成性评价中得到了一定的体现，具体来说，主要包括以下几个方面：

第一，预先进行体能测验，实施诊断性评价。

第二，以学生的身体条件与身体素质的侧重点为主要依据来对教学单元进行合理的安排。

第三，有针对性地对单元中诸体能目标进行练习，并力争达成目标。

第四，对学习效果进行总结，实施总结性评价。

第五，以评价的结果为主要依据来使矫正措施得以实施。

4. 调节与反馈功能

马克思主义唯物观认为实践是检验真理的唯一标准，因而体育教学模式是否科学也要通过实践的体育教学活动对其进行检验才能得知。体育教学模式是依据具体的教学指导思想、教学条件和教学环境来进行安排的。例如，在实际的运用过程中，如果某一种体育教学模式没有达到预先制定的教学目标，教师就需要具体分析教学模式操作过程中的各个环节与因素，找出其中的利弊关系，并深入地分析其原因并提出相关对策，以使体育教学活动更加科学、合理。

（三）体育教学模式的结构

体育教学模式的结构主要包括教学思想、教学目标、操作程序、实现条件以及评价方式等，具体内容如下：

1. 教学思想

作为体育教学模式的灵魂，教学思想是建立体育教学模式所应具备的基本理论与思想基础。也就是说，要想建立体育教学模式，就需要有一定的理论知识对其进行指导，在不同理论指导下所建立起来的体育教学模式是有所差异的。例如，我国在 20 世纪 80 年代所建立起来的愉快教育与日本的快乐教育，这两种教学模式都是根据当时学生学习的具体需求产生的，有利于学生参与学习活动的积极性和主动性的充分调动，并能够通过体育教育养成终身体育的习惯。

2.教学目标

在体育教学过程中，建立体育教学模式的目的就是更好地实现体育教学目标。如果没有体育教学目标，体育教学模式存在的必要和价值也就没有了。"体育教学模式所能够达到的教学效果是体育教师对某项教学活动在学生身上将产生的效果所做出的预先估计。"体育教学目标是具体化了的体育教学主题的表现，体育教学模式要以教学目标为核心，教学目标能够制约体育教学模式的其他结构要素。

3.操作程序

教学活动中的教学环节或步骤就是所谓的操作程序。在体育教学活动中，操作程序主要指的是在时间上展开的逻辑步骤以及各逻辑步骤的具体做法等。无论哪种体育教学模式，其操作程序都是独特的，与其他教学模式不同。操作程序并不是一成不变的，但它一定是基本的和相对稳定的。

4.实现条件

所谓实现条件，是指体育教学模式中所采用的策略和手段，它是对操作程序的补充说明，并能够使体育教师选择合理的、正确的教学方法和策略。人力条件、物力条件和动力条件三个方面是体育教学模式中实现条件的主要内容。具体就是体育教师与学生、体育教学内容与时空，以及学校的基础设施等。

5.评价方式

不同的体育教学模式，所要完成的体育教学目标不相同，而且所采用的教学程序和条件也存在差异。因此，不同的体育教学模式也具有不同的评价标准和评价方式。每一种教学模式的评价标准和评价方法都是特定的，如果使用统一的标准进行评价，就会使评价不具备科学性，评价结果失去说服力。例如，与标准化评价相比，群体合作教学模式的评价标准是采用计算个人和小组合计总分的评价方式。

第二节　大学体育教学组织形式与教学手段

一、体育教学组织的概念

体育教学组织是指体育教学活动中师生相互作用的结构形式，是师生的共同活动在人员、程序、时空关系上的组合形式。采用合理的体育教学组织形式，有利于提高体育教学的效率，并使各种有效的教学方法和手段得以在相应的组织形式中运用，也有利于促进教学活动的多样化，从而实现教学的个性化。

二、体育教学组织的基本形式

体育教学组织形式，就是为了完成特定的体育教学任务，体育教师和学生根据一定的体育教学思想、教学目标和教学内容以及教学主客观条件组织教学活动的结构。采用合理的体育教学组织形式，能够提高教学工作的效率，并使各种有效的教学方法和手段得以在相应的组织形式中运用。体育教学组织形式处于动态的发展变化之中，其改变总是同体育教学方法的改革，乃至整个教学体系的改革紧密联系的。

（一）集体教学

1.班级授课制

（1）班级授课制的概念

班级授课制是由一定数量的年龄、文化程度和体育基础相近的学生组成教学班，教师根据规定的教学内容、教学进度、教学时间表，对学生进行集体教学的一种组织形式。班级授课制也叫作课堂教学，具有五个"固定"的特点：一是学生固定。按照学生年龄、文化程度和体育基础分成固定人数的班级，通常由30—50名的学生组成。二是教师固定。一般由同一名体育教师对同一班级进行教学，教师对该班体育课全面负责。三是内容固定。教师根据课程标准和教材向学生传授统一的体育教学内容，统一教学进度。四是时间固定。其有统一的教学日历，有统一的作息时间表，保证了课与课之间的合理衔接。五是场所固定。其有相对固定的运动场地或场所。

（2）班级授课制的优越性

班级授课制下，教师可以大规模地向全体学生进行体育教学，一位教师能同时教许多学生，扩大了单个教师的教学规模，有助于提高教学效率，而且可使全体学生同步前进。以"课"为教学活动单元，能保证学习活动循序渐进，并使学生获得系统的体育与健康知识，保证了教学的系统性。固定的班级人数和统一的时间单位，有利于学校加强教学管理。在班集体中学习，学生彼此之间由于共同目的和共同活动集结在一起，可以互相观摩、启发、切磋、评价；学生可与教师及同学进行多向交流，互相影响，从而增加信息来源与教育影响力。

这种方式有利于学生多方面的发展。班级授课制不仅能比较全面地保证学生获得系统的体育与健康知识、技能和方法，提高身体素质，提高运动能力，也能保证对学生进行多方位的非智力因素的积极影响。

（3）体育课班级授课制的局限性

体育教学活动多由教师主控，学生的主动性、积极性和独立性受到一定制约。

学生主要接受现成的体育知识，其探索、发现和创造能力难以得到锻炼。

由于班级授课制时间、内容和进程都固定化、形式化，难以容纳和适应更多的教学内容和方法。

由于班级授课制以"课"为活动单元，而"课"又有时间限制，往往将某些完整的教学内容和教学活动人为地分割以适应"课"的要求，割裂了教学内容的系统性。由于班级授课制强调整齐划一，难以照顾学生的个别差异，不利于因材施教。

正是因为班级授课制有以上局限性，人们才努力寻求新的教学组织形式。

2. 分组教学制

分组教学是教师把学生按体育运动能力或成绩分为不同的组别进行学习的组织形式。体育教学一般可以采用以下分组形式：

（1）性别分组

这是按男女分组分别进行教学，特别是高年级男女生，其身体和心理等方面存在较大的差异，有一些运动项目不宜采用混合分组形式。

（2）帮教型分组

根据教学的需要，在体育教学中，教师可以组织部分学生直接对其他学生进行帮助，形成帮教型分组。例如，有一定专项技能的学生可以在自己所擅长的练习中帮助其他较差的同学，有时教师还可以指定学生进行"一帮一"的辅导。

（3）同质分组

这是指分组后同一个小组内的学生在体能和运动技能上大致相同。这种分组方法在教学中常自觉和不自觉地得到运用。例如，在短跑练习中，学生总是要找与自己速度差不多的同学一起跑。在进行耐力跑练习时，一圈刚过，队伍就已经分成了几段，这时形成的"集团"就是典型的同质分组。同质分组的优点在于能增强活动的竞争性，符合学生好强争胜的性格，提高学生参与活动的兴趣。但是，同质分组也有其不足之处，如易在学生中形成等级观念和造成"弱势"人群的自卑感等。因此，教师在首次进行同质分组前要给学生讲解清楚。

（4）兴趣分组

兴趣分组，即教师根据实际情况确定一节课中几种练习内容，让学生从中选择自己感兴趣的项目进行练习。这种分组适用于男女合班教学，且教学内容、教学目标有着明显的性别差异，有利于培养学生的特长与个性，有利于培养学生的体育锻炼习惯，尤其适用于有一定基础的高年级学生及毕业班。

（5）友伴型分组

在体育课分组教学中，体育教师安排关系较为密切的同学在一起练习，这就是友伴型分组。在体育教学中采用友伴型分组，可提高学生的学习热情，使每一名学生都能体验到体育活动的乐趣。与关系密切的同伴在一起练习，学生的心理会放松，并能得到友情的支持。例如，一名不会打篮球的学生处在一个友伴群体中，其友伴用友好的态度热情地鼓励他一起打球，并给予指导和帮助。这样，他就会很放松地与友伴一起活动。

（6）异质分组

这是人为地将不同体能和运动技能水平的学生分成一组，或根据某种特别需要将不同体能和运动技能水平的学生安排在不同的组内，从而缩小各小组之间的差距，以利于开展游戏和竞赛活动。例如，在进行接力跑游戏前，教师通常把跑得较快和跑得较慢的学生合理地分配在各个小组里，以确保游戏的公平性，此时形成的小组就是典型的异质分组。

（7）健康分组

健康分组，即教师根据学生各自的健康状况进行分组的组织形式，如体胖组、体弱组、近视组等。这种分组形式更有利于因材施教。

（8）随机分组

这种分组可以通过电脑对姓名的随机排列、猜"手心手背"、玩"包剪锤"、抓阄、抛硬币、报数尾数，甚至采用扑克牌的数字排列或者红黑方片儿等进行分组，带有很大的随机性，挑战与机遇并存，很适合游戏和竞赛等活动。

以上各种分组形式并不是孤立的，有时一节课上会综合运用多种分组形式。实际教学中还有其他许多分组形式，如按身高、年龄、性格、纪律性等分组方法，体育教师可结合实际情况灵活选择，合理把握。

（二）个别教学

个别教学是体育教学组织的基本形式之一，其优点是可根据每个人的能力和特点进行不同的教学指导，纠正个别学生在技术掌握上的个性错误。由于每个人的兴趣、爱好不同，在体育组织教学形式中个别差异是普遍存在的。随着现代教学理论的突破和教学实践的探索，体育教学个别化的趋势也日益强烈。个别教学能充分照顾到每一个学生的不同情况和特点，从而适应并注意学生的个性发展，激励学生主动积极地参加学习活动，培养学生按自己的实际情况进行自我学习、自我发展。在个别教学的组织中，学生除了直接与教师发生联系外，学生之间也存在着密切联系。在教学中，教师可让学生自由地结成"友伴群体"，按教师的要求去创造性地锻炼，在互为教练、互相帮助的过程中，更好地发挥学生学习的自主性、积极性和主动性。

三、体育教学组织的基本过程

（一）体育课的准备

1.钻研教材，设计教法

教材是一堂课的依据和内容，组织教法是上好一堂课的重要保证。熟悉教材、钻研教材、研究教法是提高体育课堂教学效果的重要环节。体育教师应认真钻研课程标准和教材，明确教材的意义、任务、特点、内容、要求，不断总结教学经验，设计的教法要灵活，手段要多样，让每个学生有充分发挥自己特长的机会，从而体验到获得成功的快乐和喜悦。

2.了解学生，准备场地器材

全面了解学生是提高体育教学效果的根本保证之一。教师要分析学生的不同年龄阶段的特点、身体健康水平、体育基础、心理状态等因素，要因人而异地采取相应的教学手段，达到提高课堂教学效果的目的，即对待怯懦、胆小、反应慢的学生应多表扬和鼓励，培养他们的自信心；对待活泼、爱自我表现，情绪波动大的学生应少表扬，多引导他们发挥其特长，做好每一个练习，培养他们善于集中注意力的良好品质，促使他们不断增强意志、精益求精，从而更好地完成学习任务。

3. 编写体育教学设计

教学设计的编写是体育课准备的必备环节，主要从教学时间、教学对象、教学内容、教学目标、教学过程和时间安排、教法和学法、练习次数和时间、场地器材的规划、运动负荷的预计等方面着手。

4. 预计体育课的实施效果

对于课的效果预评，教师应遵循定量和定性预计相结合的原则。定量指标主要包括课的最高心率、平均心率、练习密度等方面，定性指标则以学生的情感、态度、交往等方面为主要指标。

5. 安全措施的规划

安全措施的规划是体育教学圆满完成的重要保障。教师要高度重视体育课的安全教育规划，特别是进行器械体育课的教学时，对安全教育和安全措施的采用必须详细具体，以确保教学的安全。

（二）体育课的实施

1. 有明确的发展体能、技能的目标

发展体能、重视运动负荷是体育课教学独有的理论和实践问题。良好的力量、耐力、速度、柔韧、平衡、协调性等身体素质，不仅是青少年健康成长的重要方面，而且是提高学生体育基本技术水平和运动能力的基础。发展体能和提高运动技能水平是相互促进、相互制约的关系，有时只有具备了一定的体能素质才能掌握和完成某项技术动作，而某些动作技术的反复练习过程也能够发展相应的体能。因此，为了提高兴趣和教学效率，教师应尽量避免过多使用单一、专门的体能练习手段来提高体能，而要多结合运动技能的学习和练习发展相关的体能。

2. 有科学正确、时效性强的教学内容

在新的社会历史条件下，体育教师要打破传统的"教教材"的观念，树立发展、开放的教材观。教师不能将教材的内容原封不动地"硬塞"给学生，而是要不断学习现代教育教学理论，结合学生的发展水平，把握教材、使用教材，优化教学内容，促进教学内容的现代化。此外，教师还要摒弃某些比较陈旧的、不符合学生身心发展的体育项目，增加具有较强时代性的、青少年喜闻乐见的体育项目，如跆拳道、街舞等具有现代元素的体育项目，以提高学生的兴趣，提高其参与的热情。

3. 运用合理的教学方法

关于体育课的教学方法有很多，每一种教学方法都有其优势，有其最合适的适用范围，也有其不足之处。教师在选择时应遵循"教学有法，教无定法，重在得法，贵创新

法"的十六字方针，密切结合学生的实际情况和诸多教学条件的实际情况，合理运用教学方法。

4.合理分配体育课的时间

体育课时间分配的合理性主要依赖于两个因素，一是教师在教学中实际所用的时间是否充分，二是学生专注的时间量。如果教师所用的时间充分恰当，学生注意力集中时间长，效果就会比较好；反之，如果上课时干扰太多，教学效果肯定会受影响。

在体育教学中，合理分配时间表现在：一是培养学生的时间意识和高效利用时间的观念。二是体育教学活动最大限度地指向教学内容，教师应尽量减少花在维持课堂纪律方面的时间，而调控、偏离教学内容的谈话，过多的讲解与示范，过多的纠正学生错误等行为，都是不当的时间花费，甚至是时间的浪费。三是将更多的时间花费在与教学内容相关的师生互动的过程中，花费在和学生从事学习直接相关的活动上，如增加学生的练习时间，合理安排练习站点和路线，减少学生的练习等待时间；增加学生的比赛时间，减少维持学生秩序、讲解规则、队伍调动方面的时间以及与学习无关的活动上的时间。四是制订周密合理的教学计划，防止体育教学突发事件的发生或恰当、及时地处理各种突发事件，将突发事件耽误的时间减少到最低限度。五是经常评价体育教学时间的利用情况，分析时间浪费的原因，总结经验，减少时间浪费的发生概率。

（三）体育课的评价

体育课的评价是体育教学组织过程的最后一个环节，其目的是及时发现体育教学过程中存在的问题，以发挥评价的反馈、激励、教学等功能。体育课的评价主要包括教学设计的评价、教师教的评价及学生学的评价，当前呈现出评价主体多元化、评价内容多样化的趋势。

四、体育教学手段

（一）体育教学手段概述

1.体育教学手段的概念

体育教学手段是师生在教学中相互传递信息的工具、媒体或设备。随着时代的变迁和科学技术的发展，教学手段经历了口头语言、文字和书籍、印刷教材、电子视听设备和多媒体网络技术五个使用阶段。传统教学手段主要指教科书、粉笔、黑板、挂图等，而现代化教学手段是与传统教学手段相对而言的，指把各种电化教育器材和教材，即把幻灯机、投影仪、录音机、录像机、电视机、电影机、VCD 机、DVD 机、计算机等引入体育课堂，作为直观教具应用于体育课的教学中。

2.体育教学手段和体育教学方法的区别

体育教学方法是在体育教学过程中，教师和学生为实现体育教学目标和完成体育教学任务而有计划地采用的、可以产生教与学相互作用的、具有技术性的教学活动和行为方式，是每节体育课中体育教师必须采用的不可或缺的行为方式，更多的是由一种"无形"的方式体现出来的。体育教学手段是体育教学中师生传递信息和加强学习的辅助性工具，一般表现为"有形"的实物形态。在没有教学手段的情况下，教学任务也能完成，但是有了教学手段，教学任务会完成得更为理想，学生的学习效果会更好。

3. 现代体育教学手段的分类

现代教学手段是利用现代技术储存和传递教学信息的工具，如幻灯片、投影仪（片）、录音机（带）、电影机（片）、电视机（节目）、录像机（带）、计算机、影碟机等。其大致可以分为以下四类：

（1）电声类

包括收音机、录音机、扩音机、激光唱机以及相应的教学软件。该类教学手段能够录取语言和声音，根据需要重放；能够将声音放大，扩大教学面；传递信息迅速，不受时空限制。

（2）电光类

包括幻灯机、投影仪等以及相应的教学软件。该类教学手段能使学生在静止状态下观察扩大的图像；能将某些实物、标本放大显示，放映时间可长可短，不受限制，教学软件的制作较为简单；投影片还可以当成黑板使用。

（3）影视类

包括电影放映机、电视机、录放像机、影碟机、闭路电视系统、广播电视系统、卫星电视系统以及相应的教学软件。该类教学手段能够带给学生视觉和听觉两方面的信息，能以活动的图像，逼真、系统地呈现事物及其变化发展的过程，能调节事物和现象所包含的时间要素，将缓慢的变化或高速的动作清楚地表现出来，能将实物扩大或缩小，具有速效性、同步性和广泛性的特点。

（4）计算机类

包括程序学习机、多媒体教学系统以及相应的教学软件。该类教学手段能长期储存大量教学资料，供师生在任何时候提取检索；能把学生的反应记录下来，进行综合分析；能为学生创造良好的自学条件，使其按照自己的水平和能力进行学习；能进行远程交互学习，实现资源共享。

4. 现代教学手段的特性

（1）重现性

重现性是指教学手段不受时间、空间的限制，能将记录、存储的内容随时重新使用的性质。不同教学手段的重现能力是不同的，如实时的广播与电视转瞬即逝，难以重现；录音、录像与电影手段能将记录存储的信息反复重放；幻灯、投影与计算机课件也能根据教师与学习者的需求反复重现。

（2）表现性

表现性是指各类教学手段表现客观事物的时间、空间、声音、颜色以及运动特征的性质。由于信息不是事物本身而是事物的表征，而不同的教学手段用不同的符号去表征或描述事物，因而对事物的运动状态与规律具有不同的表现力。

（3）传播性

传播性是指教学手段把各种符号形态的信息传递到一定空间范围内再现的性质，有无限接触和有限接触之分。如计算机网络和有线电视系统能将信息传送至较为广阔的范围，而幻灯、投影、录音、录像等只能在有限的教学场所播放等。

（4）参与性

参与性是指在应用教学手段时，学习者有参与活动的机会，包括行为参与和感情参与。电影、电视、广播等教学手段，具有较强的表现力与感染力，容易引起学生情感上的反映，从而激发学生情感上的参与；而多媒体计算机的交互作用，能使学习者在上网学习过程中根据本人的学习需要去控制学习进程，因此，其是一种行为与感情上参与程度高的教学手段。

（5）可控性

可控性是指使用者对教学手段操纵控制的难易程度。幻灯、投影、录音、录像及计算机手段等比较容易操纵，并适合于个别化学习；而广播、电视等，只能按播出的时间去视听，学习者的自主性不强，且不易操纵。

（二）现代体育教学手段的运用

1. 体育教学手段运用的基本模式

（1）辅助式

辅助式是指体育教师根据体育课的任务和要求，主要借助于教学媒体向学生讲授理论知识或传递教学信息，师生进行双向反馈。采用这种模式时，教师要选择恰当的媒体和运用正确的方法。在体育教学中，各种新授课经常采用这种模式。

（2）直接式

直接式是指学生在体育教师的统筹安排下，直接借助于教学媒体进行体育学习，这种模式一般适合于具有一定身体锻炼基础或体育与健康理论知识基础的学生。

2. 现代体育教学手段的选择和运用

（1）体育教学手段选择和运用的基本原则

选择教学手段的基本原则，是根据教学手段对促进教学目标的达成所具有的潜在能力，来进行选择和利用。这个潜在能力就是指教学手段本身的特性和教学功能。

（2）体育教学手段选择和运用的具体原则

①根据学习目标类型和学生特征选择和利用教学手段。

②没有一种"万能"的教学手段，即没有一种手段对所有的教学目标都是最佳的，

各种手段都有其长处和短处。一种教学手段对某一教学目标来说，可能会比其他手段更有效，但这种手段对于另一种教学目标也许就是不合适的。同时，新的教学手段的产生也不会代替旧的教学手段，它们应作为整个教学资源中的组成部分，各尽其能。

③选择教学手段时，应考虑其易获得性。在现实条件下，教师应考虑学校或地区能否获得、学生是否可以接触到、教学手段获得使用的手续是否烦琐等因素。

④应考虑教学手段的成本效益。教师通常要考虑使用教学手段可能得到的效益与制作，或使用教学手段时需要付出的代价（时间、人力、物力等）的比值。一般来讲，对于教学效果相同的手段，应选择代价低的。

⑤教师必须熟悉所选择和利用的教学手段的内容、技术操作和特性。选择教学手段最终是要使教师在课堂教学中应用，教师如果对教学手段的使用不熟悉，同样实现不了教学手段对教学的促进作用。

（3）选择现代体育教学手段的方法

①算法式：算法式是通过模糊的数值计算决定教学手段的选择的一种方法。使用者在运用此方法时，一般先对备选手段使用的代价、功能和管理上的可行性等诸因素都给一个定值，然后对备选手段的效益指数运用公式加以运算，从而确定优选手段。其具体算法是：

$$备选手段的效益指数 = 功能（手段） / 代价（手段）。$$

教师可以通过对两种或两种以上备选手段的效益指数的比较，最终确定所选手段。例如，根据教学内容的要求，课程需要提供实物形象，而挂图、幻灯、电影、录像及多媒体 CAI 都具备上述功能，这时教师就需要对各手段所能达到的教学功能与所要付出的代价（经济成本、开发时间及要求的技术水平的高低）进行计算，得出挂图、幻灯、电影、录像和多媒体 CAI 的效益指数，在此基础上确定最终要选择的教学手段。

②矩阵式：矩阵式最早是由威廉姆·埃伦（William Allen）提出的。他的矩阵式主要由两个维度组成，一个维度是特定的教学手段，另一个维度是特定的学习目标和学习类型及学习目标、学习类型和学习手段的使用效果。

第三节　大学体育教学模式的创新应用与发展改革

一、现代创新体育教学模式的构建与应用

（一）现代体育教学模式的新形式

1. 小群体体育教学模式

（1）建立背景

小群体的学习形式来源于日本的"小集团学习"理论。小群体体育教学模式是指在

体育教学中，教师通过对小组教学形式的运用，将学生分为几个不同的学习小组，教师指导学习小组进行学习，各小组之间及同组的学生之间通过互动、互助、互争，来促进学生学习的主动性不断提高，从而促进教学效率提高的一种教学模式。小集团学习法起初是在其他学科中产生的，到了20世纪50年代开始被应用于体育教学中。这种模式在大学体育教学中的运用，除了取得了较为理想的效果外，还进一步促进了大学体育教学的发展和完善。

（2）指导思想

小群体体育教学模式的主要指导思想是，在遵循体育学习机体发展和发挥教育作用规律的基础上，通过大学体育教学中的集体因素和学生间交流的社会性作用，促进学生交往，提高学生的社会性。此外，在运用这种模式的过程中，教师还要注意培养学生自主学习能力，并要适应学生的个体差异表现。因此，小群体教学模式的指导思想具体体现在以下几个方面：

①有针对性地培养学生的良好品质。

②强调集中注意力，并要求学生相互帮助、团结，以有效地提高组内的竞争力。

③通过教导学生相互帮助、合理竞争，从而提高学生的身心健康和社会适应能力。

④要在条件基本均等的情况下，使组与组之间的学生合理竞技，从而激发学生学习的兴趣，提高学习效果。

2. 主动性体育教学模式

（1）建立背景

在现代教育中，学生是整个教学活动的主体，所以主动性体育教学模式能更好地引导学生通过思考、体验来进行交流和合作，从而进一步发展其自身的社会技能、社会情感以及创造能力。大学体育教学中，较为理想的教学效果必须有良好的课堂环境和氛围作为保证。因此，主动性体育教学模式在这样的环境和需求下应运而生。

（2）指导思想

主动性体育教学模式的指导思想主要包括以下几个方面：

①培养学生的参与能力。学生只有参与到教学活动中来，才能有机会使主动性得到进一步发展。

②培养学生的教学能力。引导学生站在教师的角度去思考问题，有利于提高学生的学习的能力和主动性。

③培养学生的合作精神。要使学生认识到团队合作的重要性，培养学生的团结合作精神，同时还要创造出理解、尊重、宽容、信任、合作、民主的课堂氛围。

④培养学生的创新意识。要想发展就必须进行创新，教师应根据教学实际和学生的具体情况，有针对性地培养学生的创新意识和创造能力。

3.发现式体育教学模式

（1）建立背景

发现式体育教学模式是指通过体育教师的指导，学生能够独立地研究和发现事实和问题，从而更加深刻地掌握相关原理和知识的一种教学模式。这种教学模式主要强调学生的直觉思维、内在的学习动机以及教学过程三个方面。

（2）指导思想

发现式体育教学模式是教师通过适当地对学生进行指导，让他们运用主观思维进行积极的思考、独立的发现问题、解决问题的教学方式。因此，这种体育教学模式的指导思想就是在体育教学中通过遵循学生的认知规律来考虑教学过程，体现以学生为主体和中心的思想。具体而言，其指导思想具体包括以下几个方面：

①着重增强学生学习的积极性和趣味性。

②调动学生思维的主动性，开发学生的智力。

③在以学生为主体的前提下，对学生进行指导。

④在将答案揭晓之前，要让学生自己去探索问题的答案。

⑤对问题情境进行设置，并使学生投入教学情境中的过程更为自然，对学生的学习热情与积极性进行激发与鼓励。

⑥可以提高学生学习运动技能的效率，使学生更加深刻的领悟技能和知识，记忆更加牢靠。

（二）新型体育教学模式的构建与应用

1.新型体育教学模式构建的参考依据

新型体育教学模式的构建主要把握以下几个参考依据：

（1）参考体育教材性质

体育教学以教材为基本工具，体育教师教学、学生学习都要借助教材这一基本教学工具。体育教材也是体育教师与学生共同完成体育教学目标的内容载体。体育教材通常分为概括性教材与分析性教材两大类，这主要是以体育教材内容的性质为依据划分的，具体分析如下：

①概括性教材：这一类教材中没有较难学习的运动技术需要学生掌握，对概括性教材进行讲解的主要目的是使学生对体育项目有简单的了解、培养学生体育学习的兴趣、促进学生的身心健康。学生在学习该类教材时主要注重体验乐趣，获取快乐，所以教师要构建并选用快乐式教学模式、情境式教学模式以及成功教学模式进行教学。

②分析性教材：这一类教材中的运动技术具有一定的难度，对这类教材进行讲解的主要目的是提高学生的自主学习能力与创新能力，促进学生体育知识与技能的增长。该类教材注重培养学生的学习与创造力，所以教师要选择构建主动性体育教学模式、发现式教学模式以及领会式体育教学模式等进行教学。

（2）参考体育教学目标

体育教学模式构建与运用的关键是教学目标，体育教学模式需要体育教学思想与目标为其提供活力、指明方向。体育教学思想与目标也是区分教学模式的一个标准。体育教学目标在新课程改革之后有所变化，主要涵盖了以下四个方面：

①提高学生运动参与能力与积极性的目标。

②促进学生身心健康的目标。

③促进学生正确掌握运动技能的目标。

④提高学生社会适应能力的目标。

上述体育教学目标要求教师在体育教学中要构建与选用情景体育教学模式、探究体育教学模式以及成功式教学模式等进行教学。

（3）参考体育教学对象

体育教学活动离不开学生这一教学主体，体育教学活动中，学生也是其中非常重要的一个组成部分，所以教师要针对不同学生的具体情况与特点来对教学模式进行构建。学生的学习阶段按年龄大致可以分为小学、中学、大学三个时期。不同学习时期，学生的身体与心理情况是有明显不同的，所以体育教学模式的构建要考虑到不同学习阶段的学生的具体情况。

学生在大学时期，主要是接受专项体育运动教学训练，因此适合这一时期的体育教学模式有技能性体育教学模式，同时体能性体育教学模式也要发挥辅助作用，所以对这两种教学模式的构建极其重要。

（4）参考体育教学条件

体育教学模式不同，其相应的教学条件也会有差异。不同地区或学校的体育教学条件具有明显的复杂性与差异性。以城市和农村地区为例，两个地区的经济水平差距很大，因此，其体育教学场所、设施与器材也有差距。针对这一情况，体育教师要实事求是，从实际出发，构建恰当的体育教学模式来完成教学目标与任务。农村学校的教学水平与条件有限，因此不适合构建并选用要求外部教学条件良好的小群体教学模式。

2. 新型体育教学模式的构建原则

（1）坚持教学目标、内容、形式、结构与功能的统一原则

从本质上讲，新型体育教学模式的建构是处理好大学体育教学活动中形式与内容、结构与功能的关键问题。所以，体育教师应该对各类体育教学课堂结构和形式的功能与作用进行全面分析，并以教学目标和条件为依据对教学模式做出比较合理的选择。

（2）坚持统一性与多样性的统一原则

①体育教学模式构建的统一性是指构建和创造体育教学模式时，要继承新中国成立以来我国的体育教学思想和成功经验。

②新型体育教学模式构建的多样性是指开发和构建体育教学模式时应尽量实现多样

化，避免单一化与程式化的不足。

（3）坚持借鉴与创新的统一原则

体育教学模式要坚持创新与借鉴的统一性。这里所说的借鉴具体是指借鉴两方面的内容，一方面是要借鉴国外的先进教学模式理论，另一方面是要借鉴国内的先进教学模式理论与成功教学经验。

随着全球化趋势的加强，学校体育教学也必然会受到教育全球化的影响，不对国外先进教学模式理论加以借鉴，或借鉴之后缺乏创新，都是固步自封的落后表现。因此，要有机结合创新与借鉴，这样才能运用成功的经验，吸取失败的教训，不走或少走弯路。具体来说，统一借鉴与创新，就是要以正确的体育教学思想为指导，革新原有的落后的体育教学模式，借鉴前人和他人的成功经验和理论，结合教学中的客观实际，提高体育教学的效率。

3. 新型体育教学模式的构建步骤

概括地讲，新型体育教学模式的构建步骤主要如下：

①明确指导思想。选择用什么教学思想作为构建模式的依据，使教学模式更突出主题思想，并具有理论基础。

②确定构建模式的目的。在明确指导思想的基础上，确立建构体育教学模式所达到的目的。

③寻找典型经验。在完成第一步的基础上，通过调查研究，寻找恰当的典型经验或原型作为教学案例，案例要符合模式构建思想与目的。

④抓住基本特征。运用模式方法分析教学案例，对教学案例的基本特征与教学的基本过程进行概括。

⑤确定关键词语。确定表述这一体育教学模式的关键词。

⑥简要定性表述。对这一体育教学模式进行简要的定性表述。

⑦对照模式实施。对照这一体育教学模式具体实践教学，进行实践检验。

⑧总结评价反馈。通过体育教学实践验证，对实践检验的结果进行归纳总结，通过初步实践调整修正模式，并反复实践以不断完善。

4. 两种新型体育教学模式的构建与运用

（1）合作式体育教学模式的构建与运用

体育教学活动中，合作教学模式的运用有利于学生合作意识与能力的提高，有利于学生交往、实践及协调能力的增强，也有利于学生个性的发展和终身体育意识的形成。

①合作体育教学模式的构建：

A. 构建程序：首先，教师要以体育教学大纲规定的教学时间与教学内容为主要依据，对上课时间进行合理的分配与安排。通常，在体育教学活动中，体育理论知识教学占总教学时间的25%，学生体育能力培养占总教学时间的30%，体育技战术教学占总教学时间的 45%。其次，体育课堂教学之前，教师要做好课堂教学计划，即教案。制订教学计划时教师要加强与学生的合作，与学生一起探讨教学方法的选用。

B. 具体实施：a. 明确教学目标。体育教学过程的第一环节就是要明确并呈现教学目标，这一环节中，体育教师的口头讲解与动作示范要有机地结合学生的观察体验与思考，加强师生之间的沟通与交流。b. 对学生进行集体讲授。对学生进行集体授课时，体育教师要适当缩短授课时间，提高教学效率，从而留出更多的时间为下一环节（小组合作）做准备，教师要注意提高学生的学习积极性，善于运用一些新颖的问题来使学生的注意力集中到课堂上。c. 加强小组合作学习。学生的学习主体性以及学生之间的沟通与交流是小组合作环节的重点，学生要在小组合作学习中积极发表自己的意见，提高自己的主动性、积极性以及创新性。d. 实施阶段测验。体育教师在学生学习一个阶段后，对各个学习小组进行阶段测验，从而对学生在这一阶段的学习情况与效果有一个初步了解。e. 积极反馈。在反馈阶段，体育教师要综合评价学生在这一学习阶段的具体表现。学生在小组合作学习中获取的知识比较零散，系统性很差，所以教师要正确引导学生归纳所学知识，使之成为一个系统的知识体系，便于学生掌握与记忆。小组测试也是反馈的一个重要手段，能够反映出学生学习的不足，从而让教师有针对性地对其进行纠正与完善。

②合作教学模式在体育教学中运用的注意事项：

A. 更新教学观念：合作教学模式在体育教学活动中的运用要求教师对传统的体育教学观念进行更新，对学生的重要性进行重新认识，重视学生的主体地位，引导学生充分发挥主观能动性，尊重学生的人格；教师在教学中要加强与学生的合作交流，以学生的具体情况为依据进行教学。

B. 注重学生主体意识的培养：首先，体育教师在体育教学活动中要先想方设法来激发学生的思维与学习热情，然后引导学生积极发现与探索新问题、新情况，在引导过程中，注重学生自主意识和独立能力的培养。其次，教师要注重自身的引导作用，通过提问、质疑等手段，引导学生把注意力集中到课堂教学中。最后，教师主导性的发挥要以实现体育教学目标为出发点，倘若教师没有从教学目标出发，就谈不上对学生主体性的培养。

（2）启发式体育教学模式的构建与运用

启发式体育教学模式指的是在体育教学活动中，教师以体育教学目标、教学规律以及学生的认知水平和年龄特点为主要依据，通过采取各种教学手段来引导学生独立思考、积极主动地获取知识、解决教学中出现的问题、提高体育教学的质量以及促进学生体育学习积极性的发展，这些是体育教学模式的实质。

①启发式体育教学模式的构建：

A. 对问题情境进行创设：体育教师在对问题情境进行创设时，要具体以体育教材的重点和学生的客观实际为依据。在创设问题情境的过程中，体育教师不仅仅要解决学生在学习中出现的问题，更要采取一定的方法与措施来引起学生的好奇心，使其主动提出疑惑，并积极思考解决疑惑，这样有利于充分调动学生的学习热情，有利于提高学生的逻辑思考与客观分析及解决问题的能力。

B. 采用直观教学手段：体育教师在对学生进行启发的过程中，要尽量采用直观的教学方法手段，减少对抽象概念的使用。直观手段具体是指多媒体、录像、图片等直观教具的使用，直观教学方法有利于学生学习兴趣的激发与提高，有利于学生以最为简单的方式清晰地掌握学习内容。

C. 采用多样化的练习手段：体育教师在引导学生进行练习的过程中，要以体育教学任务、目的和要求为主要依据，并要善于采取一些有助于启发教学的练习方式作为辅助学习的手段。除此之外，体育教师还可以以教材内容为依据，运用多样化的练习手段，以此来促进学生学习兴趣与学习效果的提高。

②启发式教学模式在体育教学中运用的注意事项：

A. 对教材重点与难点有所明确：体育教材重点是学生要掌握的关键内容，教材难点是学生不容易掌握的教材内容。教师运用启发式教学模式进行教学时要以教材重点为中心，通过口头叙述、动作示范等各种教学方式来引起学生对教材重点内容的思考。体育教师也可以针对重点动作做一些生动、逼真的模仿，这样学生也能比较容易地掌握教学内容。除此之外，教师也要把学生的身心特点、认知能力和学习基础重视起来，遵循因材施教的教学原则，使每个学生的学习效率都能得到保障。

B. 对多元评价体系进行科学构建：评价学生的学习过程或结果主要是为了总结学生的学习效果，对学生学习体育达到一种督促与激励的效果。合理的评价有利于提高学生学习的积极性和主动性。评价的实施步骤为：评价标准的确定——评价情境的创设——评价手段的选用——评价结果的利用。评价讲究合理，不要求过于死板地对标准答案有严格的限制，可根据具体情况保留一定的评价空间。教师在对学生的学习技能做出评价的同时，也要引导学生进行自我评价或学生之间的互相评价。

二、大学体育教学模式的发展与改革

（一）大学体育教学模式的发展

1. 教学目标越来越情意化

根据教学理论研究以及教学实践活动，在体育学习活动中，学生的智力因素和非智力因素所起的作用都是十分重要的。现代教学模式已经对传统的教学活动中对智力因素片面地强调而对非智力因素的作用加以忽视的状况进行了改变，教学模式不再局限在以增长学生的知识，培养学生的能力等方面为目标，而是要结合情感教育、人格教育、品德教育以及知识教育。在人本主义心理学所受的重视日渐加强的情况下，教学更加看重学生的情感陶冶，而情感活动往往是心理活动，因此这种教学模式能够有效培养学生的自立性、情感性和独创性。例如，情景教学模式、快乐体育教学模式等模式往往设有一定的问题情境，从而凸显出教学过程的复杂、新奇、趣味等一系列特征，在浓厚的兴趣、强烈的动机、顽强的意志等状态下，对体育知识技能的学习和掌握能够更加激发出学生的求知欲，因此体育教学的发展趋势有着很强的情意色彩。

2. 教学形式越来越综合化

教学模式的形式向综合化发展，意指体育教学模式的发展方向更加注重课内课外的一体化。受限于课内学时与时间等因素，学生自动化的运动技能的培养对其锻炼身体习惯的养成、促进是非常重要的，也能够使其对于终身体育积极地进行准备，而这些绝不能仅仅依靠课内的时间。因此，课内的任务主要是新知识点的学习，并且对错误的动作进行改进，所以学生要对课外的时间进行充分的利用，在此时间内积极进行强化练习、过渡练习，并且对已学的知识与技术进行系统的复习与巩固，养成经常锻炼的习惯，从而使运动技能真正做到熟练化、自动化。但目前的实际情况是，虽然体育课被重视的程度与日俱增，但课外体育活动的开展却不尽如人意，教学效果自然也就大打折扣。

从教学模式角度来进行分析，由于目前课外体育活动受重视的程度远远不够，所以在这一方面的教学模式研究相对而言也很缺乏力度。而当前"课内外一体化教学模式"尽管涉及了课内与课外相结合的教学，但这种模式并没有经过足够的教学实践的考验，其操作模式也并不明确，所以这种模式暂时并没有进入现有的体育教学模式体系当中，只有这种模式的理论与实践都成熟起来，它才能在体育教学模式的应用中占有一席之地。

3. 实现条件越来越现代化

当前课程改革非常重视信息技术在教学过程中的积极应用，因此信息技术与学科课程需要整合到一起，使教学内容的呈现、学生的学习、教师的教学和师生互动等诸多方式的变革得以逐步实现，从而使信息技术的优势发挥到极致，使学生在学习和发展过程中能够获得丰富多彩的教育环境，以及切实有效的学习工具。而且现代化信息技术在课堂教学中的广泛应用，也必然能够使教学模式的现实条件逐步走向现代化。运用体育教学模式时加以现代教学手段的配合，能够使学生在学习时将视觉与听觉有机结合，从而取得更好的教学效果。

4. 评价标准越来越多元化

不同的教学模式需要用不同的方式进行评价。因此，随着教学模式理论基础越发扎实，以及教学实现目标的情意化趋势，体育教学模式的评价方式也必然会有变化。单一的评价方式由于无法全面反映出一个模式的科学程度，因此必然会被多元化的评价标准所取代。

传统教学模式往往只重视终结评价所发挥的作用，而对于学生在体育学习和练习过程中的评价却极为忽视，所以学生的学习兴趣、爱好以及情感反应等方面的反馈都是滞后的。学生在期末考试时的成绩仅仅对学生某几项达标的表面成绩进行了记录，根本没有深入学生学习的内在动机以及认识的提高层次。所以当代的体育教学模式必然会逐渐重视多元化的评价方法，从而对学生的学习过程评价、自我评价以及单元评价等方面更加重视。

5. 相关研究越来越精细化

理论研究要对实践研究进行指导，同时也能够有效地总结实践。如果理论脱离了实践，那对其进行研究将会毫无意义，但目前大多数理论研究存在的问题正在于这一点。因此，要加大研究的力度，以取得更好的效果，将理论研究与实践研究相结合是非常行之有效的。

将理论与实践相结合，首先，能够使教学模式的研究与理论的研究趋势实现同步，从而使其从一般教学模式研究逐步发展到学科教学模式研究，进而使课堂教学模式研究也取得非常大的进展；其次，课堂教学模式的研究趋势能够更加精细化，具体来说，教学模式有学期教学模式、单元教学模式、课时教学模式等。因此，精细化是现代教学模式研究发展的必然走向。

（二）大学体育教学模式的改革

1. 重视学生的主体性

传统的教学模式对教师的主导作用的重视程度比较高，其将教学过程片面地归结于教师的教，而将学生的学忽视了，这就使得学生在教学过程中处于被动地位，对学生主观能动性和能力的培养产生了一定的阻碍作用。

随着以学生为中心的教学理论的发展，传统意义上的师生关系有了较大程度的变化，他们的地位和作用也有了一定的改变。"教师中心论"逐渐被"教师主导学生主体论"取代。在这种新的教学观的影响下，体育教学模式也要进行一定的改变。具体而言，主要改革趋势为由教师中心教学模式向教师主导学生主体的教学模式转变。教师主导学生主体的教学模式，对于学生创新能力、自学能力、探索能力的培养较为有利，可在一定程度上调动起学生学习的能动性和积极性，除此之外，还需要强调的是这与现代人才的培养理念是相符的。因此，高校可以将其作为体育教学模式的一个重要的改革方向。

2. 保留演绎型教学模式

教学模式形成的方法主要有由概括实践经验而成的归纳法和靠逻辑生成的演绎法两种。从一种思想或理论假设出发，设计成的一种教学模式，就是所谓的演绎教学模式，其中 20 世纪 50 年代以后产生的教学模式大都属于这一类型。演绎教学模式是从理论假设开始的，形成于演绎，其对科学理论基础非常重视。演绎教学模式的这一特点不仅为人们自觉地利用科学理论做指导提供了一定的可能，而且为主动设计和建构一定的教学模式达到预期的目的奠定了一定的基础。由此可见，演绎型的体育教学模式的发展是教学模式发展的一个重要趋势，是与教学理论的发展和研究方向相符的，因此改革中要注意保留演绎型的体育教学模式。

3. 注重学生能力的培养

现代社会科学技术发展迅猛，知识增长迅速，终身教育的普及以及竞争压力的不断加大，都对人们的能力提出了更高的要求，单一的知识积累已经不能使当今社会的需求得到满足。因此，在体育教学过程中，教师必须在教学模式上进行一定的改进，因为只有这样才能够更好地培养学生的运动能力、一般能力、创造能力、自学能力和社交能力。

另外，在普及九年义务教育初期，学校就已经开始强调要使学生德智体美劳全面发展，而且在越来越多的实践活动中，人们已经充分认识到了能力的重要性。在这样的条件下，从强调知识的传授逐渐转向重视能力的培养就成为体育教学模式改革的一个重要方向，这能够使学生在参与实践活动的同时，对自己有更加全面的认识，从而不断挖掘和培养自身的各项能力。

第四章 大学体育信息化教学方法实践

第一节 微课在大学体育教学中的应用

一、微课的基本认知

"微课"是一个缩写词，它的中文全称是"微型视频网络课程"。微课大约在20世纪末才开始在世界各国流传并被学校应用。微课是一种全新的教学理念，发展十分迅速，深受学习者的喜爱。在微课教学中，人们运用的教学方式主要有两种，第一种是在线学习，第二种是移动学习。微课教学重难点突出，教学时间都比较简短，基本控制在10分钟以内，从而能够使学生高度集中注意力，使学生乐于接受这种学习的形式。

微课是一种利用先进的网络技术来辅助教学，从而达到一定教学目标的微教学材料。在学界的研究结论中，微课的显著优势就是它把现代先进的信息技术手段和传统的教学材料相结合，从而使教学更加具有层次感，使教师的教学能够突出重难点，同时为学生的学习创设一种十分轻松的学习氛围。

（一）微课的显著特征

"作为信息技术与教育教学深度融合的有效途径，微课在资源建设理念、教师角色定位、课程应用实践以及专业化建设团队等方面体现出新的特点，对其分析将有助于理清微课建设面临的机遇和挑战，及时提出应对的方法和策略。"[1]微课是一种新的教学方式，因而和传统的教学方式相比，微课具有很多显著的特征，主要包括如下五个方面：

1.多元真实

微课的多元特点主要是指微课的资源形式非常丰富，它不仅包括视频形式的微课资源，还包括微教案、微课件等教学资源，其教学资源的形式是多样化的。和我国传统的课堂教学模式相比，微课这种多样化的教学资源可以提升学生的学习兴趣，使教师的教学更加精彩。在日常的教学实践中，无论是教师还是学生，他们在利用微课资源时都能够从中学习很多东西。

对于学生而言，他们在利用微课学习时，可以利用相应的微练习来对已经学习过的知识进行练习和巩固，也可以利用相应的微反馈来检查自己的学习效果，并查看错误题目的答案，巩固知识。这一学习过程可以提升学生的思维能力，使学生对自己的学习能力有更加清晰的认识。

---

[1] 张纪胜.智慧变革与体育微课堂[M].安徽师范大学出版社,2021.08.28.

对于教师而言，教师在制作微课的过程中也可以升华自身的教学技巧，这个锻炼过程有利于教师的专业发展。微课的真实性特点主要是指微课在设计时都会选择真实的场景，从而使教师把微课和传统课堂教学结合起来。具体分析而言，教师在选择微课的场景时通常都会选择和所学专业相关的场景，如教师通常会选择学校的体育馆等场所来录制体育教学中的微课视频，也会选择专业的化学实验室等场所来录制化学教学相关的微课视频。

2. 主题明确

教师在教学实践中应用微课的主要目的是解决很多应用传统教学模式在课堂中无法解决的教学难题，例如，教学的知识点复杂且缺乏一定的逻辑性、教学的重点和难点不突出等。

一般情况下，教师在制作微课视频时，都已经有了明确的主题，一般教师制作的微课都是围绕着教学中的重点知识或者难点知识展开的，这样微课教学就能够有鲜明的主题，也能够易于学生理解，帮助学生理清学习思路，使学生轻松地掌握教学中的知识点。

3. 实践生动

由于微课开发的主体是广大一线教师，加之微课开发的本身就是以学校的教学资源、教师的教学与学生的学习为基础的，且越来越多的学校通过微课这种新的教学方式进行探索研究，挖掘本校的微课建设。因此，其本身就具有很强的实践性。

在实践过程中，教师需要注意微课的表达方式，生动活泼不仅体现在精美的画面、动听的音乐以及明确的主题上，还体现在精心设计的流程及相应的互动方式上。

4. 弹性便捷

传统教学模式中，课堂教学时间一般都是固定的，即每节课一般规定为45分钟。在微课教学中，微课视频的时间一般都比较短，只有5分钟到10分钟，因而年龄比较小的学生在学习微课视频时也比较容易集中注意力，不容易分心，而且这些短小的视频也很容易激发学生的学习兴趣。此外，微课的资源易于下载和储存，学生只需要携带移动设备就可以随时随地开展学习活动，非常便捷，具有极大的灵活性。

5. 共享交流

在互联网时代，网络为人们的生活提供了很多便利，它的显著优点就是网络可以实现资源的共享。由于微课教学依托于先进的网络技术，因此它同样具备这一优点。

微课还可以为教师和学生提供一个网络信息交流的平台，当教学结束之后，教师可以把相关的教学视频资料上传到网络上，供其他教师和学生学习借鉴。这也有利于教师之间切磋和学习，促进教师专业发展。

（二）微课的类型划分

按照不同的标准，微课可以有不同的分类方法，每种分类方法又可划分出不同的微课类型。

1. 按照用户与主要功能进行划分

（1）学生学习微课

学习微课的主要用户是学生。微课一般是通过录屏软件来录制的，将各学科知识点的讲解录制下来，每个知识点大概在 10 分钟。这样学生可以根据自己的学习情况，选择自己需要的微课视频来学习。这类微课是翻转课堂教学的重要组成部分，是微课建设的主流方向。

（2）教师发展微课

发展微课的主要用户是教师，这种微课包含的主要内容是教学理念、教学方法、教学评价机制等，主要是对教师的教学技能进行培训，也是教师设计教学任务的模板。教师发展微课用于教育研究活动、学校教师培训、教师网络研修等，可以提升教师的教育教学能力，改善教师的工作方式，促进教师的专业发展。

2. 按照教学目的的方向进行划分

（1）讲述型微课

讲述型微课是一种通过口头传输的方式来教学的微课类型，教师在课堂上主要对重点和难点知识进行讲述。

（2）解题型微课

解题型微课是对一些典型例题进行解析并对其中的知识点进行讲解教学。

（3）答疑型微课

答疑型微课是通过教师对学科中存在的一些疑点进行分析，引导学生得到答案。

（4）实验型微课

实验型微课对自然学科比较适用，例如生物、化学、物理等学科，学生可以通过实验步骤来学习其中的知识。

3. 按照微课录制的方式进行划分

（1）摄制型微课

摄制型微课是通过电子设备如录像机、摄像机等来录制课件的方式，将课堂上教师讲解的知识摄制下来，形成教学视频。

（2）录屏型微课

录屏型微课是通过使用录屏软件来录制微课视频的一种方式，如教师可以先使用 PPT、Word、画图工具等软件将教学内容整理出来，然后在计算机上讲解，在讲解的同时使用计算机上的录屏设备进行录制，可以将声音、文字、图画等内容收录进来，经过进一步制作之后形成微课视频。

（3）软件合成式微课

软件合成式微课是指事先制作好教学视频和图画，然后根据微课的设计脚本，导入不同的内容，通过重组形成一个完整且系统的微课视频。

（4）混合式微课

混合式微课包含上述类型的微课，即将之混合使用就成了混合式微课。

二、微课在体育教学中的应用价值

（一）有利于体育教学模式的改革

对大学教育来说，微课是一项十分宝贵的教学资源，同时它也为大学的教育教学改革奠定了重要的基础。微课的价值和意义是深远的，它不仅会对学生产生很大的影响，还会对教师产生很大的影响，同时还有利于教师的专业发展。在我国实施的教学改革中，微课也是重要的组成部分。

目前，随着信息技术的快速发展，已经有各级各类大学开始尝试在线教育，在线教育成了大学教育重要的补充方式。

（二）有利于体育教师的专业发展

在体育教学中开展微课教学可以使教师开阔自己的视野，体育教师可以学习很多其他优秀体育教师的教学经验，反思自己的教学过程、方法等，从而改进自身的教学。微课资源的制作者就是辛勤的教师，这些微课包含教师的教学思路和智慧，因而在教师实践中，不同的教师在交流和探讨微课资源时也是在学习和借鉴其他教师的智慧。这种交流和沟通有利于体育教师的专业发展。

（三）有利于明确体育教学的内容

微课教学通常针对的是课堂教学中的重难点内容，学生经过微课学习之后，能够对重点知识系统地把握，也能够对学习中的难点有一定的了解，从而积极寻求教师的帮助。体育教学利用微课程开展教学，能够在很大程度上提升课堂教学的针对性，这样一来，由于前期学生已经自主学习了相关的内容，教师在开展课堂教学时会更加顺利。与此同时，教师还可以根据学生的学习情况进行一定的补充与延伸，不断增强学生的体育学习效果，促进体育教学水平的提升。

体育教师在对微课内容进行设计时，不仅需要根据大学的教学要求，还要充分考虑学生的学习需求，不断优化教学计划与知识结构，以促进体育教学目标的顺利达成。

除此以外，微课教学充分利用了多媒体的优势，将文字、图片、音频、视频等资源有机地整合在一起，使体育教学内容更加直观、形象、生动，营造了良好的学习氛围，有助于增强学生对知识的理解与记忆。

（四）有利于激发大学生的积极性

微课是一种新兴的教学形式，对于大学生来说，具有非常强的吸引力。将微课应用于大学体育教学，能够为学生提供一种崭新的学习平台，增加学生之间的互动交流，使学生的学习更加高效便捷，从而最大限度地激发学生的学习主动性与积极性。在体育微课教学中，教学视频是最主要的教学载体，教师围绕教学内容，选择合适的素材，制作教学课件，设计教学环节，并辅之以必要的教学反思、教学点评、测试考核等，从而构成涵盖诸多内容的体育教学微课程，这样的体育教学具有内容充实、结构紧凑等诸多优势，能够极大地激发学生的学习积极性，从而促进体育教学质量的不断提升。

（五）有利于激发大学生的积极性

微课是一种新兴的教学形式，对于大学生来说，具有非常强的吸引力。将微课应用于大学体育教学，能够为学生提供一种崭新的学习平台，增加学生之间的互动交流，使学生的学习更加高效便捷，从而最大限度地激发学生的学习主动性与积极性。在体育微课教学中，教学视频是最主要的教学载体，教师围绕教学内容，选择合适的素材，制作教学课件，设计教学环节，并辅之以必要的教学反思、教学点评、测试考核等，从而构成涵盖诸多内容的体育教学微课程，这样的体育教学具有内容充实、结构紧凑等诸多优势，能够极大地激发学生的学习积极性，从而促进体育教学质量的不断提升。

除此之外，教师在运用微课的时候，还可以充分利用网络平台设置各种各样的互动，增加师生之间以及学生之间的交流，营造良好的教学氛围，建立和谐的师生关系，使学生在轻松、和谐的环境中开展各种学习活动。教师也可以在与学生的交流互动中了解学生的体育学习情况，在此基础上对自己的教学计划与教学内容进行调整，以促进体育教学质量的提升。由此可见，微课应用于学校体育教学，不仅是必要的，而且是非常重要的。

三、微课在体育教学中的应用条件

（一）先进的教学理念

随着信息技术的快速发展，教育信息化的思想和理念被越来越多的人所了解和接纳。在此基础之上，教育部推出了相关的教育发展规划，用以指导我国教育在教育信息化背景下的发展。

微课这种创新教学理念就是在这样的大环境下诞生的，并被人们所接受。随着现代信息技术的迅猛发展，网络开始在人们的日常生活和工作中普及，并改变着人们的生活和工作方式。计算机网络具有显著的优势，它能够使世界各地不同种族的人们之间的交流变得更加容易，使人们的交流和沟通可以突破时空限制，人们可以利用零碎的时间开展日常学习。很多利用网络的在线教育模式在计算机网络的帮助下涌现了出来，如远程教育、虚拟教学等，这些先进的教学模式和传统教学模式有着较大的差异，能够使学生的学习模式变得更加多样化，同时满足学生的个性化学习需求。

在教育信息化的时代背景下，教师的角色和任务也相应地发生了一些转变。在传统的教学模式中，教师的主要任务是向学生传授一定的科学知识，而在教育信息化的教学中，教师的任务不仅是向学生传授科学知识，还要负责组织、协调以及评价学生的学习活动，这也对教师提出了更高的要求。当前，传统的教学模式已经无法满足大多数学生的个性化学习需求，微课的出现弥补了这一不足，有利于学生进行个性化学习，提升其自主学习能力。

人们之所以选择把微课视频应用到碎片化以及移动化的学习中主要原因在于微课通常都比较短小、重点内容突出，这样人们就可以充分利用课余时间或者零碎时间来学习某个主题的知识点。

（二）优秀的自学能力

在微课教学中，学生必须具备较强的自学能力才能顺利地完成教师提前布置的学习任务，这就要求每个学生不断提升自身的自学能力。对于学生而言，其自学能力的提升和很多因素有关，学生不仅要端正学习态度，还要加强自身专注力的训练，提升自制力，积极地排除消极因素的影响。

在微课教学中，教师可以从三个方面培养学生的自学能力：第一，教师要在教学中通过采用多样化的措施提升学生的学习兴趣，学生只有对学习充满了浓厚的兴趣才愿意投入学习；第二，教师在教学中要多鼓励学生，要多给予学生一些积极的评价，从而使每个学生都能够对自己充满信心，自信心对于学生而言非常重要，它能够让学生不断认可自我，成为学生不断进步的动力；第三，体育教师要和学生建立一种融洽、和谐的师生关系，这样在微课教学中，教师和学生是处于一种平等的地位，学生也能够在愉快的学习环境中学习体育知识，锻炼各项技能。

总之，教师应该在潜移默化中培养学生的自学能力，为微课的教学做好准备。

（三）成熟的信息技术

随着计算机网络的快速发展，信息化已经渗入人们生活的各个角落。人们无论走在什么地方，如超市、学校以及火车站等都能够自如地使用移动网络，可以随时利用网络开展学习和娱乐活动。网络的这种便捷特征使移动化的学习成为可能，这也是移动化学习、碎片化学习开展的基础条件。

在现代信息技术的辅助下，人们的生活和工作都发生了巨大的变化，现代信息技术也在改变着学校的教学方式。目前我国各级各类学校都在探索把现代信息技术应用到学校的学科教学中，并取得了一定的成就。

目前我国大多数大学，都会要求学生在大一就开始学习计算机基础这门课程，并把这门课程列为大一新生的必修课。由此可见，我国非常重视让学生掌握一定的信息技术，从而提升学生的综合素质。

众所周知，教师开展微课教学的核心就是利用微课视频开展教学，这离不开现代信息技术的辅助。当前，我国很多大学都已经配备了多媒体教室，这些硬件设施为微课教学的开展提供了有力的设备保障。

除此之外，学生一般都拥有手机、电脑等设备，他们在很多场所都可以使用移动开展学习，如学校的自习室或者咖啡厅等，这也是一种自主学习的方式。

四、微课在体育教学中的应用要点

（一）科学整合微课教学内容

学校体育教学涉及的内容非常多，包括体育理论、心理健康、球类运动、田径运动等，因此教学的任务比较繁重，课程的时间安排上也非常紧凑。体育教学内容虽然多，但是并非所有的内容都适合采用微课的形式来进行。所以，教师必须对教材进行深入研究，对教学内容进行优化与整合。

以足球基本技术的教学为例，教师可将此内容整合为四个具体的项目，即基本特点、基本技术、基本战术和基本规则。这四个项目又各自可以划分为三个更具体的层次，即基础内容、提高内容和拓展内容。基础内容包括运球（脚内侧、正脚背、外脚背）、运球过人、踢球（脚内侧、正脚背）、脚内侧接球、掷界外球、守门员接球；提高内容包括无球技术、大腿接球和胸部接球、头顶球、抢球技术的综合运用、守门员发球；拓展内容包括组织以阳光健身、快乐足球为主题的班级五人制足球对抗赛。

经过整合的教学内容非常清晰，为微课的制作奠定了良好的基础。此外，学生也可以从整合的内容中选择适合自己的内容进行学习，从而满足学生的多元化学习需求。

（二）准确把握微课设计要点

1. 凸显课程属性

由于微课是一种新兴的教学形式，因此很多体育教师对其了解得并不全面，认为利用微课开展体育教学，只要照搬一些其他课程的微课模式就可以了。殊不知，这样的体育微课很难体现出体育这门课程的特色，也会对体育教学的质量造成不良的影响。所以，体育教师在制作体育微课的时候，需要以"健康第一"的理念作为指导思想，在微课中凸显体育这门学科的特色，使知识、技能的传授同学生的身体锻炼和人格培养紧密结合在一起，不断提升学生的学习、生活质量。

2. 简短有趣

微课的时长通常在5—10分钟，这主要是为了更好地吸引学生的注意力。体育微课的设计也应当将时间控制在合理的范围内，为学生设置简短、有趣的学习内容，通过营造宽松的学习氛围，使学生能够全身心地投入体育学习，培养良好的学习习惯。

3. 创新性

学生是一个思想比较活跃的群体，好奇心强，喜欢接触新事物，因此微课的制作应当迎合学生的这些特点，体现出创新性。具体而言，应当注意两个方面：一是微课的内容要具有时代性，贴近学生的生活实际，并且根据具体情况随时进行更新；二是微课的画面内容的呈现形式要新颖，以吸引学生的注意力，如将动作分解融入有趣的小故事中，以强化学生的理解与记忆。

4. 系统性

体育课程设计的内容非常多，导致体育微课的制作很容易陷入碎片化的困境，这样就很难对学生的知识学习起到良好的辅助作用。所以，教师在制作体育微课的时候，要对教材的主线给予特别关注，强调知识点组合的系统性。

5. 实用性

体育教学除了理论知识的教学之外，还包括技能的教学，而且技能教学占据主要的地位。因此，体育微课的设计应当尽量做到通俗易懂、实用易学，与此同时，还要紧紧围绕体育技能的核心要素，突出学习重点，并且便于学生自我检测。

第二节　慕课在大学体育教学中的应用

一、慕课的基本认知

（一）慕课与传统课堂的差异

慕课（Massive Open Online Courses，MOOC）即大规模开放在线课程，是"互联网 + 教育"的产物，我们可以根据以下四个单词的组合意义来理解慕课的内涵。

大规模（Massive）：主要强调的是在这一平台上注册学习的人很多，同时也强调了注册人数不受限制。

开放（Open）：主要强调的是这一平台没有针对性，它面对的是全世界任何一个想要学习的人，这一内涵同时指出，慕课这一平台对学习者没有任何要求，只要想学习就可以在平台上注册学习。

在线（Online）：主要强调的是利用计算机网络进行学习的一种方式，强调这一平台的网络性和在线性，学习者可以根据自己的时间灵活安排学习。

课程（Course）：主要强调的是一种课程学习资源，慕课通过整合多种社交网络工具和多种形式的数字化资源，形成了多元化的学习工具和丰富的课程资源。

慕课虽然也是一种网络在线课程，但是它与传统的网络课堂还存在一些比较明显的差异，主要体现在以下方面：

①慕课的教学目标与课程计划都是非常明确的。通常慕课开始之前，教师会对课程的基本情况进行简单介绍，包括具体的课程要求、教学进度安排以及学生需要达到的水平等。此外，学生也需要在上课之前注册一个专属账号，仔细阅读课程的相关介绍，这样才能够保障教学活动的正常开展。

②慕课中的教学视频不是对课堂教学与会议进行的录制，而是专门针对慕课教学而制作的视频。

③慕课的教学视频有一个非常突出的特点，就是由多个 10 分钟左右的小视频构成，

这主要是考虑学生注意力的特点。每一个小视频都非常简短精炼，而且都重点讲解了一些学习内容，可以有效地吸引学生的注意力，促进学生学习效率的提升。

④微课的教学视频中设置了回顾性测试环节，学生只有成功完成测试才能观看之后的视频，否则就要重新观看学习前面的内容。这样能够有效地提升学生的注意力，使学生在观看视频时更加用心。

⑤慕课针对学生的学习需求设置了专门的作业提交区与学习交流区。学生在开展慕课学习的时候，除了要完成教学视频的学习之外，还要完成教师预先布置好的作业，并且及时提交。除此之外，学生还需要参与到学习交流与讨论中，也可以提出自己的问题，通过与教师交流来解决问题。慕课还有一个优势，就是会组织一定的线下见面会，这样一来，学习同一课程的学生除了共同在线上开展学习交流之外，还可以在线下进行讨论、交流和学习。

（二）慕课的主要特征

慕课是信息技术迅速发展的产物，它在形成与发展过程中形成了其独有的特征。

1. 大规模性特征

众所周知，传统教学是有人数限制的，而慕课教学并没有人数限制，同一课堂上学习的人数可以达到数百万。因此，大规模性是慕课的主要特征。

随着信息技术的发展，信息技术在教育教学中得到了广泛的应用。教育信息化是教育发展的主要方向。慕课作为不限制课堂学习人数的信息化平台，在教育教学领域日益受到重视。慕课是信息化时代的产物，慕课为世界各地的学习者提供了信息化学习平台。在这一平台上，有来自世界各地数百万的学习者在同一课堂进行学习，体现了慕课的大规模性，这也是其他信息化平台无法比拟的。

2. 开放性特征

慕课作为大规模开放式在线课程，具有开放性的特征。关于慕课的开放性，我们可以从以下方面对其进行分析：

（1）教育教学理念的开放性

慕课平台注重平等性和民主性。同时，慕课平台上的课程资源是面向世界各地、各族人民的，没有任何人群的限制。除此之外，慕课平台提倡，只要想学习的人都可以在平台上进行注册学习，可以学习慕课平台上的各种资源。

（2）教学内容的开放性

慕课平台上蕴含着大量的网络在线资源，且这些资源是开放性的，没有时间和空间的限制。

（3）教育教学过程的开放性

讲授者与学习者的上课、交流、测试、评价等都是在慕课平台上进行的，教育教学过程是开放的。

慕课有着优质的教育资源，同时将这些优质教育资源上传到慕课平台上，真正实现了资源的全球共享。慕课的开放性有利于促进教育国际化的发展，有利于实现全球资源共享，也有利于世界各地学习者树立终身学习的观念，更有利于缩短教育公平化的进程。

3. 技术性特征

技术性也是慕课的主要特征。慕课是信息技术高速发展的产物，与其他的网络公开课程不同，慕课并不是教材内容到网络内容的简单搬移，而是充分利用信息技术优势，实现讲授者和学习者之间的在线交流与互动。实际上，慕课是将整个教学过程从线下搬到了线上，真正实现了在线课程教学。

慕课不仅充分利用了信息技术，还将云计算平台融入其中，这样不仅丰富了课程资源，还促进了海量课程资源的全球共享。另外，慕课还融入了大数据技术，在一定程度上促进了个性化教学的发展。除此之外，慕课平台中的各个网站也是精心设计的，这些精美的网站设计不仅有利于提高学生学习的热情，还有利于提高学生的学习效率。

4. 自主性特征

自主性是一个内涵十分丰富的概念。下面本文取比较有代表性的观点进行具体分析。基于关联主义的慕课推崇者对慕课的自主性特征发表了自己的看法。具体而言，主要包括以下方面：

①自主性强调的是学习者在慕课学习过程中自己设计目标，不强调事先目标的设定。

②慕课学习中主题是明确的，可以供学习者参考。学习者通过慕课平台学习的时间、学习的地点、学习的方式都是不确定的，也就是说，学习者可以自己决定学习的时间和地点，也可以自己决定学习的方式。

③除了需要获取学分的学习者以外，其他学习者的课程考核方式都不是正式的。学习者对自己在慕课平台上学习的预期和效果可以自行评判，并没有固定的、专门的或正式的考核方式。

由此可见，基于关联主义的慕课推崇者强调慕课学习是学习者自主学习的过程，并在学习过程中自行监督和调控。

学习者结合慕课学习资源，根据自己的实际学习情况，选择合适的时间、地点对慕课平台上的资源进行学习。同时，学习者可有针对性地与他人讨论和交流，从而通过学习慕课资源来满足自己的学习需求。还需要指出的是，慕课与翻转课堂相融合，有利于慕课作用的发挥，也有利于提高学习者的自主性和主动性，从而不断提高学习者的学习水平。

5. 优质性特征

与其他信息化平台相比，慕课具有优质性的特征。众所周知，慕课涉及很多课程，无论是世界慕课平台课程还是当前比较流行的"好大学在线"课程，都拥有高质量的信息资源和学习资源。这是因为，这些慕课平台上的课程资源都是世界各学校通过专门的技术团队进行合作开发、筛选、编辑、加工、整理、审核之后上传的。这些慕课资源不仅有代表性，还具有高质量性，都为慕课课程资源的优质性奠定了基础。总之，慕课是一种集代表性、典型性、高质量性、优质性于一体的学习方式，为世界各地的学习者提供了大量的优质教育资源。

6. 非结构性特征

慕课在内容安排上也独具特色。具体而言，慕课中涉及的内容都是一些碎片化的知识。这些碎片化的知识经过专业领域教育者的组合形成了形式多样的内容。这些内容也是比较灵活的，可以根据需要随时进行扩充。各个领域不同的教育者对不同学科知识进行处理和集合，从而形成了内容集合。这个内容集合是慕课特有的，里面的知识可以进行重组，并可利用慕课平台使这些知识彼此关联。

另外，慕课课程标准的设立，不仅有利于提高课程质量，也有利于提高学习者的学习水平。

7. 以学为本特征

"以学为本"并不是慕课的表征特征，而是通过对慕课的系统分析、挖掘、归纳、总结出来的一种核心特征。"以学为本"强调的是以学生的学习为中心，也就是慕课上的信息和资源都要以学生为中心，为学生的学习提供丰富的资源。慕课集信息技术、云计算技术、大数据技术等计算机网络技术于一体，为世界各地想要学习的人提供了丰富的资源，打破了传统教学模式的时空限制，有利于世界各地的学习者根据自己的实际学习情况和需要，随时随地进行学习，从而获得自己想要学习的知识。

总之，慕课是一种信息化的教学模式，它不受课堂人数、时间和空间的限制，学生在慕课平台上学习具有很大的自由性，这样有利于调动学生学习的积极性。

二、体育教学中慕课的应用优势

（一）促进体育教育的公平性

"现阶段，慕课作为大学授课的主要形式，在教学过程中起到补充和辅助的作用。"[①]在体育慕课教学模式中，世界范围内的学习者都可以根据自己的学习情况自主选择学习时间和地点。同时，慕课在大学体育教学中的应用，突破了地域及经济差异，丰富了教学资源，扩大了学习者的数量，从而使不同地域、不同职业、不同年龄、不同学历的学习者都可以自主学习。可以说，慕课这种开放性的学习模式，为想要学习的学习者提供了学习的平台。

另外，学习者也可以根据自己的兴趣、特长等进行体育精品课程学习。在学习体育课程的过程中，学生如果遇到了问题，可以借助慕课平台与教师、同伴进行交流和互动，从而主动地构建知识，改变被动接受知识的局面。在慕课体育教学模式的影响下，教师

---

① 杨彤彤. 新时代高校体育教学与大学生素质教育研究[M]. 长春:吉林摄影出版社,2022.10.86.

不再是主导者，学习者成了学习的主体。同时，教师和学生形成了一种平等、和谐的师生关系。慕课体育教学模式为学生提供了公平的学习机会和受教育机会，有利于促进体育教育的公平性。

（二）推动终身体育学习理念

慕课在体育教学中发挥着至关重要的作用，也是现代体育教学发展的重要方向。随着慕课的发展以及体育教学改革的不断推进，慕课对体育教学的影响也越来越大，慕课也将会不断被应用于体育技能教学、体育技能训练、体育培训、体育实践等多个方面。同时，慕课融多种学科于一体，学习者可以根据自己的学习情况和学习需要，自主学习、自主监督、自主调控，并不断与教师和其他有相同兴趣、特长的学习者进行交流和互动，从而不断学习、不断提高，进而促进终身体育意识的形成。

体育慕课教学模式蕴含着丰富的开放式教育资源，有利于学生随时随地进行学习，有利于优化学生获取知识的途径。慕课课程资源具有优质性的特点，这些优质的课程资源有利于吸引更多的学习者来平台注册学习。

（三）优化整合体育教学资源

传统的体育教学模式教学资源单一，已经不能适应现代体育教学的发展。将慕课融入体育教学，有利于教学资源的丰富和优化。基于慕课的体育教学模式不会固守体育教学风格和专业设置，而将充分利用信息技术和网络技术，集多人、多校优质教学资源于一体。同时，慕课平台上的教学资源在内容上具有开放性，在管理上具有智能性。基于慕课的体育教育模式弥补了传统体育教学模式的不足，在体育教学中发挥着重要的作用。

（四）缓解体育教学师资压力

随着大学的不断扩招，学生人数不断增加，教师教学任务也在不断增加，体育师资已无法满足当前学校体育教学的需求。体育教师面临着繁重的教学压力，同时体育师资力量不足的问题日益凸显。

慕课应用于体育教学中，能够有效解决体育师资力量不足的问题，也能够缓解体育教师的教学压力。教师可以通过慕课平台上的相关数据了解学生的学习情况以及教学质量和教学效果，也可以借助慕课平台获得反馈信息，这样教师可以有更多的精力进行教学设计、方案规划、活动组织、课后辅导等。

慕课平台主要以信息技术和网络技术为载体，它集多种开放性、优质性教学资源于一体。基于慕课的体育教学打破了传统教学的时空限制，不需要硬件投入。世界范围内的学习者可以根据自己的兴趣和爱好来选择资源和内容进行学习。同时慕课平台上的教学资源也可以无限制地被学习者使用和学习，这样不仅提高了体育课程资源的利用率，还降低了体育课程资源开发的成本。由此可见，慕课融入体育教学，能够在很大程度上节约体育教育成本。

（五）培养大学生的自主意识

随着信息技术的发展，体育慕课教学模式可以有效解决传统教学模式中存在的各种问题，具体内容如下：

第一，体育慕课教学模式有利于学生形成清晰的动作概念。体育慕课教学模式可以将一些连贯的、复杂的动作制作成短视频，并通过图片、文字、声音、图像等方式将这些连贯的、复杂的动作呈现出来，这样学生可以通过短视频更加直观地学习这些复杂的动作。具体而言，学生可以根据自己的实际学习情况，自己控制观看短视频的进度，遇到某一难理解的动作时，学生可以利用短视频的暂停、回放等功能来对这些动作进行回看，这样有利于学生正确理解动作要领，也有利于学生全面地学习和掌握体育运动动作。

第二，体育慕课教学模式有利于学生一对一在线学习。慕课的主要特征之一就是大规模性，同一课堂上学习的人数可达到数百万。但体育慕课教学模式强调在线学习，这些人都是在慕课平台上进行在线学习。实际上，这种在线学习很大程度上是一对一学习，这样有利于学生的自主学习，有利于弥补大班授课的不足，也有利于教师对学生的学习进行监督和管理。

第三，体育慕课教学模式打破了传统教学模式的时空限制。体育慕课教学模式不受时间和空间的限制，也不受光线、天气等其他因素的制约，学生可以随时随地进行学习。

由此可见，传统体育教学模式容易受外在环境的影响和制约，这在很大程度上影响了体育教学质量和效率的提高；而体育慕课教学模式避免了这些外在环境因素的影响，有利于提升体育教学的质量和效率。

三、体育教学中慕课的应用策略

（一）转变体育教学模式

1. 由单一办学主体向国际化联盟式办学主体转变

传统学校办学模式比较单一，绝大多数都是单一办学主体进行办学。但随着慕课在学校教育教学中的应用，学校办学模式也逐渐向多个学校联盟办学的模式转变。

慕课是信息化时代的产物，它突破了传统教学模式的束缚。尤其是众多慕课平台的出现，并不是单一学校独自开发的结果，而是多个学校、多个优秀教育专家联合开发和建设的结果。可见，传统的单一办学模式并不能适应当今信息化时代的发展，如果学校不及时转变办学观念，就会被时代所淘汰，也不利于国际化人才的培养。因此，学校应该意识到慕课平台建设需要国际化视野，并在具体实践中，充分吸收世界各国的优秀办学经验，将办学视野扩大到国际范围，从而实现国际化联盟式办学。

2. 由个体学习模式向团队学习与个性学习相结合的模式转变

在传统体育教学中，学生的学习模式是被动的、单一化的，不利于学生团队学习，也不利于学生个性化发展。要想改变传统的个体化学习模式，学校应该将慕课应用于教学中，充分发挥慕课教学的优势，创新教学方法和策略，开发丰富的学习资源，提倡学生间、师生间、群体间、国家间的大规模集成化学习。同时，学校还应该采取多种手段和策略来鼓励和引导学生发展个性，从而真正实现学习模式的团队学习和个体化学习。

（二）加大慕课宣传力度

慕课主要通过网络平台、学校平台、教师等进行宣传。除此之外，慕课平台还应该借助自我营销的方式，吸引更多的人注册慕课进行学习。

在加大慕课宣传力度的同时，慕课还应该注重优质资源的共享，从而使世界上更多的人能够根据自己的特长、兴趣，科学选择适合自己的课程，以满足自己的学习需求。

总之，加大宣传力度有利于更多的人了解慕课、使用慕课，有利于促进优质资源共享，促进教育的国际化发展，实现教育的公平性。

（三）制作优质特色课程

在体育慕课教学中，学校要注重顶尖团队的培养，从多个层面打造体育核心课程，并充分利用慕课平台实现体育资源的全球共享，从而吸引更多的学习者进行体育特色课程和优质课程的学习。

除此之外，学校还要注重体育非核心课程建设。这是当今时代一专多能人才培养的要求。因此，学校应该充分利用慕课这一信息化平台，将世界上优质的体育课程资源融入本校慕课平台中，这样有利于拓展学生学习的范围，有利于激发学生学习的兴趣，提高学生的自主学习能力，从而为一专多能人才的培养奠定基础。

（四）丰富慕课课程资源

学校在进行慕课资源开发时不仅要积极引入高质量资源，更要重视教师在资源开发中的作用，教师要与时俱进，把慕课教学模式引入体育课堂，以提高教学效率。

教师可以将慕课与体育灵活地结合起来，这样慕课就能以一种新的、学生更能接受的形式参与到体育课堂中来，从而调动学生学习的积极性。慕课内容的载体是视频，这要求体育教师在具备扎实的专业知识外，还需要具备一定的信息技术能力，能够制作短视频。慕课视频要建立一套完整的制作、审核、评价机制，从而制作出优质的视频资源。

同时，学校实施慕课教学也是为了满足个性化教学的需求。因此，在制作慕课视频时，教师要充分考虑到学生的需求，打造出可以满足不同学习者需求的多层次慕课课程，形成具有自己特色的慕课教学资源。

（五）开发体育精品课程

第一，学校、教师、学生等要多方宣传与推广体育类国家精品开放课程，从而发挥精品课程的最大价值。

第二，完善体育类国家精品资源共享课中体育专业课程的建设。当前，只有少数的体育课程建设了精品课程，一些体育与其他学科结合的课程还没有建设完善。各个学校还要对慕课与传统体育结合的课程加强建设，多申报一些精品课程建设项目，从而不断完善体育专业课中的精品课程资源。

第三，改善体育类国家精品开放课的视频内容，加强课程视频的后期制作。例如，对知识点进行展示，并且加入动作示范画面；在视频上还可以将重点内容进行着重提示，使学习者在遇到重点时可以集中注意力学习。

第四，开发体育类国家精品开放课程平台的多元化功能。体育类国家精品课程平台还有一些需要调整的地方，在平台上可以增加一些答疑解惑的版面和师生交流的模块。这样可以使学生在遇到不懂的问题时能够及时向教师询问，并且学生之间也可以就视频观看的理解进行探讨。另外，精品课程平台的开发者还需要设置一个建议功能模块，让使用这个平台的人把好的建议提交上去，从而使平台不断完善。

（六）改革慕课教学手段

由于慕课是一种开放性很强的教学方式，因此慕课教学也有着比较多的选择性。慕课平台在网络上不受国界的限制，因此，它可以很好地将课程共享给世界各地的人，世界各地的人也可以将慕课视频上传到慕课平台，使得慕课平台上的课程资源更加丰富。此外，教师可以从慕课平台上找到同一个知识点的很多个慕课视频，择优分享给学生。

教学方法对教学效果的影响非常大。为了保证教学效果，体育教师可以适当调整教学方法。教学方法使用恰当，可以充分激发学生的学习兴趣，调动学生学习的积极性和主动性，从而使学生更好地将知识内化。慕课教学模式就是很好的一种教学方式，学校体育教学可以充分借鉴这种教学模式，提高体育教学的效果。

第三节　翻转课堂与混合式教学的应用

一、翻转课堂教学及其应用

翻转课堂也可以叫作颠倒课堂、反转课堂。这里所说的"反转"主要是针对传统课堂教学而言的。翻转课堂是教育界普遍接受的概念。不管是在国外还是国内，翻转课堂的定义始终在发生变化，不断完善，这也体现出教育教学研究者对翻转课堂研究的日渐深入。虽然人们对翻转课堂的概念还没有完全统一的界定，但是对翻转课堂内涵的分析研究从未停止。

第一，翻转课堂是一种教学形态，由教师创作教学视频，学生自己在课下观看视频，再在课上与教师进行交流，并完成教师布置的作业。此前，对于翻转课堂的表述大多基于其基本做法，比如学生晚上在家观看教学视频，第二天在教室完成作业，如果有问题就与同学讨论或者向教师求助。这种对翻转课堂的定义，主要是将翻转课堂教学与传统课堂教学相对比，突出其特征，帮助人们认识这一教学形式。

第二，翻转课堂是学生先利用课前时间借助教师给出的教学资源自主完成课程的学习，然后再在课中与教师进行互动，一起阐释问题、探究问题，并且完成作业练习的一种教学模式。

第三，翻转学习改变了直接教学的空间，即由群体空间转向了个体空间，使群体学习空间变得更具动态性与交互性，从而促进学生在学习过程中充分发挥自身的创造性与主动性，积极参与学科学习。

上述三个关于翻转课堂的界定各有侧重，这些界定对翻转课堂内涵的描述主要着重于翻转的形式，说明我国翻转课堂的研究和实践主要还是聚焦于形式上，对翻转课堂的本质有待深入。

综上所述，我们可以将翻转课堂的内涵界定为：将原来需要在课堂上完成的知识传授提前到课前，再将原来需要在课后完成的知识内化放到课堂中完成。至于翻转课堂的教学资源、教学信息技术以及具体的教学组织方式等，都不属于翻转课堂的要求，它们都是在翻转课堂实践发展的过程中延伸、演化出来的。翻转课堂的本质是赋予学习者更多的自由，将传授知识的环节放在课前，是为了让学生自由选择适当的、舒适的学习方式；而将内化知识的环节放在课中，是为了让学生更多地、更有效地与教师及其他同学进行交流。

（一）翻转课堂教学的兴起

1. 信息技术的推动

第三次科技革命推动了信息技术的发展。信息技术的变革辐射人类社会的方方面面，其影响力巨大且深远，教育作为人类社会中的重要领域自然也会受到信息技术变革的影响。

在信息化时代背景下，人们不得不重新审视传统教育教学制度，重新设计教学模式，让现代信息技术在教育领域发挥重要作用。因此，现代教育的目标也发生了一定的改变与扩充，即要求学生能够具备获取信息、分析信息、处理信息、加工信息的能力，具备较好的信息素养。

信息技术在教育领域的渗透会极大地推动教育教学的变革进程，会在一定程度上改变教师的教学模式与学生的学习方式，这是一种必然的趋势。因此，教师必须及时更新教育理念，对现代教育技术予以足够的重视，积极地探索信息技术在教育领域的价值，充分利用信息技术的优势发展教育教学事业。

2. 社会需求的推动

现代社会发展节奏快，要求人们能够快速地接受、理解新鲜事物，具备较强的学习能力，拥有较强的求知欲。在飞速发展的社会中，人们如果不能持续地学习、不断地完善自己，就很难适应时代的变化。因此，人们应该顺应时代、紧跟时代，保持求知欲望，不断在新的时代背景下反思自己的生活。

在未来社会，高层次人才除了要具备专业的知识技能之外，还需具备一定的学习能力、创新能力和自我个性。这就要求现代教育关注社会的需求与人才的培养，努力培养出满足现代社会需求的优秀人才。

3. 教育现实的推动

教育形式的发展可以从"学徒制"说起，在工业革命出现之前人们大多以学徒制的形式开展所谓的教育活动。学徒制主要采用现场教学，教学场景基本是真实的工作环境，教学对象往往具有个别性，大多发生在代际间，教学方式就是师傅口述、示范，然后学徒在师傅的指导下进行实践。学徒制教学模式培养出了许多技艺高超的手艺人。

后来随着工业革命的兴起，工厂日渐规模化，社会对于劳动力的需求增加，同时对劳动力的知识技能要求也有所提高。也就是说，人们迫切需要普及推广教育，扩大教育规模，提升教学效率，从而在短时间内获得更多的能够满足社会需求的劳动力。显然，学徒制不再符合时代发展的要求，于是班级授课制就产生了。班级授课制是以班级作为教学单位开展教学活动的形式，通常，教师都会根据设置好的课程时间表向学生讲授知识，这些知识往往也是统一的。班级授课制满足了工业革命的需求，其原因在于它具备不同于以往教育形式的特点与优势，而这些优势实际上一直在教育领域发挥着重要作用。

具体来看，班级授课制的特点主要有三点：第一，班级授课制具有系统性，它能在规定的教学时间内让学生学到大量的知识，并且这些知识不是零散的，而是具有一定的系统性，便于学生建立知识体系；第二，班级授课制采用"一对多"的教学模式，一个教师可以向多个学生授课，与学徒制相比，其教学效率得到了极大的提高；第三，班级授课制以"课"为标准，设置好的"课"决定着教师的教学进程与学生的学习要求，因此教师在进行教学管理时也只需以"课"为中心，统一学生的学习步调，相对较为高效。班级授课制符合工业革命在短期内需要大量人才的要求，其系统性、高效性是促进这一教育形式发展的重要优势。

随着计算机技术与信息技术的普及，人类社会再次有了突飞猛进的发展，信息化时代悄然降临。现代信息社会对人才的要求不断提高，要求人才具备一定的信息技术技能，还要具有应急处理能力，最好还要具有一定的创新思维，勇于自主学习，具有探索精神，等等。与工业革命时期相比，信息革命再一次提高了对教育的要求。于是班级授课制的不足也显现了出来，人们必须开始探索新的教育形式。不论是工业革命还是信息革命，人们的思维观念都在这一次次的革命中受到了冲击，新的时代环境要求人们做出新的改变，终身教育与自主学习成为人们推崇的新理念。终身教育要求人们终身学习，始终保持学习的热情；自主学习要求人们根据自己的需求和时代的发展，主动地、积极地开展学习，从而找到自己的价值。

通过梳理教育形式的发展变化，我们可以看出，第一次教育革命发生在工业革命的浪潮下，教育形式从个别的、单一的学徒制转变为规模化的、系统的班级授课制。第二次教育革命则受到了信息革命的影响，教育形式开始逐渐由班级授课制转向更为丰富的终身教育、自主学习形式。时代的变迁、社会的发展影响着教育组织形式的变化，因此要想促进现代教育的良好发展，我们就必须把握时代的脉搏，分析教育发展的现状，找准教育变革的出路。可见，教育变革正面临关键的转折，现代教育事业必须把握时机，积极变革。

4. 学生个体差异的推动

每个个体之间都存在差异，不同的学生也有着不同的学习需求。具体来看，学生在学习过程中的个体差异主要可以从以下方面进行探讨：

第一，学生的学习风格存在差异。每个学生都有着自己的学习风格。有的学生接受能力强，学习速度快，可能会早早地掌握课程内容，之后有可能对教师的反复讲解感到厌倦；而有的学生接受能力较弱，学习速度较慢，可能会觉得教师进度太快，难以跟上课程进度，也有可能因此丧失学习信心。学习风格没有好坏，也与学生的智力水平没有关系。我们不能简单地认为学得快的学生就有着较好的学习风格。不同的学习风格也反映着不同的知识掌握能力。有些学生可能只是没有充足的时间来完成知识的内化，如果有了充足的时间，他们对知识的理解或许会比学得快的学生更加深入，对知识的掌握更加扎实，对知识的记忆也更加牢固。

第二，学生的学习动机存在差异。学生的学习动机并不会对其学习过程产生直接的影响，它更多地表现为间接的影响。良好的学习动机能够有效增强学习效果。例如，意志力强的学生可以长期地保持一种积极的学习状态，从而达到预期的学习目标，而意志力较弱的学生则只能保持短时间的良好学习状态，容易半途而废。每个学生的学习动机都不同，教育教学应该关注学生的学习动机，为学生制定个性化的学习目标与合理的学习计划，为学生提供具有针对性的指导，从而帮助每个学生实现自己的学习目标。每个学生在认知方式、学习风格、学习动机上都存在差异，而这些差异共同构成了他们不同的学习需求，也可以说构成了他们的学习个性。要想满足学生的差异化需求，教师就必须关注他们的个性，为学生的个性发展提供帮助。

（二）翻转课堂在体育教学中的应用特征

翻转课堂在许多方面都对传统课堂教学进行了革新，作为一种全新的教学模式，它具有一些颠覆传统课堂的突出特征，改变了传统的教学过程，对课堂时间进行了重新规划与分配，在传授知识的方式方法上有所创新，并且促进了体育教师与学生身份角色的转变。

1. 教学过程的创新

对传统教学过程的颠覆是翻转课堂最为突出的特征。传统大学体育教学的过程通常是"教师讲解动作要领—学生练习—教师指导"，这种教学过程将知识讲授的环节放在了课堂上，而内化知识的环节则由学生在课后自行完成。翻转课堂的出现彻底颠覆了这一模式，它将讲授知识的环节置于体育课前，将内化知识的环节置于体育课中，将巩固反思的环节置于体育课后。具体来说，翻转课堂要求教师在课前做好相应的教学准备，按照课程目标搜索、整理或自己制作教学视频，为学生提供充足的学习资源，使学生在课前就能完成基础知识的学习。在课中，学生可以在课前学习的基础上提出自己的问题与困惑，教师则能够及时予以解答指导，并组织学生进行小组讨论、合作学习，让学生在课堂上完成动作技能的内化。课后，教师可以继续为学生提供有针对性的学习资源，帮助其巩固记忆，鼓励学生积极进行学习反思。

2. 教学方式的创新

翻转课堂的另一重要特征是对教学方式的创新，其中最具代表性的就是短小精悍的课程视频。教学视频是翻转课堂教学资源的集中体现。翻转课堂中的教学视频改变了传统教学的被动局面，学生可以通过短小但内容丰富的教学视频来学习动作要领，并可以根据自己的需求暂停、回放、慢速播放视频，这有助于学生把握自己的学习节奏与进度，充分鼓励了学生的自主性发挥。在课前或课下观看教学视频，学生可以在一个相对舒适的环境中学习，不需要神经过度紧绷，如果有不懂的地方还可以反复观看，强化记忆。在后续的复习巩固中，教学视频同样发挥着重要作用。

3. 师生角色的转变

教学过程的颠倒、课堂时间的重新分配自然也影响着身处课堂之中的教师与学生，翻转课堂的特征之一就是师生角色的转变。在传统大学体育教学中，教师几乎占据着"主角"位置，但在翻转课堂中，学生成了课堂的中心。学生在学习过程中遇到问题可以向教师寻求帮助，教师主要负责为学生答疑解惑，提供及时的、有针对性的指导，教师从以往的讲授者变成了学习资源的提供者，变成了学生学习过程中的引导者和帮助者。这要求教师具备收集整理教学资源、录制教学视频、组织教学活动的技能。与此同时，学生在这样的课堂上需要充分调动自己的主动性，积极、主动地学习动作技能，内化知识。学生成为课堂的中心，意味着他们将成为知识意义的主动建构者，可以按照自己的学习节奏选择合适的学习时间和内容，遇到较容易掌握的动作可以适当加快学习速度，而遇到较复杂的动作可以放慢学习速度，反复观看教学视频，仔细探究学习。师生角色的转换有助于拉近师生关系，营造良好的教学氛围，师生之间、生生之间可以交互协作，学生在丰富的教学活动中掌握动作技能，角色也由"被动接受者"变为"主动探究者"。

4. 课堂时间的重新分配

对课堂时间的重新分配是翻转课堂的重要特征，具体体现在对教师讲授时间的缩减以及对学生学习活动时间的增加上。

在传统的大学体育教学中，教师需要把大量时间用于讲解动作要领，学生只能被动地听讲和模仿。翻转课堂则改变了这一局面，它为课堂互动、师生答疑、探究讨论等教学活动留出了大量时间，期望学生能够在相对真实的情境中完成动作技能的学习，并学会交流与合作。由于翻转课堂将教师的讲授环节放在了课前，因此既保证了教学内容的充足，也有效活跃了课堂氛围，提升了课堂互动性。这种对课堂时间的重新分配有助于加强学生对动作技能的内化，深化对学习内容的理解。课堂交互性的提升对教师开展教学评价也有一定的帮助，教师可以通过学生的互动表现了解学生的学习状况，学生也能在教师的评价中进行反思，更加主动地把握自己的学习。可以看出，翻转课堂从整体上提升了课堂时间的有效利用率。

二、混合式教学及其应用

（一）混合式教学的基本认知

首先，混合式教学是互联的动态系统。教学过程中的各要素本身就息息相关，在混合式教学中更是如此，甚至各要素的关系更为密切，它们相互关联、互为影响，共同构成了教学的耦合系统。教师与学生作为教学活动的双方，二者都存在自我组织教与学的意识，只不过在能力上表现得有强有弱。有序化的教学过程离不开师生双方的共同努力，师生有着共同的目标，也站在各自的立场接受着相同的信息，由此，学习过程中产生的问题与障碍便具有了一致性，有序化便得以实现。

其次，混合式教学是线上与线下教学的融合。单纯强调在线教学、网络教学的教学方式不能被称为混合式教学，因为混合式教学是在线教学的延伸与传统课堂教学的扩展，更是二者的有机结合体。在线教学与传统课堂教学都存在不可忽视的缺点，前者容易导致师生互动交流的缺失，学生在遇到问题时无法及时向教师反馈并寻求帮助，教师也无法立刻知晓自己的教学效果；后者则以教师讲授为主，弱化了学生学习的主体地位。在线教学与传统课堂教学均存在不足，哪一种教学方式单独使用都无法实现最佳的教学效果，只有将二者结合起来，相互弥补缺点、发挥优点，才是最好的。混合式教学之所以在教学实践中取得成功，就是因为其将在线教学与传统课堂教学相结合，充分发挥了这两种教学方式的优势，这为教师提供了新的教学途径。混合式教学模式对学习者更为关注，其在肯定教师作用的同时，鼓励学生自主探究学习，让学生主动完成意义的建构，形成更为健全的知识体系。

最后，混合式教学重在激发学生的学习兴趣。兴趣是最好的老师，也是学生学习最大的动力，混合式教学就非常注重对学生学习兴趣的激发。不论是在教学 PPT 的制作中，还是教学活动的安排中，或是课后作业的布置中，混合式教学都强调融入趣味性元素，将学生的学习兴趣挖掘与调动出来，这样学生才能主动学习。

（二）混合式教学在体育教学中的应用特征

1. 以学生为中心

混合式教学在大学体育教学中以学生为中心，根据学生的需求为他们制定个性化的学习方案。通过差异化的教学辅导，学生在体育技能的学习上取得了比传统课堂教学更丰硕的成果。学生某个阶段的学习目标达成后，他们将更有动力开展下一阶段的学习。

为学生制定个性化的学习方案并不意味着教师要事无巨细地照顾每个学生，而是通过学生在网络教学平台上提交的学习反馈，识别他们在特定技能上的薄弱环节，从而制定有效的学习方案。对于学生已经掌握得很好的技能，教师可以简要带过；对于学生感到困惑的技能，则进行深度讲解。这样一来，学生虽然没有得到教师的一对一辅导，但依然获得了相同的学习体验和效果。

2. 监督式学习

混合式教学主张对学生的学习进行监督，目的是更好地掌握学生的学习情况，从而为其提供有针对性的教学辅助。所谓新型的监督化学习，主要是依托学生在线学习反馈的数据，对这些数据进行分析，使学生的学习情况完整地呈现在教师面前。教师可以通过多种方式主动了解学生的学习情况，如批改学生的作业、查看学生的学习反馈、统计学生在线平台的相关讨论等。教师及时关注学生的学习进展，确保学生已经掌握了当前阶段的技能，才能依照计划开展接下来的教学。除了上述方式外，学习跟踪系统和学生自我评价系统也是教师了解学生学习情况的有效工具。教师可以通过学习跟踪系统统计学生对教学材料的访问次数，推断他们对教学内容的掌握程度，同时了解不同学生的学习进度。自我评价系统不仅让学生对自己的学习情况进行客观评价，上传至系统平台，还帮助教师掌握学生的学习目标达成情况，从而调整教学策略。从这个角度看，自我评价系统既让学生对自己的学习表现进行了客观评价，也反映了教师的教学成效，实现了对教师的监督。

3. 全方位混合

（1）线上线下混合

对于混合式教学而言，线上与线下即在线网络教学与传统课堂教学的结合是最表层的含义，这也意味着，只要是混合式教学，就都符合线上与线下混合这一特点。在大学体育教学中，线上教学与线下教学的结合打破了两者之间的界限，使这两种教学方式融为一体。不论是线上教学还是线下教学，其目标都是高效完成教学活动，让学生在良好的氛围中习得体育技能。例如，教师可以利用在线平台发布视频教程，学生在课前观看视频，初步了解动作要领；在课堂上，教师则重点进行示范和指导，学生在实际操作中内化技能。这种混合模式不仅丰富了教学手段，还提高了教学效率。

（2）教学理论混合

由于体育教学的复杂性，教育界并不存在一种通用的教学理论。教师应当根据教学的实际情况采用多种不同的教学理论。目前，公认的对体育教学效果具有积极作用的教学理论包括行为主义教学理论、认知主义教学理论和建构主义教学理论等。在技能的传播与转换方面，行为主义与认知主义教学理论的优势最为明显，能够极大地促进学生对技能的学习、内化与吸收；在均衡教师的教与学生的学方面，建构主义教学理论表现得更好，能够指导教师建构有利于学习发生的教学环境，从而推动整体教学目标的实现。

不同的教学理论具有不同的特点，它们对教学的促进作用也各不相同，因此，教师需要在分析教学内容、教学目标、学生学习情况等基础上，灵活应用各种教学理论，这是混合式教学所倡导的教学理论的混合，唯有如此，各教学理论的作用才能最大化地发挥。

（3）教学资源混合

混合式教学中的教学资源混合在大学体育教学中表现为以下几个方面：

第一，教学资源内容的混合。随着社会的发展，单一的体育技能型人才已经无法满足用人单位的需求，综合性体育人才培养成为高校的重要任务。学生在学习过程中，不能仅仅接受某一门体育技能的训练，而是要广泛吸收多学科的内容，在混合式教学资源内容的推动下，形成系统条理且发散的知识体系，从而增强自身的社会竞争力。

第二，教学资源呈现方式的混合。教学资源是学生体育技能学习的主要来源，基于混合式教学，越来越多依托互联网与多媒体的资源呈现方式衍生了出来。学生完全可以在学习课本的基础上，借助新型的资源呈现方式加深对技能的理解。例如，通过观看在线视频教程、参与虚拟现实训练等，学生可以在多种资源的综合运用中提高学习效果。

第三，教学资源整体的优化与整合。在线学习资源与传统教材中的学习资源融合，使学生获得了庞大的学习资源库，其多种多样的学习需求基本能得到满足。但与此同时，庞大的学习资源库中也产生了许多低质的内容，如同一技能的重复讲解、同类技能的分散讲解等，这样的资源不利于学生的高效学习，也造成了资源浪费。因此，教学资源必须在混合的基础上实现优化与整合，确保学生能够高效地利用优质资源，提升学习效果。

混合式教学在大学体育教学中的应用不仅改变了传统的教学模式，还促进了师生角色的转变，重新分配了课堂时间，提升了教学效果和学生的学习积极性。通过线上线下混合、教学理论混合和教学资源混合，混合式教学为大学体育教学带来了全新的面貌，为学生提供了更加丰富、个性化的学习体验。

第四节　体育说课与模拟上课教学实践

一、体育说课教学活动

体育说课作为学校体育教研的一种形式，现已成为体育教师认真备课、钻研、探讨教学问题的好方法，是提高教师素质、培养造就研究型教师的有效途径之一。说课不仅丰富了备课内容，而且为促成有效课堂教学奠定了基础。备课是教师凭借掌握的知识及课堂经验去思考设计课堂，而这种思考是隐性的；上课是传授体育知识、技能，培养学生能力的基本形式；说课则结合了备课与上课的优点，即教师把自己隐性的思维过程及其设计教学活动的理论依据用简洁、清晰的语言表达出来。此外，教师在说课过程中难免会发现备课中不易发现的问题，可以通过补充、加工、修改，加强教学准备工作。

说课活动作为一种教学研究方式，是一种外在的力量，但它又需要通过教师自身的参与才能达到目的。因此，说课是借助外力，促使教师内因发生变化的杠杆。这种有明确目的、为教学所需求的活动，旨在提高教师素质和课堂教学质量。其通过固有的活动方式，能有效地提高教师的教学业务水平，并在课堂教学研究中发挥它的作用。说课的基本方式是运用现代教学任务分析技术，把教材研究的方式用一定的教学技术规范化，使教材研究成为每一位教师都易于掌握的技术，从而有利于教师把握教材，提高教材研究的水平，为传统的教学活动注入现代教育的要求。

说课活动极大地调动了体育教师投身教学研究、学习教育理论、精通专业理论、钻研课堂教学的积极性。说课，对于教师了解、研究和评价一节课，专题研究某一教学内容，以及提升教师课堂教学水平具有重要的意义。即说课能反映教师课前、课后的各种活动、教学设计理念以及课程实施过程中的教学策略与认识等，这种教研活动为我们寻找到了运用集体智慧共同提升教师教学水平的有效途径。在一定意义上它也找到了教学理论和教学实践的有机结合点，即备课、上课、评课的有机结合点。

由此可见，教师可将体育教学的理论与实践有机地结合起来，并集备中说、说中评、评中研、研中学于一体，这是优化课堂设计、提高教学效果、强化教学水平的一种有效途径。这种把个人研究与集体研讨融为一体的教学研究活动，既能集众人的智慧，又能发扬个人的风格，使学校教研组活动真正成为落实学校体育教育教学工作的基本阵地。

说课的兴起是教育事业发展的需要。随着教育改革的深入，说课将作为教学研究的一种形式获得发展。说课的好处很多，从不同的角度看，有不同的答案。体育说课在教学活动中的意义主要包括以下五个方面：

（一）营造和谐的教研氛围

自从提出了体育说课的概念，广大体育教师就迅速地接受了它，并且把它转化为自身的教学实践行为。由此不难看出，说课这项教研活动有利于各学科的教师从理论走向实践，有利于教师从实践中不断反思，有利于教师从集体的智慧中汲取营养，这也是一线体育教师教学实践的迫切需要。

体育说课是将静态的个人备课转化为动态的集体探究，由此形成一种发挥群体优势的研讨氛围。教师在说课中所阐述的教学设计往往是带有自创性的经验成果，它所营造的教研氛围，有助于引导广大教师自觉地从经验型向探究型、学术型转变。在说课中，专家或评委的评价能充分体现真实性和准确性，以较高的教育素养、鉴别能力进行高层次的切磋和交流，这就很自然地增加了教和研的深度，有利于教师认识教学规律，把握教学研究的方法，提高教学研究的能力，有效地改变体育教师只"教"不"研"的现状，促进"教"和"研"的有机结合。

目前，说课主要以一种同事、同行间共同探讨的形式，针对具体问题提出自己的看法和建议，在和谐中养成自觉探究和思考教学问题的良好习惯，这为学校体育教研活动的开展营造了一个良好的氛围。

（二）促进教师的专业发展

体育教师专业发展是教师专业成长和教师内在专业结构不断更新、演进和丰富的过程，包括观念、知识、能力、专业态度、动机、自我专业等方面的发展。体育说课不仅要求体育教师立足于实践，而且要求教师必须有一定的理论素养，这样才能使说课以一种最精练、最准确的方式把其所有想法表达出来。

短短20分钟左右的说课，实际上能够比较全面地折射出一个教师的基本素质。体育说课要求说课者既要有深厚的体育学科专业知识，又要有较好的体育教育教学理论知识，更需要有较强的体育理论联系实际的应用能力和研究能力。因此，教师要说好课，寻求本人教学特色的理论支撑点，不仅要认真钻研教材，而且要自觉学习相关的体育教育教学理论，还要查阅大量相关教育教学资料。

说课活动的开展，促使教师从看教学参考书、教案转移到认真学习、钻研教育教学理论上来，把刻苦学习教育学、体育心理学、体育教学基本原理等理论知识作为一种直接的内在心理需求，养成自觉运用体育教育教学理论指导教学实践的习惯，促进体育教师走"自我更新"的专业发展之路。在基础教育课程改革的背景下，传统的教学观念、教学方式将受到前所未有的挑战，其中很多都关系到理论与实践相结合的问题，如体育教学理念的转换、教学内容的选择、教学目标的把握、教学方式方法的更新、学生评价的合理性与准确操作等。

每个教育者面对的都是不同的教育环境、教学内容和教学对象，这需要教师具备根据实际情况进行有效教学的能力，而不是靠生搬硬套现有的教学模式。体育说课教研形式是在激发个人和集体智慧中融合每一位体育教师的智慧，把个人困惑或难以解决的问题在集体的智慧中分解。体育教师专业发展的路径很多，如培训、集中学习或其他自学方式，而说课恰恰是立足于教师的教学本质，立足于体育教学实践，是对教师真实的教学状态、教学水平的一种检验和激励。同时，说课还能促进教师之间的有效合作，促进学校体育教育整体水平的有效提高。

（三）促进教师教学反思

教学反思是教师自觉地把自己的课堂教学实践作为认识对象，进行全面、深入地思考，再以体会、感想、启示等形式进行总结。反思自己的教学行为，对整个教学过程进行回顾、分析和审视，总结教学的得失与成败，才能形成自我反思的意识和自我监控的能力，才能不断丰富自我素质，提升自我发展能力，逐步完善教学艺术。体育教师说课是把体育教学理念、教学目的、教学内容和教学方式方法融为一体的过程，它反映的是教师对教学理念、教学策略和教学设计的思考。

对于说课者而言，说课是要把课堂教学操作行为以概括性的语言阐述出来。因此，说课对每个教师来说有一定的内在驱动力，它能引发教师去思考，去努力完善自我。说课这种活动方式，也在无形地引领教师对教学进行比较系统和深层次的反思，反思的意义在于对原教学中的一些问题进行归纳和解决。每位体育教师在教学实践中都有自己独特的体验或经验，教师都希望在集体活动中能有自己独特的见解或能有所创新。这样的集体活动氛围，有助于激发教师对课程改革的思考、对教学方式方法的更新以及对如何有效教学的思考。

创新源自对问题和现状的反思，创新需要一些真正能激活教师思维的动力。说课就能够促成教师在反思基础上去发现问题，去寻找新的突破点，这样就容易引起教师在教学上的创新。因此，说课是一种形式和手段，当我们很好地掌握了这个手段，能很好地对体育教学规律、教学本质加以理解和认识时，这种手段就会带来巨大的教学变革。

说课要求教师在对教学设计进行表达时要讲清为什么要这样教，以及如此设计的与众不同之处在哪里，这样就能将教学思路引向如何改变教学和行为，使得教师能够进一步推进教学改革，实现教学创新。从此种意义上说，说课是促进教学反思和推进课程改革的有效手段。

（四）搭建教师的交流平台

课程改革在很大程度上离不开教师的集体合作，能加强教师间的集体合作意识。体育课程内容庞杂，具有很强的综合性。体育教学活动离不开场地器材的统筹安排，离不开学校体育活动有序地排列和教师之间的配合。体育运动项目繁多，学生有不同的运动兴趣与爱好，如何去满足不同性别、不同年龄学生的运动兴趣，如何有效开展体育教学等，这些问题，在集体的合作中，会很好地得到解决。

说课这一教研活动能有效地让教师聚集在一起，共同探讨每一个人所遇到的问题，在和谐的教研氛围中，容易达成共识或找到最佳的解决方案。过去在教学研究、教学总结等方面做得还不够细致，以至于在很多情况下，一线体育教师在教学实践中做得很好，但在说课时却不知道如何去表达，如何去提炼总结，结果就会使得教师一谈起教学科研时就觉得自己不行，认为这样的事情只有专家才行。在现实教学中，如何才能有效地把实践操作与理论知识结合转化为教学资源，是每位教师面临的问题。

说课可以为广大教师提供一个广泛交流、表达和展示才能的平台。通过说课，教师可以把自己在教学中所总结和秉持的教学观点、教学认识、积累的教学经验，甚至是自己在教学中所产生的情感以及所想所思，通过说课的具体方式形象地表达出来，以便与同行进行广泛的交流和总结，这样不但能够提高教师的教学水平，而且能够通过某一单元、某一课的教学内容概括出新的理念，获得更多的经验。

（五）促进体育教学的评估

很多学校、教育行政部门由于看到说课这项教研活动在推进教学改革、提高教师专业能力、促进学校整体发展方面有着积极意义，同时具有可操作性、可评价性，所以把说课纳入教学管理、教学评估之中。目前我国很多学校在聘任体育教师时，就以说课来考查教师的专业能力和专业水平，这意味着说课已成为评估教师能力和水平的一个重要方式。近些年来，说课能迅速地从一个研究成果转化为教育行政部门的决策，转化为教师的实践行为，也从另一个侧面说明了说课的价值所在。

说课与备课、上课等教学环节既为一体又有区别。说课是对备课、上课等教学环节的规范与制约，但三者又有着共同的目标指向，因而又是统一的。这就要求我们在体育教学实践中既要抓住各自的实质，明确各自的不同任务和特点，不能相互混淆或取代，又不能割裂他们之间的联系，即不能脱离备课与上课去孤立地研究说课。

说课要以备课为基础，以上课为归宿，架起由备课通向上课的桥梁，使各个教学环节构成一个紧密的链条，据此形成教学设计、说课、上课的理论与实践相结合的教学整体。

体育说课的核心问题可使教师在备课、上课过程中的理论依据得以充分体现。体育说课中不仅要说"实"，即说教什么、怎么教，而且要说"虚"，即说出教什么和怎么教的理论依据。这样才能够使体育教师的教学冲破狭隘的个人经验与习惯，使教学成为高度自觉、合理的活动。

二、体育模拟上课教学实践

模拟上课是在没有学生的情况下，通过教师的讲述，将预设的课堂教学虚拟展现出来的一种展演课的形式。模拟上课与现场上课不一样，与说课和课堂实录也不一样。

模拟上课，是一种模仿真实的课堂，即在没有学生参与的场景下完成的虚拟教学活动。由于模拟上课所用时间短，又不受场地、天气、器材等因素的限制，所以发展非常迅速，在招聘、评课、赛课、职称评定中频繁出现，成为考查、评定教师教学技能的方式之一，目前更是得到了广泛运用。模拟上课作为一种新型的教研活动方式，弥补了说课时不能考查体育教师运动技能的不足，它对教师的专业发展具有一定帮助。

在体育教师的教学基本能力中，备课是上好课的前提，备课给教学提供了理论依据，说课能促进教学思考，"模课"更能将理论升华、实践绽放。由备课到模拟上课，体育教师需要准确地把握学情和教情，改善预设，提高应变能力，思考如何教好，这样，才能从根本上提高教师的备课质量，使课堂教学更加科学、合理、可操作和有效。课堂教学是师生互动的双边活动，体育模拟上课能将真实的课堂"浓缩"，将冗长的课堂教学时间进行压缩，虽然不能十分精确地反映上课的实情，但至少给了更多教师展示驾驭课堂的平台，是说课的一种补充和延伸，其主题鲜明，重点突出，是经济、实效的教研活动。体育模拟上课对教师的专业素养有一定的要求，这就促使教师要不断地学习、充实，更新理念，提高理论水平。模拟上课时教师要用自己的语言和动作展示教学思路和设想，这无形中提高了教师的语言组织能力和表达能力，以及动作示范能力和课堂组织能力，促进体育教师自身素质的提高。

与说课相比，体育模拟上课更侧重于教师综合素质和实践能力的反映，因此也更适合当前的教育改革趋势。说课要说教材的内容、地位、教学目标、重难点，不仅要说出"怎样教"，还要说清"为什么这样教"，要让听者不仅知其然，还要知其所以然，比较侧重理性层面。模拟上课则是说课的延伸和补充，选取说课中的教学流程这一部分把它具体化，把教材的内容、地位、教学目标、重难点等通过模拟上课表现出来，更侧重于实践性。体育教师在模拟上课过程中模仿实际教学情境，但没有学生的配合，把需要40分钟的体育课堂教学在15分钟之内展现出来，从体育的特性来看，这比模拟文化课堂难度更大。模拟上课与说课中说的教学流程有一个共同的特点，就是应抓住本节课教师认为是亮点或重点的地方加以重点突破，详细阐述与展示。

基于模拟上课是实践教学的浓缩版，是教师模拟上课的真实情境，是把体育课堂教学中的过程在没有学生的情况下用自己的肢体动作、场地器材变化、语言表达，以虚拟的活动形式描述出来，因而模拟上课能更真实地反映出教师的基本素质、业务水平和组织教学能力等。模拟上课与真实上课的不同是模拟上课没有学生的直接参与，它要求教师做好充分的预设并在相应的学生活动环节中巧妙过渡；而真实上课除了有学生的互动参与，还掺杂了突发的、不可预见的体育教学事件，对教师的课堂调控能力和教学洞察力有更高的要求。

模拟上课将个人备课、教学研究与上课实践有机地结合在一起，突出了教学活动中的主要矛盾和本质特征，同时又能摒弃次要的非本质因素，使教学研究的对象从客观实体中直接抽象出来，具有省时、高效的特点。它把传统的说课和课堂教学合二为一，浓缩并结合，更高层次地展现了教师的综合素质。

模拟上课能较好地体现体育教师的教学技能和模仿能力，它整合了传统的说课和真实上课的一些优势，丰富了教学手段。体育模拟上课教学形式是评价教师教学专业基本技能的方法手段之一，也是教师获得钻研教材教法、关注学法经验的重要途径。但体育模拟上课的不足之处也是明显的，其课堂上只有预设的事件，不能很好地展现教师处理突发事件的能力，对教材内容的融合缺乏仿真的灵活运用。

因此，体育教师要不断提升自身的教学基本功，扬长避短、用巧补拙、注重环节、把握细节、突出重点，在模拟上课时，注重将模拟上课与真实课堂教学有机结合，最终达到教学最优化，使模拟上课绽放光彩。

第五章 大学体育教学改革

第一节 大学体育教学训练改革

一、大学开展课余体育训练的重要性

随着我国素质教育步伐的不断加快，为了确保学校体育工作顺利开展，教育部门对大学体育教学提出了更严格的要求，使得大学体育教学必须在原有的基础上，开展多种形式的课余体育训练活动，使大学生在掌握良好的运动技能基础上具备健康的身体和心理素质。这就要求将学校课余体育训练的重要性提到一个全新的高度。大学课余体育训练不仅可以丰富大学生的课余文化生活，同时还可以帮助国家体育部门发现更多的体育人才，这对增强我国体育运动在世界范围的竞争力，推进我国体育事业的发展有着不可忽视的重要作用。

二、大学课余体育可持续发展策略

（一）树立课余体育训练的正确认知

现阶段，在《体育强国建设纲要》大背景下，大学课余体育训练仍然是体育教育活动的重要部分。大学领导应该提高对本校课余体育训练的重视程度，并根据本校的未来发展和大学生的实际情况正确解读体育各类项目课余体育训练的指导思想，并要求教师和大学生要重视课余体育训练，同时在训练中要积极挖掘大学生体育专业特长，以此促进大学生的体育运动能力和知识文化水平的共同提升。

（二）打造高素质专业教师队伍

作为现阶段的大学，为了更好的发展就必须要有长远的发展眼光，因此学校要经常组织体育教师进行学习和进修，并在平时给教师提供更多的教研科研的平台，这样不仅可以提高体育教师的综合素养，还可以增加教师之间的互相交流与共同成长。体育教师通过定期的专业学习和进修后，就可以从兼任的角色转变成专业精通的体育教师，这对提高大学课余体育训练水平和质量有着重要的作用。另外，担任课余体育训练的教师在教学中也要对教学模式和方法不断进行改革和创新，并根据大学生的体育爱好特长采取有针对性的培养措施，从多方面创新教学方式，优化学习内容，挖掘大学生的体育潜力，使大学生的文化水平和体育能力都可以得到全面的提升发展。

教师应注重提高课余体育训练的教学质量，为大学生打造出具有本校特色的课余体育训练氛围。实施过程中采取丰富多彩的形式，以此来吸引更多的大学生参与到课余体

育训练当中，例如开展"体育超市"的活动来吸引大学生眼球，使得体育运动成为校园中最亮丽的风景。教师在教授足球、篮球、羽毛球等传统体育项目时，还要向大学生传授相应的体育精神。除此，也可以给大学生提供多种体育项目选修，在安全保障条件合格的前提下，开展攀岩、越野、运动健身等个性化训练项目供大学生选择。

（三）为大学学习注入"正能量"

大学在教学中要积极转变教学观念，并将先进合理的体育教学机制贯穿在整个大学教学中，从而使大学生在提高文化水平的同时，还可以具备健康的身体和良好的体育精神。现代社会不仅需要文化水平较高的人才，同时也需要身体素质过硬且具有良好品质的人才，因此学校在培养大学生时必须注重体育素养和文化水平共同培养，这样才能使大学生具备较强的职业生涯竞争力，而科学合理的课余体育训练是达成这一目标的有效途径。

（四）加大体育设施投入与建设

为了促进课余体育训练的有效开展，学校的首要任务就是要对体育设施、设备以及场地进行全面的完善和更新，并根据具体的体育项目建立适合大学生的体育运动措施制度，这样才能促使大学生积极主动地参与到课余体育训练当中，提升实际的实施效果。例如，有条件的大学可以为大学生建立攀岩训练基地和素质拓展训练相关训练设施，同时所有的运动场地都要建设环保塑胶场，并在篮球和足球场中加入大量的夜间照明设备等，这些设施的建立不仅可以有效提高大学生参与课余体育训练的积极性，同时还可以有效防止大学生在体育训练中出现不必要的伤害。此外，在课余体育教学中大学还可以组织教师和大学生到这些场地中开展社团活动，并指派优秀的体育教师对大学生的体育活动进行专业的指导和编排，以此来激发大学生的训练参与热情和积极性，同时也可提升大学生的课余体育训练质量。

三、课内外一体化体育教学训练改革及创新模式

（一）课内外一体化模式界定

课内外一体化改变以往单一的体育教学训练方式，在大学生身体全面发展方面满足了多元化体育教学训练需求，在中国通常采用课内和课外体育教学俱乐部相结合的方式来实施，同时承担着课堂教学任务、业余体育训练以及余暇锻炼，是大学生体育训练和课堂教学的具体形式，逐渐演变成体育教学体系中的一种新模式。这种模式以常规体育课为基础，平时经常有计划、有目的、有组织地开展体育运动训练以及课外锻炼等，同时对体育运动训练、体育培训等实行学分制，以合适比例纳入体育总成绩测评。

（二）课内外一体化体育教学训练改革及创新模式

某大学大胆尝试课内外一体化改革与创新实践。如果对全体学生锻炼进行要求，这项工作的实施以及考核是不易开展的，因此该大学将学生平时参加体育训练的次数纳入

总成绩中来加以约束，具体措施是课外体育活动有课余体育活动、体育竞赛、晨间锻炼以及体育俱乐部活动等内容，相关部门规定每个大学生要参加的最少体育活动次数，并统计计入期末总成绩，没有达到相关标准的，会计入国家相关健康标准。

（三）加强体育教学训练内涵建设

体育教学训练内涵建设的核心环节是体育课堂教学训练，这也是体育教学改革和创新的关键。一直以来大学体育教学向学生传授的多是体育专业知识和理论内容，并没有形成契合学生需要的内容体系，而未来大学体育教学训练的改革与创新的内容体系要融入注重学生个性创造、以学生为本、锻炼学生习惯以及培养学生体育意识等内容。学生在具体的体育教学训练中掌握体育技能、技术、基本理论以及锻炼的方式方法等，激发学生体育训练的兴趣，使学生具有体育训练的能力并逐步养成终身身体训练的习惯。具体的措施可有：通过外聘教师方式来实现学生需要和教学内容的多元化，将学生喜欢的训练活动和体育专项紧密结合，使学生通过多样的体育训练方式来加强身体素质以提升学生综合素质和能力。

（四）课内外一体化体育教学训练改革的保障机制

为了使课内外一体化改革体育教学训练有更好的效果，还要有相应的保障机制，如提供开放的运动场地，采取延长开放时间来解决场地有限的问题，以便多形式、多组织、多层次的体育训练活动的开展。另外，根据国家相关健康标准大学要具有一定数量的握力测试仪、台阶实验测试仪、骨密度测试仪、肺活量测试仪、身高体重测试仪以及立定跳远测试仪等仪器。同时也要有体育成绩管理软件记录体育训练的考勤、成绩，经过汇总、计算和统计后上传到相关平台，真正做到数据一致互通、三位一体化。

四、教学—训练—竞赛三位一体的体育教学训练改革及创新模式

（一）"三位一体"教学思想深化

近年来，教育部在大学体育教学训练上的指导思想是"课内外一体化"，坚持体育课堂教学，有计划、有组织、有目的地开展多样形式的课外活动，将体育课堂教学和课外训练紧密结合，并将课外训练的综合表现根据合适的比例计入体育期末总成绩中。"三位一体"教学模式是其中一种深化和细化方式，将终身体育理念融入教学，课外训练和课内活动紧密结合、融为一体，最大程度地拓展了体育教学训练的时间、空间以及广度，提升体育教学质量和水平。该模式的最高教学目标是培养大学生体育综合素养；主要内容有课外竞赛、课外训练以及课堂教学三部分；大学生是体育训练的主导者、参与者，教师起引导作用；将课堂教学分层再融入多种形式的竞赛活动、课外训练等；对课外活动表现及课堂教学定量考核进行综合评定以此作为最终考核结果。

（二）"三位一体"模式中课堂教学体系的打造

在"终身体育、健康第一"的指导思想下，结合以往成功案例并深入分析教学改革

发展趋势及整合各专家意见，构建"三位一体"体育教学训练模式框架。在"三位一体"体育教学训练体系中，理论教学是基础，一般安排在每学期的前两周进行集中学习，主要有场地器材、基础理论、体育技能、竞赛体系以及体育训练方法等内容，其余细节理论知识会穿插在每次的体育训练中。通常理论课相对抽象、晦涩难懂和枯燥，从很多大学生喜欢看赛事着手，利用多媒体播放视频同时教师或是邀请国家队队员边看赛事边对赛中的精彩技术、重点难点、要点等内容进行讲解和展示，不仅将实操和理论相结合，还复习巩固了体育理论知识，加深大学生对理论知识的理解从而更好地应用到实际中去。分层教学是建立在全面了解每个大学生的体育技能水平以及身体素质的基础上的，根据体育技能水平将大学生分成基础组、进阶组以及高水平组，实际教学训练中，重点关注基础组使之熟练掌握体育训练的基本技能和锻炼方法，达到相应的教学目标；在进阶组之间组织比赛以提升其基本技术和技能，充分调动其自主学习意识和学习积极性使其向高水平组看齐；高水平组内部可有计划地组织业余或课堂训练或竞赛，重点打磨其战术和技术，并在考虑大学生意愿的情况下为校队选择储备队员。

（三）"三位一体"模式中"训练—竞赛"体系的打造

体育教学训练体系中，竞赛是体育训练教学的延伸，起到补充完善的作用。多数体育训练对大学生的动作领悟能力要求较高，对此可采取"互助式"训练，教师巡回辅导，有目的地组织多种形式的竞赛来检验学习成果，让大学生切身体验体育训练、及时发现对技战术的不足之处并及时改进。这种实战形式包含了竞赛展示、发现不足、分析并解决等系列环节，理论与实践相互促进，最大程度地提升了体育教学训练效果。

（四）"三位一体"教学模式的考核评价

在"三位一体"教学模式的教学评价方面采用多元化的评价机制，重新整合和分配课堂教学和体育训练的学分学时，通过增加"训练竞赛"在考核中的占比来使大学生更多地参与到课外活动、课外训练中来。该评价机制包含理论素养、课外参与、技战术水平、情感态度及身体素质等内容，不单是定量的成绩评价，注重对大学生在训练过程中的学习、训练等表现的综合评价，更客观准确更贴切于大学生的学习效果。实践证明，"三位一体"教学模式的评价原则能更好引导大学生自主学习体育理论知识、参加课内外体育训练和活动，有助于提升大学生的综合体育素养。

五、素质拓展训练的体育教学训练改革及创新模式

（一）素质拓展训练

素质拓展训练与一般体育教学训练不同，以大学生为主体，遵循学习和实践相结合的原则，结合大学生自身情况来强化大学生体育综合素质的一种体验式体育教学模式。这种体育教学模式不仅训练大学生体能还注重强化大学生心理、激发大学生潜力等方面的训练，与现代大学体育教学发展方向相匹配。很多大学在体育教学训练中不断转变教

学思维，将素质拓展训练融入渗透到体育教学训练中，充分调动了大学生参加体育训练和课外活动的积极性，有效提高体育教学训练效果，促进大学生体育综合素质的培养以及德智体美劳全面发展。

（二）体育教学训练中素质拓展训练存在的问题

目前素质拓展训练在当下的体育教学训练中仍存在很多亟须解决的问题，如创新性不强、安全性保障欠缺以及师资队伍构建不完善等。理论上来说，素质拓展训练在综合素质提升方面有很高的价值，实际上大学体育教学中教师不是特别重视素质拓展训练在体育训练中的应用，存在形式化主义，仅开展简单体能训练，没有将体育教学和训练、课外活动紧密结合，导致素质拓展训练没有充分发挥作用；部分大学在开展素质拓展训练时，创新地组织行走、爬山或攀岩的户外活动，但这些活动充满着很多不确定因素，缺乏相应的安全性保障。另外每个大学生的身体素质也不尽相同，加上近几年物质生活水平大幅度提升，很多孩子吃苦耐劳的精神和能力偏弱，这些因素都可能引发风险，这使素质拓展训练活动的开展存在一定的难度。由于大学体育教学训练长期不受重视，在招聘体育教师时没有提出严格的标准，因此很多体育教师自身的专业知识水平普遍不高，这给素质拓展训练在体育教学训练中的应用又增加了难度。

（三）体育教学训练中素质拓展训练的应用途径

素质拓展训练的核心理念是让大学生在体育训练或体育活动中体验，以大学生为主，教师起着组织和引导的作用，如某大学体育教学训练中开展"同舟共济"为主体的体育活动，教师将大学生随机分成几个小组，给每个小组发一定数量的塑料板，让某小组所有成员站在塑料板上由其他小组成员选择去掉哪一个塑料板，统计不同小组在板上的时间，通过这种互动，锻炼了大学生运动协调性、促进了生生之间、大学生和教师之间的沟通交流；在开展任何的体育训练项目时安全原则是首要原则，体育教师要做好相应准备工作、认真检测场地及使用器材等，有效减少或避免风险发生。同时，教师要向大学生示范科学的训练方法，确保大学生都充分理解训练要点，以最大限度地预防各种意外伤害发生，这不仅有效保障训练中大学生的安全，还有利于提升大学生的自我保护和安全防范意识。学校要有意识地提高体育教师的专业水平，组织体育教师进行专业训练学习，为教师提供良好的学习素质拓展训练相关理论和内容的平台。体育教师也应转变教学训练思维，对教学进行反思并总结经验，不断改进教学训练方法。

第二节　大学体育教学人文改革

一、大学体育教学人文改革之体育文化的建设

（一）新时期背景下我国进行大学校园体育文化建设的价值

所谓的校园体育文化，主要指的是一种特定的文化，限定在学校这一范围内。建设文化的首要条件就是开放，这是因为如果开放的情况不存在，那么就会导致文化建设停滞不前。

新时期的大学校园体育文化已不再停留在传统的肌肉式体育。全新的体育教学模式完美地融合了娱乐和实践、教育和运动、体育和文化、操作和欣赏，衍生了一种更为优越的体育文化环境。现代体育文化具有一定的开放性，这一点主要体现在学生不再只是参与校园体育活动，还会投入学校与学校之间的体育交流和竞赛活动中。

竞技体育所蕴含的价值观念同现代社会所蕴含的价值观念能够互相适应，对于校园体育文化而言，它不仅仅具备开发性特征，还具有独特的教育价值，能够使学生的主人翁意识和社会责任感在学习过程中得到更好的培养，使自身的竞争意识得到加强；同时，还能够让学生在社会环境中更好地适应自己的位置，不断完善自我，日渐成熟。

体育不仅仅是身体方面的问题，还包含了伦理与心理等多个方面的认识与应用、培养与训练。在科技与教育快速发展、知识密集的大时代环境中，如果想要进取、拼搏，人们在具备强健体魄与良好文化基础知识的同时，还应该具备高尚的道德品质与健全的心理素质。对于大学体育教师而言，为了能够培养出更多祖国需要的具有良好心理素质与优良品格的全能型人才，教师应该同学生的个性特征相结合，对其性格优势进行充分挖掘。

此外，校园体育文化的建设与发展需要建立在人自身素养的建设问题上，人自身的素养的形成不仅包含了先天因素，还会受到后天培养的影响，所谓的人的素养，是人的身心发展状况、品格的具体体现。

1. 能够发展学生的智力

所谓的智力，主要指的是一种能力，能够对客观事物进行认识，对运动知识进行掌握，并对具体的问题进行解决。智力的包含因素一般主要有想象力、记忆力和观察力等等。

智力的发育首先需要大脑发育成熟，体育运动能够对人的身心健康发展起到一定的促进作用，大学体育教育的理论基础正是源于此。然而，需要注意的是，对于大学生而言，并不是一切运动都能够促进他们的身心发展，大学体育教学的最终目的，是使学生对体育运动的作用和意义产生一定的认识，积极开展科学的、合理的体育锻炼活动，进而使学生参与体育运动的主动性与积极性得到培养，促进良好体育锻炼习惯的形成。大学校

园体育文化可以在一定程度上对大脑的发育起到促进作用，同时还能够使学生的身体机能得到改善，为日后大学生走出校门、融入社会创造良好条件。

教师在体育教学开展的过程中，可以对多种体育教学方法进行应用，例如，如果想要培养学生观察问题、解决问题的能力，就可以使用示范法、观察法和比较法；如果想要使学生的想象力与记忆力得到加强，就可以引入技术动作展开训练；如果想要对学生的拼搏精神与集体主义精神进行培育，那么就可以采用体育游戏教学比赛的方式。体育教学给人们带来的是价值较高的思考与启发，以及受益匪浅的教益。

现代人应该具备的文化素养有很多，例如，对自我生理极限的挑战精神、听从裁判指挥的服从意识以及创造力等等。所以说，不管是观察者，还是参赛者，都会获益匪浅。此外，校园体育文化还能够使学生的学习效率得以提高，促进学生智力的全面发展。例如，在参与某一项体育比赛时，学生如果具有差不多的实力，那么就需要针对如何取得更好成绩的问题进行考虑，如此一来就能够更好地开发学生的智力。

2. 促进学生体育全面个性化发展

大学体育教育的教学方式是鼓励学生根据自身的兴趣爱好积极参与到具体的教学活动中来，学生可以通过不同的体育教学活动满足各自的兴趣和健康要求，以此达到全面发展的目的。大学体育文化建设的最终目标是增强学生的体育锻炼能力，树立正确的体育文化精神，让其亲身参与到体育运动中感受体育运动的魅力和精髓，培养良好的体育文化素养，使其身心得到共同发展。

3. 提高学生学习的积极性

新课程改革始终坚持以学生为主体、教师为辅的教育观念，凸显学生的主体地位不变，教师的作用主要是以引导为主。那么，以学生为中心的教育观，不仅仅体现在体育教学方面，还体现在体育活动中学生与社会环境以及学生交往之间的关系。以学生为主体就是要让学生积极主动地参与到学校组织的各项体育活动中来，充分调动他们的积极性，体育活动的每一个环节都应该要求学生亲力亲为，让他们在体育快乐中感受体育文化带来的成就感，通过学生的亲力亲为真正做到以学生为主体的教育观，进而达到促进大学学生身心全面发展的目的。

4. 发展我国大学体育文化内涵

大学体育文化建设离不开大学师生的共同努力，它不仅构成了校园文化教育，也是体育文化创新发展的重要构成部分。如果能借鉴国外的体育文化精髓，并将其运用到我国的传统教育体育文化中来，使二者有机地融合在一起，这将对发展我国的大学体育文化内涵具有重要的促进作用。

（二）大学体育文化建设的基本要求

1. 思想上高度重视

大学领导与体育教师要在思想上高度重视，深刻认识体育文化建设对学校体育教育教学发展以及大学生健康发展的重要意义。大学领导要以高瞻远瞩的眼光制订学校体育文化建设的战略规划，要从宏观层面加强对体育教师与学生的领导，切实发挥教务处、学生会、体育社团的带头作用，确保学校体育文化建设落到实处。体育教师要以良好的职业素养，在坚持"以学生为本"的基础上积极创新体育教学方法，从"文化育人"层面积极推动体育文化建设。作为体育文化建设的直接参与者，体育教师要积极学习贯彻全国教育大会精神，有目标、有计划、有步骤地开展体育文化建设工作。建设过程中，体育教师要始终深刻认识体育文化建设的重要性，并不断探索与实践。

2. 坚持以学生为中心

大学体育文化建设应当坚持以学生为中心。以学生为中心的本质是"以人为本"。在体育文化建设过程中，大学领导与体育教师应贴近大学生生活实际，当代大学生的生活充满趣味性与休闲性且与网络关联度较强。基于此，大学领导与体育教师应当以网络为切入点，通过微信、QQ、微博等当代大学生非常熟知与喜爱的网络平台开展体育文化建设工作。大学体育文化建设工作要反映出学生的心声，关注学生的切身利益，强调从学生日常生活中挖掘体育文化建设素材。当代大学生生活在一个物质条件优越的时代，他们参与体育运动不仅是希望增强体质健康，还希望认识新朋友、学习新技能等等。为了满足大学生日益增强的体育学习需求，促进大学生多维健康（身体健康、心理健康、道德健康与社会健康）的全面协调可持续发展，大学必须坚持以学生为中心，构建出符合大学生发展实际的体育文化。

3. 打造高质量体育文化

大学体育文化建设不能做大、做空，而是要朝着高质量的方向建设。体育文化从属于文化这个大概念，而文化的建设其核心是价值观念的培养与发展。大学体育文化反映了大学的体育文化发展现状以及潜在的发展水平。推动大学体育文化建设，最根本的是要营造出符合我国当前体育发展成就与未来趋势的优秀文化。打造高质量的体育文化，应当聚焦体育文化的思想价值，一定要倡导"体育与健康""体育与大学生发展"等内容。大学必须把设计高质量的体育文化作为体育教育教学工作的中心环节，努力打造传播我国体育发展观念、体现我国体育精神、反映大学生体育审美追求的体育文化。大学是培养高素质人才的摇篮，应当将培育大学生的社会主义核心价值观融入体育文化建设当中，在建设过程中要用心思、在建设内容上要下功夫，使其内涵丰富、思想深刻，从而达到促进大学生全面发展的效果。

4. 充分发挥体育文化的德育功能

文化体现着价值导向，具有较强的德育功能。例如，体育运动员身上散发着良好的团队合作意识、竞争意识与强烈的荣誉感。对于大学生而言，无论参加体育比赛还是观看比赛，都能对他们的思想品德产生积极的影响。大学体育文化建设是铸造灵魂的工程，承担着以体育化人，以体育育人的职责。在新时期，社会企业对大学毕业生的要求不再局限于大学生的专业理论知识与技能方面，而是对大学生的思想水平、职业素养与道德素质提出了很高的要求。正因为如此，大学应当做好新时代大学生的德育工作。基于体育文化建设对大学生德育的重要意义，大学体育文化建设应当以培养德才兼备的时代新人为旨归。加强大学体育文化建设的重要目的之一，就是要通过优秀的体育文化来引导大学生的价值选择，塑造大学生的健全人格，进而为培养担当民族复兴大任的时代新人提供道德滋养。

5. 加强体育文化建设人才队伍建设

大学体育文化建设应当以体育教师队伍为基础。大学体育文化是给大学生以价值导向、思想引领与审美启迪的，而体育教师自身的思想水平、职业素养与道德素质直接关系到以上功能的实现。有鉴于此，大学应当加强体育教师队伍建设，不断提升体育教师的思想水平、职业素养与道德素质，在提升体育教师体育专业教学能力的同时，提升他们的体育文化建设能力。大学领导要牢牢把握体育教师意识形态的领导权，让体育教师对体育文化及其建设工作有深刻的理解与认知。同时，大学领导要为体育教师的体育文化建设工作提供必要的制度保障、资金保障与物力保障。另外，大学领导要积极鼓励体育教师在体育文化建设工作中的创新与改革，让体育教师在思想进步中推动文化进步，在创新改革中实现体育文化繁荣发展。

（三）体育文化建设策略

1. 大学体育物质文化建设策略

（1）科学布局，美化大学体育物质文化环境

大学体育运动场和体育馆既是学生和大学教育工作者锻炼、休闲、聚会的场所，又是反映学校物质文化的形象工程。随着各大学招生人数的日益增加，学校教学基础设施建设力度加大，大学的校园环境得到了很大的改善，为满足大学体育教学与训练的需要，许多大学都需新建运动场和体育馆完善体育设施。

大学体育场馆和基础设施建设是大学校园建设的重要部分，校园场馆的布局应科学、合理地协调与美化校园环境；反之，则与校园其他建筑物不协调，影响校园的整体规划和体育场馆的使用率，给学生的锻炼造成消极因素。科学、合理的布局是大学体育场馆设施发挥其价值的关键，同时也是整个校园环境协调的重要部分。因此，大学体育运动场和体育馆的布局，首先应该考虑其与学生宿舍和教师宿舍的距离应当适宜，便于学生和教师去参加各种体育活动；再次，要考虑其与教室、实验室等课堂教学设施的适宜距离，

体育活动是一种较为活跃的社会实践，如果与教室、实验室等课堂教学设施的距离太近，势必会相互产生影响。

（2）精心设计体育人文景观，提升大学体育物质文化品位

在文化的环境构建中，物质文化是精神文化的基础和保障，而精神文化又对物质文化起着导向作用。依据学校体育建设的需要，在校园内适当挖掘体现学校体育文化的人文景观，也可大大丰富大学体育物质文化，起到对学生潜移默化的作用。大学人文体育景观的设计与建筑也是人们对体育的理解和诠释，充分体现了人们的智慧。每所大学由于其办学历史、办学理念、办学区域、办学方式的差异，以及传统校园文化与时尚体育文化的影响程度不同，各自形成了具有一定特色的大学体育文化。这种特色的大学体育文化最为直接的表达与诠释就是大学体育场馆的建设与体育雕塑等的建设。大学体育人文景观是提高大学体育文化品位的基础，是大学体育文化的外在标志，对于形成良好的校园体育锻炼氛围和宣传大学体育有着积极的作用。校园内的每一座体育雕塑都在宣传体育运动，倡导体育精神，活跃体育气氛。

（3）建立教师进修保障机制，优化大学体育人力资源

大学体育教师是大学体育物质文化建设的重要主体。政府要保障体育教师的进修机会，大学要有计划、有目的定期选取一定数量的体育教师进修学习，从而带动本校其他体育教师综合素质的提高。

同时，有关部门要加强"以人为本"的理念在大学的指导作用，深化大学体育教学的改革，为体育教师的发展提供更多的机会，加速体育教师观念的更新；要定期举办体育理论研究研讨会，加强体育教师之间的合作，提高体育教师的人文素养；要加强大学生体育观的转变，使学生树立体育是一种生活方式、生存动力的科学意识，提高对体育课的重视程度。

2. 大学体育制度文化建设策略

（1）结合实际，建立健全大学体育规章制度

大学体育规章制度是各大学根据学校自身的实际情况，依据国家制定的有关学校体育法规，确保学校体育活动实施的行为准则。大学体育规章制度制定的目的有以下两点：

①完成国家有关体育法规规定的体育教学任务、训练与竞赛以及群众体育活动的开展。

②继承与发扬学校优良的传统体育文化，使学校的校园体育文化具有一定的特色，对人才培养产生一定的影响。

因此，各大学体育规章制度必须与学校体育实践紧密结合，解决学校体育所面临的问题，规范学生和大学教育工作者的体育行为，以及指明学校体育的发展方向。这就要求有关部门在制定法规过程中，既要处理好当前和长远的关系，又要处理好需要和可能的关系，进而促进学校体育事业的发展。

（2）以人为本，力求大学体育制度人性化

大学体育规章制度的制定是为了更好地服务于大学体育的发展。体育和哲学一样，是关心人的学问，但哲学是从人的价值、意义等方面入手，关心人生命的意义，而体育是从人的生命健康的角度，关心人身心的发展和优化人的生活方式，是对人的生存发展的基本的关怀。中国的体育文化蕴含了丰富的人文精神，校园体育文化在本质上是一种以广大人民群众生存、享受、需要为出发点、归宿点和最高价值目标的人文形态，自始至终都体现着一种人文精神、蕴涵着一种人文目标，昭示着一种人文价值理念。由此，大学体育文化被赋予了深刻的、丰富内涵的人文精神。

学校作为教育的专门机构，其主要的职能就是通过各种途径组织形式对学生进行教育，促进学生整体素质的发展。大学所有体育文化活动都是围绕"育人"宗旨而开展的，以促进参与主体全面发展为目的，使之形成科学的世界观和方法论，树立正确的价值观和人生观，使大学体育文化与高等教育结合成有机的整体，对广大师生起到潜移默化的教育作用。大学体育规章制度要体现人性化，就要求所有制度的制定都应从教育的角度出发，以培养学生坚强的意志与团结协作的精神，提高体育文化素养，使学生在体育活动中接受教育，体会成功的感觉。

大学在强调体育规章制度制定的人性化的同时，也要注意加强对规章制度的宣传和普法，重视"立法"与"实施"并行。由于历史和社会等客观原因，人们对体育规章制度的法律意识不强。许多个人甚至单位，不把学校制定的体育规章制度化，随意地破坏和践踏学校体育规章制度。由此，当务之急是要对教师、学生进行学校体育法规知识教育，增强其法治意识。同时，学校要加大体育规章制度执行力度，有关部门要成立专门的机构督促和监督学校体育规章制度的贯彻落实，逐步树立"有法可依，有法必依，执法必严，违法必究"的观念，增强学校体育规章制度的实效性。

另外，大学体育制度的人性化建设，还要处理好大学体育资源的公益性服务与大学体育产业化的关系，纠正大学体育文化产业化的误区。随着社会经济的快速发展，人的物质需求得到满足后，对文化的需求越来越高，以娱乐、休闲、益智为主要特征的体育文化产品和服务，在人民的文化消费结构中居于重要的位置。大学体育文化产业化指的是把大学体育所有资源作为商品按市场规划经营，以营利为目的。大学体育资源的主要部分就是体育教师和体育场馆，许多大学就利用体育场馆的租赁，进行市场经营活动，把这种经营活动视为体育教师增长经济收入的主要渠道，从而导致广大学生由于进入场馆锻炼的费用太高，自身的经济承担不起而放弃锻炼。大学体育产业化混淆了高等教育事业是公益性的教育事业，学校体育场馆的建设是由国家投资和社会捐助的，主要是为满足体育教学训练，以及以学生课余锻炼为目的。因此，学校体育资源不应被视为商品按市场规律进行经营，其体育资源应免费向大众提供服务。

3. 大学体育行为文化建设策略

（1）规范教学性体育活动

大学体育教育教学活动是大学体育文化活动最基本的表现形式，也是大学体育文化的核心内容，是学生接受正规的体育教育和训练的主要途径。大学体育教育教学活动在相关的学校体育法律法规制度的规定下有严格的要求和目标，大学体育教学为完成既定目标，在相对固定的时间和空间里由专门的体育教师对学生进行体育知识技术、技能的传授、指导身体练习，同时其也是师生相互交流与了解的主要途径。

大学在体育课的教学中要深化体育教学改革，确立以学生的学习和锻炼为中心，培养学生树立体育意识，养成锻炼习惯，提高锻炼能力的指导思想，在体育课程建设上注意体育文化、卫生保健知识的传授，使学生具有全面的体育文化修养；同时，在教材的选择上，应注意增加教材的科学性、实效性和趣味性。

（2）开展竞技性体育活动

竞技性体育活动，指的是大学开展的以竞技体育项目为内容的各种体育竞赛活动。大学开展的竞技性体育活动大多是属于非正规的竞技体育活动，虽然这些活动都有一定的规则指导，但某些条款都是根据参加者和学校体育设施条件实际而协商制定的。开展竞技体育活动的目的是活跃校园气氛、丰富广大师生的课余文化生活、增进交流、培养学生坚强的意志和集体主义精神，而不是为达到一定的功利目的和运动技术水平规定的程度。大学竞技体育活动开展的方式多种多样，有学校与学校之间，学校与外界社会体育社团之间，校内的各学院之间、各年级之间、各班级之间。其组织者可以是学校体育专门机构，学生体育协会或者学生自己。大学竞技体育活动覆盖面广对高水平竞技体育影响较大，直接关系到体育人才的培养与选拔，竞技体育活动由于其激烈的竞争性、技巧性、可欣赏性，深深地吸引着大学青年学生和广大教职员工，其在大学体育文化中仍是主流文化。

积极开展校内与校际体育竞赛活动是大学体育行为文化建设的主要途径。校内体育竞赛不仅是推动学校体育活动广泛开展、促进学生运动技术水平提高的有效手段，也是校园体育文化的组成部分。学校通过组织校内体育竞赛，可以达到丰富学生的课余生活，提高学生对体育的兴趣和爱好，增强学生的体育意识，活跃校园体育气氛的目的。学校可以根据自身的情况，选择适合普通学生的竞赛项目，采用多种多样的竞赛形式，调动学生竞赛和参与的积极性，同时根据学校的运动项目水平和师资条件，组织校体育代表队，加强训练，参加校际体育竞赛活动。这些举措一方面促进运动技术水平提高，另一方面提高学校的知名度，同时寻找自身体育工作的差距，扬长避短，促使学校体育工作和学校体育文化建设迈上新台阶。

（3）开展竞智性体育活动

体育竞赛依据是否以身体练习为内容可分为两大类：一类是通过科学系统的身体训

练，充分挖掘人的生理潜能，去战胜对手或创造优异的体育运动成绩的竞技性体育竞赛；另一类是通过人的创造性思维和创新精神，把智慧融入一些竞赛道具，通过它们的竞争而达到战胜对手、发展智慧的目的。竞技性体育竞赛其实包含于竞智性体育竞赛之中，因为充分挖掘与发挥人的生理潜能，对人体进行科学的训练和培养，其本身就是一种创智过程，其智慧只不过是通过身体活动来表现而已。但是，我们通常所说的竞智性体育活动，指的是除身体活动之外的体育竞赛。通常这种竞赛活动要借助一定的道具去完成竞赛。竞技性体育竞赛活动包括各种棋牌类、电子竞技类、体育知识竞答类等。这种体育竞赛活动的开展由于受年龄、性别、场地器材、时间、天气、经费、人数等各方面的限制相对较小，而且这类体育项目的逻辑思维能力强，与广大大学生积极思考、勇于挑战的品质相一致，在大学中易于开展。组织这类体育竞赛活动相对于组织身体对抗性体育竞赛活动而言，其规程要求没有那么严格，过程没有那么激烈，所以要容易一些。竞智性体育活动的开展，弥补了学生因身体素质差异而不愿参加体育活动的缺陷，积极地推进和宣传了体育人文精神。

4. 大学体育价值文化建设策略

（1）更新观念，树立体育是一种文化的价值理念

体育是任何一种通过身体运动谋求运动个体身心健全发展的竞技性、表现性、娱乐性、教育性的社会活动，它对个体进行有目的、有意识地培养或改造。人既是活动的客体，又是活动的主体，其本身充满着理性思考和哲学思维，是一种以人的体育行为为特征的社会现象。因此，体育是一种文化。

校园体育同样是师生意志客观精神的体现，它既具备了构成校园体育文化观的文化形态（包括贯穿于整个体育发展过程的哲学思想、传统文化意识、教育等），又具备了构成校园体育物质观所带来的必然结果（包括作用于人的生理、心理、智力，反作用于社会精神、效益、财富等），它体现的是师生的追求、良知、社会责任感和价值观。

（2）利用传媒，加大大学体育文化的宣传力度

大学体育除了利用体育课堂教学、业余体育训练、校园体育竞赛等对学生进行体育文化宣传外，另一个对学生进行体育宣传的重要渠道就是校园体育传播媒体。体育文化在当今世界的流行主要是依靠电视、广播、网络、报纸、杂志等传播媒介进行扩散传播。校园传播媒体在大学校园内进行信息的传递、知识的传播有着十分重要的作用。首先，它是学生自己的媒体，由学生自己来主办，与学生的兴趣和爱好要求是一致的，有较强的时代性，能引起在校学生的高度关注，学生能够通过校园媒体了解学校体育文化活动的一些基本情况和动态消息。其次，每天自觉地坚持锻炼1小时以上的大学生微乎其微，可大多数的学生都渴望习得科学锻炼身体的方法和体育卫生、保健方面的知识，也极其关注学校体育文化活动开展的情况。由此，校园内的传播媒体是宣传学校体育文化，传播体育知识的重要渠道。

大学校园内的传播媒体主要有校电台、校园网络、校报。大学要充分利用这些物质资源进行校园体育文化的宣传和体育知识的传播，在电台和网站上，开辟专门的校园体育节目和网页，定时地向大家传递校园体育文化知识，及时更新校园体育文化活动信息，使大家及时了解学校体育活动开展的情况，使学生从无意识地关心学校体育文化建设，到有意识地关注学校体育文化建设，再到积极参与到学校体育文化建设中来。

利用电台、网络进行宣传学校体育文化与广大学生进行互动交流，能最全面、最直接地了解学生对大学体育文化的需求，能在较广覆盖面的范围内，收集有关大学体育文化建设的信息和建议，使得大学体育文化建设集大家的智慧，发挥所有人的聪明才智，同时也是民主、平等建设校园体育文化的重要途径。大学体育传播媒体的建设应该在校宣传部的直接领导下，在校体育教学部和校学生体育协会的协助下，由学生自己组织、操作、策划。在学生组织、策划宣传校园体育文化时，相关部门要给予技术和经费上的支持，这样才能保证电台、网络、报纸的正常运行。

二、大学体育教学人文改革之人文素质教育的开展

（一）人文素质教育与大学生体育人文教育

1. 人文教育的内涵

所谓人文，从语义上解释，就是关于人的学问。在《辞海》中，"人文指人类社会的各种文化现象"，包括"以人为本"和"对理想的人或人性的培养及教化"两层含义。从这个意义上理解，人文教育就是努力实现人的全面发展的教育，是为了塑造理想人格、提升受教育者崇高的人性境界的教育。

目前，学界对人文教育初步达成以下共识：第一，人文教育的实质是提升受教育者的人文素养；第二，人文教育的内容包括传授人文知识、培育人文精神、形成人文思想、传授人文方法，其核心内容是人文精神培育；第三，人文教育的途径非常多，但不外乎理论引导、环境熏陶、人生体验等；第四，人文教育的机制是促使个体心灵自我觉醒，人性境界内在提升，直至知行合一。

2. 大学体育人文教育的价值

大学体育人文教育作为体育教育和人文素质教育的结合，是全面、系统化的体育文化教育，是课上与课下、人文与科学、显性与隐性相结合的系统化的全面教育，在大学生人文素质培养方面存在着许多优势。

（1）大学体育人文教育能够兼顾科学教育与人文教育

科学教育与人文教育是教育的两翼，不可偏废，否则就会出现偏差。大学体育教育亦是如此。大学如果总是偏重于学科教育，把大学体育仅当成一门体育技术课程或身体机能运动，就会导致体育教育目标的固化，不利于利用体育运动培养学生的人文素养。人文教育是体育教育中应有的育人成分，也是体育作为人文教育的重要组成部分。融入

了人文教育的体育教育能更好地实现其育人的本质功能，真正成为促进人的自由而全面发展的大学教育。

（2）大学体育人文教育能够满足学生的多元化需求

强身健体是大学生对体育运动的基本需求。随着社会经济的发展，大学生对体育活动又衍生出了休闲、娱乐、社交等需求。因此，依赖单一的体育课程教学，无法满足学生的多元化体育需求。大学体育人文教育改变了传统单一的课堂教学模式，通过组建体育俱乐部等，开展形式多样、内容丰富的体育活动。这样，体育俱乐部、体育竞赛、体育专题知识讲座等不再是单一的体育活动，而是具有浓郁的人文色彩的综合活动，既能满足学生多元化的体育需求，又自然而然地渗透了人文教育，有利于提高学生的人文素养水平。

（3）大学体育人文教育可以改变学生对体育的认识误区

刻苦训练，强身健体，冬练三九夏练三伏，在传统体育观念中，体育似乎与人文素养培养无关。但是，由于大学体育人文教育采取形式多样的方式，学生不仅可以通过有形的、多样化的体育活动形式学习体育知识、训练体育技能和增强体质，同样还可以通过高雅的体育文化氛围、优秀的文化传统，塑造健全人格，培养审美情趣，促进社会化发展。久而久之，学生容易对这种充满了人文教育色彩的体育活动产生兴趣，积极投入训练。

（二）大学体育人文教育对大学生人文素质培养的影响

大学体育教育在人文素质培养方面存在着许多优势，有利于培养大学生的人文素质。

1. 突出主体地位，促进大学生参加体育锻炼的自觉性

大学体育人文教育能满足大学生的体育运动锻炼的需求，调动大学生参与体育运动的主动性、积极性和创造性，进而有效促进大学生参加体育运动的自觉性。是否尊重学生的主体地位对教育教学的效果影响巨大。传统的体育活动中，教师往往根据自己的教学计划预设教学目标，学生只是被动的接受者，体育教师与学生之间带有明显的强制色彩。体育管理制度也往往不近情理，不是从学生身心发育特点、年龄特点、性别特点出发，而是从管理者的角度出发，充满了"刚性"。这经常会引起学生的抵触。渗透了人文教育的体育教育，会从学生的实际出发，营造一种积极健康、自由开放、充满活力的大学校园体育文化活动氛围，从而最大限度地调动和激发学生积极参与体育运动的热情。具备了现代人文教育观念的体育教育，能够极大地促进大学生参加体育锻炼的自觉性。

2. 实现体育技能和人文素养水平的共同提升

大学体育人文教育的实施有利于提高大学生的知识技能，增强其体质，促进体育人文教育功能的实现。除了体育课，学生们还可以通过校园网、体育宣传栏、校园广播、体育场馆装饰、体育讲座等方式获取体育知识，提高技能，增长见识，同时通过体育比赛增强体质，大大提高人文素质水平。

3.健全大学生的人格

大学体育人文教育的实施，可以有效促进大学生良好的思想品德和行为规范的养成，可以引导大学生在体育精神和思想道德方面获得更多体验的机会，进而健全大学生的人格。例如，参加体育活动可以锻炼学生坚韧的性格、永不服输的拼搏精神。再如，观看体育比赛可以培养学生的爱国情感。当五星红旗冉冉升起，当《义勇军进行曲》回荡在运动场上空，当运动员满含激动的泪水唱起国歌，每一个作为观众的大学生都会不自觉地产生爱国情怀。久而久之，他们就会逐渐认识到作为一名当代大学生所肩负的为祖国增光添彩的重任。

（三）大学体育教学中渗透人文素质教育的策略

1.建设素质较高的体育师资队伍

大学体育教师是学生进行体育学习的引领者和指导者，教师的言谈举止在潜移默化中会对学生产生重要影响，为了使人文素质教育有效渗透到体育教学中，教师需要在教学中不断提升自身素质。在传统体育教学中，教师上课只重视对学生体育技能的训练，师生之间缺乏沟通，学生也只是对教师示范的体育动作进行模仿学习，整个教学过程都缺乏思想教育。在新时期，体育教师需要改变过去传统的体育教学模式，不断提升自身的专业素质和人文素养，这可以从两个方面实现。一方面，在进行体育教师招聘的时候，大学除了需要考察教师的体育专业技能之外，还要重视教师的道德修养和人文素养，在选拔之初就对体育教师的综合素质提出严格要求，为建设一支素质过硬的师资队伍打好基础；另一方面，还要重视对体育教师进行专业培训，如果不对教师队伍进行定期培训，随着时间推移，教师容易思想松懈，整体素质出现下滑。

2.改变传统的体育教学思想观念

大学传统体育教学中，教师的教学方法就是上课时让学生集合，进行简单的动作示范，甚至有些根本就没有动作示范，布置体育学习任务后，然后让学生进行自由练习，对于学生是否真正理解体育教学的要领，教师根本就不关心，使人们对体育教学产生误解，认为体育教学就是简单粗暴地训练，学生也是空有一副强壮的身体。因此，现代大学体育教育需要教师改变传统落后的教学理念。例如，在进行篮球教学训练时，教师不能只是简单示范动作，让学生进行自由训练，而是要对学生先进行一些篮球理论知识的培训，让学生了解篮球文化，对篮球有基本认识后再讲解篮球动作要领、训练方法，同时，还要让学生在篮球训练时重视自我保护和保护他人，避免出现伤害，最后再让学生进行对抗演练，遵循循序渐进的原则。另外，在体育教学中，教师还应该重视男女学生之间和学生个体之间的差异，做到因材施教。体育训练不仅可以让学生掌握体育技巧，还能树立学生的自信心，以及增强学生之间的互相协作和默契配合能力。

3.开展多样的体育课堂教学模式

大学体育教学不仅对学生强身健体起到促进作用，同时对学生的身心发展和学习都具有重要促进作用。大学体育教学中，为了能够更好地促进学生全面发展，教师需要不断丰富体育教学活动，提高学生参与体育教学活动的兴趣，发挥学生的积极主动性。培养学生积极乐观、永不言败的精神，对学生的学习和生活具有重要的意义。例如，在大学羽毛球课堂中，教师应该在课堂上根据教学任务和课堂时间做到合理分配，使课堂活动变得丰富、生动、有趣。如果教师只进行羽毛球理论知识和动作要领的讲解，学生会对学习羽毛球失去兴趣。教师应该用较短的时间讲解理论知识后，一边给学生示范动作，一边让学生进行模仿练习，然后让学生自由结合两两练习，在练习过程中教师对学生的动作应该给予指导，使学生的动作规范化。随着学生水平不断提高，教师可以让学生进行双打比赛，增进学生之间的友谊。不同的体育教学模式能够让学生主动参与到体育教学活动中来，提高体育教学质量，促进学生身心全面发展。

4. 体育教学过程中突出学生主体

要想促进大学生在体育教学中人文素养发展，大学就需要在体育教学中突出学生的主体地位，培养学生的主体意识。在大学教育中，学生作为成年人，应该对自己的行为负责，也完全具备对自己行为负责的能力，教师在教学中只需要充当引领者，对学生进行必要的指导，让学生成为体育课堂的主体，发挥学生的主动性，让学生学会自主学习。教师在教学中可以用不同的教学手段吸引学生的注意力，激发学生的兴趣。例如，在篮球学习中，为了让学生体会篮球的魅力，吸引学生的眼球，教师可以借助多媒体教学方式，让学生观看 NBA 职业篮球比赛。精彩的篮球比赛，不仅可以让学生学到篮球知识和技能，还可以让学生感受到篮球的乐趣，学习篮球竞技精神，激起学生学习篮球的欲望，在篮球教学中，学生会更加努力学习篮球。篮球学习和锻炼，能够提升学生的集体荣誉感，培养学生面对困难时的不服输精神。

5. 采用体育分项教学，提高学生人文素质

（1）体育分项教学中提升学生人文素质教育的必要性

目前大学体育分项教学是提升学生人文素质教育的最佳途径。大学体育分项教学的建立，改变了传统的教学模式，不仅符合了学生对体育学习的需求，还尊重了学生的个性差异，满足了学生的兴趣爱好，使学生成了学习的主人，激发了学生的主人翁意识，调动了学生想要积极主动学习体育的热情，并且增进了学生之间的友谊，让兴趣相投的学生集合在一起互相学习、共同进步，有效地达到了教学效果，从而在体育分项教学中融入人文素质教育，这不仅强化了学生的文化知识和体育理论知识，还升华了学生的人文精神和人格。首先，人文素质教育可以开阔学生的视野，在保证学生健康的前提下，锻炼了学生的心理素质，促进学生德智体美劳全面发展，为培养符合社会需求的综合型人才做铺垫。其次，在体育分项教学中，体育活动的团队和竞争，使学生能够处理好人际关系，养成良好的道德品质，有效地提高了学生的个人素养和综合素质，实现了学生的个性化发展。

（2）体育分项教学中提升学生人文素质教育的有效策略

①体育分项教学与人文素质教育有效结合

在大学体育分项教学的安排中，体育教师要在教学中将教学内容与人文素质教育有效结合，有意识地为学生渗透人文素质教育。首先，体育教师要改变传统的教学观念，结合学生的体育水平和教学目标，为学生制订一套完整合理的教学方案，针对不同的体育项目采取不同的教学手段。体育教师可以在不同的体育项目中，为学生设置一些有关体育历史故事、预防运动损伤、科学运动训练、奥林匹克运动发展等相关的人文知识课程，确保体育分项教学真正落实人文素质教育。其次，体育分项教学是由学生自主选取的教学方式，在体育运动和训练和学习中，学生的兴趣和积极性会较高，所以体育教师可以通过为学生营造出轻松愉快的课堂氛围，来拉近师生之间的距离，增进师生之间的关系，提高体育分项教学的效果。最后，体育教师要坚持因材施教的原则，对学生的体育情况进行针对性的指导，让学生能够熟练地掌握运动技能，提高学生的专业水平，促进学生的全面发展。

②合理地运用人文素质教育方法

在大学的体育分项教学中，体育教师要合理地运用人文素质教育方法，善于用人文化的思考方法进行问题的解决。首先，体育教师对于学生在体育学习和运动中出现的问题，要用人文关怀的角度给予学生适当的指导，发现学生的不足之处引导学生并帮助改正；同时对学生在分项学习中的创新想法，要以人文的方法进行分析和研究，对表现优异的学生给予及时的肯定与鼓励。其次，体育教师要注意观察学生在分项学习的动态和变化，找准最佳的教育时机对学生进行人文素质教育。体育教师可以组织学生观看相关的体育赛事视频，要求学生结合自己选择的体育项目表达观点和看法，让学生能够明白体育运动不仅能够培养运动员坚持不懈、顽强拼搏的优秀品质，还可以提高其审美品位和道德情操，且能有效培养出肢体的美感，从而通过体育分项教学，提升人文素质教育，锻炼学生的心理素质，磨炼学生的毅力，促进学生德智体美劳全面发展。

③加强示范教学渗透人文素质教育

在大学的体育分项教学过程中，体育教师要充分发挥自身的主导地位，为学生起到榜样带头作用。首先，体育教师要严格要求自己，包括在思想品德、行为举止、作风等方面，利用学生的模仿意识为学生以身作则，让学生受到人文素质教育感染，加强自身的人文意识和人文精神。其次，体育教师在分项教学中，要求学生掌握体育知识和技能，体育教师就要具备一定的专业知识和教学水平，将自身良好的人文素质渗透到教学中，使学生受到人文素质教育的熏陶，达到提升人文素质教育的效果。最后，体育教师要加强对学生的示范教学，在对动作的演示过程中，要有耐心为学生进行动作示范，学会维护学生的自尊心。同时在学生体育分项训练中遇到困难和挫折时，体育教师要给予学生引导，在适当的时机可以为学生重新示范，从而有效改善师生之间的关系，赢得学生的真正尊重，提高学生的个人素质和思想道德水平。因此体育教师在分项教学中，不仅要尊重学生的个性差异，还要满足学生的兴趣爱好和体育分项学习需求，进而使学生养成良好的道德品质，促进学生的个性化发展。

第三节 大学体育教学管理改革

一、确立以"终身教育"为导向的个体发展方向

21 世纪的高等教育正在向国民教育、终身教育、教育民主化和教育现代化等方向发展。随着高等教育的发展变化，大学体育课程也同步发生了深远的变化。大学体育课程的变化动因来自 21 世纪的社会变革，来自社会发展的需求，由于这种需求是在发展过程中自然萌发的，因此，其发展趋势也是无法阻挡的。

一直以来，不少人把体育运动理解为运动场上选手间的比赛，也有人把它理解为学校里的各种体育实践，总是把重点放在社会上某一年龄段的一部分人身上。现在的观点就不同了，从事体育、从体育中获得收益的应是社会上所有的人，应是从胚胎形成直至死亡的整个人生的全部过程。

大学生进入了学校教育的最后一站，他们即将走向社会，在最后阶段的学校生活中，确立终身体育的理念，养成终身体育的习惯，将是他们今后个体发展的保证。

（一）生活教育及发展方向

大学体育课程中的生活教育也可以说是生活体育，可包含两层含义：其一，体育贴近生活，使体育适应现代化生活的需求，为现代生活服务；其二，以现代生活为依据，特别是在现代生活中出现的生态危机和生存危机的现实中，发现并创造出新型的体育活动内容，为解决这些危机而提供新的体育教育方式。从教育贴近生活、为现代生活服务的层面来观察大学体育，其内容包括了生活和时尚。所谓贴近生活是指那些在日常生活中容易开展的项目，例如，学生进入工作单位后很难从事足球运动，但羽毛球、乒乓球却能在工作单位中找到实践的场所，而做操、打太极拳、行走和跑步则很容易找到练习的场所。

在大学开展的各种体育运动中，有不少项目具有鲜明时尚、生活的气息，这些运动项目是当代大学生喜闻乐见的。例如，篮球、排球和网球运动，它有平民化的生活时尚特征，也是社会生活中的主流文化。体育不但从各个方面影响着人们的生活方式，而且影响着人们的生活质量。伴随着中西方文化的日益交融和国际一体化进程的加快，体育作为生活的时尚已经在开始影响着国人的生活观念，逐渐在转变人们的生活方式，增强生活质量和健康意识等方面发挥着应有的作用。

为缓解生态危机和生存危机而开发的新型体育项目正越来越受到人们的关注。生态体育要求人们走入良好的生态环境中，在大自然中陶冶身心，例如野游、定向运动、登山等生存训练，要求我们通过体育活动，提高对突发事件的处理能力，从生存危机中得

到解脱，例如攀岩、合力过桥、求生自强等。

（二）身体教育与发展动态

增强体质的价值导向不应忽视，体育的身体教育功能应当引起足够的关注。但是，在有关身体教育的理论问题上，当前却有一定的变化与发展，例如，对身体素质的分类方面，学界提出了和运动技能与比赛取胜相关的身体素质和与健康相关的身体素质，其内涵是不同的，认为跑得快、跳得高所反映的速度、爆发力等不属于和健康相关的身体素质的范围，而有氧耐力、力量、柔韧和身体成分所组成的素质则与健康更为相关。

（三）情感教育与发展动态

情感是个人对特定对象在评价基础上产生的体验，如喜欢与厌恶，热爱与淡漠，愉快与不满等。有些人对参与体育运动从喜爱到迷恋的程度，有的人可能对体育活动缺乏热情，这都是情感反应。情感发展依赖的是良好的学习环境和人际关系，人的情感在体验中培养，在冲突中升华。

体育在人的情感发展方面有着特殊的功能，体育学科区别于其他学术性学科的一个重要特征就是它能促进情感方面的发展。情感发展属于非智力因素的范畴，体育教学过程中，学生角色扮演多样，信息渠道畅通，条件变化多端，这些因素有利于非智力因素的开发，也为体育的情感教育发展创造了条件。体育过程具有广泛的社会性，可以接触到广泛的人物，如家长、教师、同学等，更重要的是受到体育实践活动的影响。

体育运动包含着人们所具有的一切情感过程，是人们社会生活中休闲娱乐和放松身心的重要手段之一。体育活动常被人们视为愉快、高兴、娱乐、兴趣、兴致的同义词。因此，提倡快乐体育是课程的重要价值取向，开展娱乐性体育项目也成为体育课程改革的重要措施。娱乐体育的核心是游戏与比赛，一些正规的比赛可以被改造为娱乐性的游戏，社会上人们喜闻乐见的娱乐内容也可作为大学体育开展的内容。

（四）竞技教育与发展动向

竞技运动是大学体育的重要内容。竞技运动项目由于具有全球性的比赛规则，就容易实现全球性的交流，更容易实现大范围的普及。在我国20世纪初，学校体育开展的是兵式体操、徒手体操和器械体操，到了20世纪30年代后，竞技体育项目才真正地逐步在学校中开展起来。竞技体育项目在学校中的开展，标志着现代体育走进学校、走进课堂，极大地提高了大学生的兴趣，对学校体育的发展起到了决定性的推动作用。

20世纪60年代以后，国际竞技运动有了很大发展，在高度重视竞技运动发展的同时，竞技运动向高强度的负荷、高难度的技术和高精度的方向发展，人们逐步认识到竞技体育运动在向职业化发展的过程中，正越来越和竞技体育产生初期的娱乐、健身目标发生了抵触。高水平的竞技运动和人的一般发展的体育运动相抵触的趋势至今还存在着。

20世纪80年代初，我国的一部分体育专家针对高水平竞技运动远离健身的教育目标的这一事实，提出竞技不是体育的观点，要把竞技运动排除体育教育的园地。直到今天，还有的专家把竞技与学校体育对立起来。

事实上，竞技运动是具有若干层次结构的概念，高水平的竞技运动不适合一般学校学生的需要，但适合一部分有竞技天赋的学生，竞技运动仍然是学校体育的主要内容，因此，学校中的竞技体育不应当被忽视，它是学校体育中的重要内容。当然，大学体育更是如此。

竞技运动是个性化倾向非常强烈的一项活动，是人们日常生活中展现自我的主要行为方式，在运动竞赛中体现出来的对胜利与失败的态度、荣誉感、团队合作意识和拼搏精神，处处体现着人们的个性特征和自我表现意识。因此，大学体育课程一定要把竞技教育置于重要的地位。

我国基础教育阶段的体育课程中，竞技运动项目是重要的教学内容，特别是在高中阶段，形成稳定的爱好和特长已成了课程目标的特色，所指的专长基本上指的是竞技运动项目的专长，例如，从事足球、篮球、排球、游泳等项目。竞技教育有其特殊的功能，它能使学生的个性得到充分发展，实现自身的价值。

（五）保健教育与发展动态

体育工作和卫生保健密切结合，这历来是我国体育事业发展的一条重要经验。大学体育课程也必须以"健康第一"的理念作为指导思想，这是不容置疑的，但是以"健康第一"指导的体育课，难以用"体育与健康课"加以整合。健康教育有广泛的内容，通过1周2课时的体育课是无法完整地实施的，此外，体育课以身体练习为主要特征，而健康课程以掌握理论知识为主，两者难以融合在一起成为一门课程。

根据上述分析，保健体育与大学体育课程是可以结合起来的，但这种结合是有限的。保健体育体现在大学的体育课程之中，这就要用健身原理来指导体育课，以保障体育教学的安全与有效。此外，有一项内容是应当特别关注的，这就是在体育课中广泛地利用运动处方的知识，使体育课程进一步实现其科学化。健身运动处方常见的有健美运动处方、有氧运动处方、调节体形形态的运动处方以及养生运动处方，运动处方在体育课程中的理论和实践部分均可以实施，但其重点是指导学生的运动实践，重在操作，讲究实效。

二、坚持以"同步推进"为导向的总体改革思路

（一）体育课程改革与大学总体改革相同步

体育课程改革需要配套，需要与大学总体改革的发展同步，这是历史的经验。说到同步，有两种不同的状态：第一种是大学总体改革为体育课程改革创造了条件，要求体育课程必须改革；第二种是把体育课程作为龙头，促进大学全面改革。

（二）课程改革与体育社会化相同步

大学体育课程改革可以成为体育总体改革的组成部分，从而推动体育社会化的进程。这种进程可以表现在教师校际兼课、学生校际选课上，也表现在大学体育设施向社会开

放，社会体育设施向大学开放，这和当前社会体育区域化构建及社区体育发展动态是完全相适应的。这种进程更可以表现在基础教育的体育发展和大学体育发展的贯通上，这和当前高水平运动队完成小学、中学、大学"一条龙"训练的发展动态是适应的。特别应当指出的是当大学体育网络进一步和社会体育网络贯通以后，信息渠道将更为畅通，体育社会化的步伐也将更加快。

三、完善选课制度，增加课程类型

在选课模式上，我们可以将一学年的课程都安排到一个学期完成，适当增加体育课的课时和人数，在选择之前可以根据学生对该运动项目的掌握情况进行分班，解决因学生水平差异带来的教学问题，让教师能够有针对性地开展教学的同时，提高教学效率。大学管理者也应定期进行调研，在结合自身实际情况的基础上适时进行课程改革，制定具有可行性的方案，将竞技性项目和生活、娱乐相结合，扩宽改革思路，不仅尊重学生的自主选择权，也能够培养他们的运动兴趣，使他们养成终身体育的习惯。

四、落实规章制度，有序开展教学

随着时代的发展，学生被动接受的传统方式的教学已不适用于素质教育。在体育教学管理改革中，教学改革是重中之重，管理者在改革过程中要充分体现学生自主性的原则，以兴趣为出发点，充分体现学生的自主性，在实施过程中，可以结合学生和教师的需求，合理安排教学内容。此外，管理者还应将教学与生活实际相结合，定时开展课外体育活动和比赛，让运动和日常生活紧密结合，以形成具有大学专业特色的体育教学管理模式。

五、革新考评机制，落实薪资待遇

对体育教师的考评应在公平公正的基础上体现多样化、综合化的特性，同时应当将薪资、评级、待遇等内容和考核结果联系起来，一方面可以促进教师工作的积极性，另一方面也能不断激励教师自我完善。此外，教师在对学生进行考评时，可以根据选修课自身的特点，结合课堂表现、平时考勤等方面制定多种方式进行综合考评，在现有考核内容上增设新的内容，例如，让学生自主选择两项进行考核，提高学生的课堂参与性，体现学生的主体性。

六、提高师资力量，增强教师素质

大学公共体育课教师受到薪资待遇、科研压力、传统教学方式的影响，会在一定程度上忽视对课程的钻研。通过调查得知，许多院校高素质的公共体育教师是少之又少，而专业的教学人员是大学体育教学工作能否有效进行的重要保证，更是当前体育教学管理需要解决的问题，学校应该给予公共体育课更多的关注，想要拥有高素质的体育教师，就要提高薪资、建立相关场馆设施、优化评级体系，使更多体育教师能够享受到更优质的待遇，得到应有的重视。

在新的形势下，体育教学管理者要清晰认识到现阶段体育教学管理存在的问题，设置具有针对性的措施进行改革，不断从教学模式、规章制度、考评机制等多个方面积极地进行深入研究，完善管理体系、落实规章制度、革新考评机制，创建符合专业特色的管理模式，有效地增强教师能力、促进学生成长，从而更好地推进体育教学管理制度的有效改革和体育教学的可持续发展。

七、强化与完善教学管理机制

自从国家大力提倡发展体育教育、提高人们的身体素质和健康水平以来，体育院校获得了很好的发展机遇。他们一方面扩大了招生比例、增加了人才培养力度，另一方面加强了学院建设提高教学服务质量。然而，学校在扩建规模、扩大招生过程中也带来了许多压力，如学生人数增加，师资力量需求扩大，学校经费投入增加，设施设备保障等问题，给学校管理带来了巨大压力。因此，高校应构建完善的教学管理机制，各机制间相互协同管理，责任与分工应更加细化。体育教学管理中，由于体育学科特殊性，在教学与管理方面更需要不断强化机制构建。在场地设施建设、体育课程改革、体育学生管理与培养目标、体育教师教学能力考核评估等方面，高校应逐步加强精细化管理、高效率管理，以构建创新精准的教育管理机制，不断优化与完善教育管理体系。

八、加强体育教学与网络平台链接

经过多年探索，各大学纷纷建立了具有自身特色和时代烙印的体育教学组织和管理体系。体育教学与管理突出了"以人为本"本质特征，所有教育管理均为学生服务。随着"互联网 +"时代的到来，互联网渗透到各行各业，互联网也为学校教育管理搭建了新平台。体育教学管理可以运用互联网，建立体育教学网站，构建网上学习平台，或研发学习软件，也可通过微信、微博等自媒体平台，为学生提供电子教材、电子教案、教学视频、考试资料等教学资源上传至网络端，使学生明晰体育课程学习规范，实现了学习资源共享。通过网络资源，学生可进行自主学习，学习起来省时且自由，并且课程资源丰富，大幅提高了管理效率。

第六章 大学体育教学设计的理论基础

第一节 大学体育教学设计概述

一、体育教学设计

（一）设计的概念

"设计"一词应用于诸多领域，其主要是指在某项工作开展之前，根据一定的要求和目标，预先对工作进行安排与策划。

设计，要求其计划过程中的精确性和科学性，需要能够真实地反映和作用于某一工作或活动，因而设计者在设计活动中必须精确、科学。马虎、粗略的行为方案收效甚微，甚至会起到反效果，从而浪费时间和资源。

（二）教学设计

教学设计兴起于 20 世纪 50 年代，是一门新兴的具有较强实践性的应用学科，是基于现代教学技术、教育心理学基础上发展起来的现代教学理论。

教学，主要是通过信息的传播使学生达到预期学习目标的行为活动，在这一过程中学生逐渐获取信息、习得知识、发展智力、培养能力。教学是一个系统复杂的工作，是多种要素的协调组合。教学设计即为一种专为解决教学问题的特殊的教学活动，具有设计的一般性质，也遵循教学的基本规律。

关于教学设计这一概念，学界目前尚未给出明确界定，主要解释通常都停留在课程开发、教学规划等几个方面。目前，我国教学论研究者普遍认为，教学设计是运用系统方法，分析教学问题和确定教学目标，建立解决教学问题的策略方案，评价实施结果和对方案进行修改的过程。

1. 教学设计者应具备的素质

教学设计者是教学设计方案的制订者、协调者和执行者，因而教学设计者的能力素质直接影响教学设计方案的质量。一般来说，要想制订一个高水平、高质量的教学设计方案，教学设计者应该满足以下几点要求。

第一，教学设计者应该具备扎实的理论基础知识，包括体育、教育学、传播学、学习信息以及多媒体等多方面知识。

第二，教学设计者应具有一定的教学实践经验。

第三，教学设计者应了解并熟练运用教学设计的原理、方法以及操作技能。

第四，教学设计者应具备科学管理的知识与技术。

教学设计是一门涉及多领域、多学科的交叉性学科，其中涉及的内容并非来源于某一种理论，其理论基础比较广泛。同时，教学设计的目标是解决实际教学问题，因此也是一门应用性学科。由此可见，教学设计对于教学设计者本身素质能力也有一定的要求。教学设计者必须对自己的能力与素质有着清晰的认识和了解，以便于能够进行科学的教学设计实践。

2. 教学设计的发展趋势

（1）教学设计越来越重视跨学科、跨领域研究与应用

随着更进一步地分析实践，教育学的研究之间呈现跨学科的趋势，教学设计的研究也逐渐放在了一个共同的、更大的领域和空间中进行。这一共同的空间还包括心理学、语言学、社会学、哲学、人类学、系统科学、信息科学与技术等多方面学科。这些领域的新研究与新技术进一步证实和支撑了教学设计的思想理念，为某些教学设计思想的实现提供了可能，并带来了一些公认的里程碑式的成就。

（2）教学设计越来越重视信息技术与教育理念的整合

计算机技术的发展无疑促进了各领域大跨步发展，在教学设计中应用计算机也成了一个不可避免的趋势。但人们对这项技术的应用并没有形成完全统一的意见，一些人认为高科技是教学设计的辅助手段，在人类学习中无疑发挥着至关重要的作用；而另一些人认为整个教学开发领域可以彻底转向创建计算机化的教学。无论如何，计算机及其信息技术的应用必将促进教学设计领域理论和分析的进一步拓展。

教学设计发生变化，一方面来自技术的影响，另一方面没有一定的教学设计，技术本身并不能对教育产生影响，更不要说自动改进教育。在教学设计领域中，随着信息技术的应用带来的不仅是技术的创新，还有人们对传统教学观点、教学培训等诸多方面的重新审视，这些促使人们在实践与理论两个层面上进行联系思考，并向着全新的教育、教学方向努力。此外，在信息技术的影响下，教学设计对设计者和相关组织者绩效的关注和研究力度逐渐加大。在教学设计中，教学设计人员和领导者无疑是至关重要的，信息技术的应用则可以在一定程度上对设计者和相关组织者的绩效形成监督和激励，对于教学设计本身的发展也是极为有利的。

（3）教学设计越来越注重各种因素整合下的学习环境的构建

人类在个人、群体、组织间传递知识、开发知识、运用知识、创造产品。人类知识技能海量丰富，在某一专业技术的特殊环境中很难真正实现个体到个体的传授，并且使用知识和技能的环境是复杂的，因此，学习知识和技能必须为其创设一个能够被理解的特殊的环境来取代真实的环境。随着教育教学的发展，教学的各方面都在发生着明显或潜在的变化，关于"学习如何学习"成了教育和训练的一个中心目标。"学习如何学习"主要讨论的是理解、态度以及技能的持续发展，这一学习强调的是人发展成为在复杂情

境中能够灵活、有效地处理各种问题并进行自我管理的学习者。学习并不是单向传输、被动接受，学习需要有目的、有意志、有自觉、有积极性，其是一个主动构建的实践过程，即互动的"意图—行为—反思"活动。

计算机技术的应用增加了知识的获取渠道，也促进了学习手段的更新和丰富，使得学习环境发生了以下变化。

①通过模拟、录像、演示具体数据与实践，并使用因特网，在课堂上呈现和展示真实的现象和问题。

②发挥"脚手架"作用，为学生学习思考拓展路径，为学生学习能力发展提供支持，允许并为学生的复杂认知活动提供充足条件，例如，学生进行科学考察的模拟学习等。这些活动必须在一定的技术支持下才能进行。

③学生能够获得更多的反馈，例如来自教师、同学和软件导师的，在不同对象的引导和帮助下循序渐进理解和习得知识，进而提高学习能力和推理水平。

④创建一个学习共同体，共同体中可以广泛涵盖师生、家长，乃至全球具有相同兴趣爱好的学习者。

⑤扩大教师学习的机会。新技术普遍具有交互性，因而能够为教学设计创建丰富和多样的教学环境。这种环境无疑对学生的实践学习、信息反馈、知识构建是非常有利的。

（4）教学设计越来越重视新的评估理念和方法

教学设计不再是一个简单的设计程序，而是体现了集课程、教学、实施和评估为一体的总体规划趋势。评估成为教学设计中的一项重要内容和关键环节，针对教学展开的需求分析、教学方法分析、个体差异分析、教学环境分析等不同层次的分析工作的重要性在教学评估中日益凸显。信息技术则成了评估中的一个重要工具。

（三）体育教学设计的概念

我国是从 20 世纪 80 年代开始对体育教学设计进行研究的，随着体育教学的不断发展，体育教学设计的原理与方法逐渐丰富，也日益受到重视，在教学活动中得到了多方面应用。目前，教育界对体育教学设计的概念形成的较为统一的解释是：体育教学设计是一项以学习理论、教学理论、体育教学原理和传播学为基础，为提高体育教学效果，通过系列程序和手段协调组合各项要素以达成优化体育教学过程的一种研究工作和设计活动。其中各项要素主要是指师生、教学内容、教学目标、教学条件、教学媒体以及教学组织形式、教学方法等。

二、体育教学设计的优势与特征

（一）体育教学设计的优势

体育教学设计有利于促进体育教学工作的科学化，提高体育教学的质量和效果。有效的体育教学设计，能够更好地调动学生各方面积极因素和外界条件，使学生的知识、能力、情感、个性、人格得到充分发展。

1. 有利于体育教学工作的科学化

在传统体育教学中，教学方案的撰写通常以教师、书本和课堂为主，教学理念相对固化、陈旧。一些教师由于自己的实践经验不足，没有掌握足够的设计方法，理论基础薄弱，因而教案的撰写较为随意。对此，体育教师若掌握了体育教学设计的相关方法，则有利于提高教学的规范性，从而增强教学的科学性。

2. 有利于体育教学理论与体育教学实践的结合

不难发现，对于一门学科的教学研究，部分学者和专家都过于注重理论上的构建和完善，而相对脱离实际，不注重实践，使得教育教学问题无法得到真正有效的改善。体育教学不止于此。现如今，在体育教学界广泛存在的一个问题是，体育教学理论逐渐丰富和完善，但却与体育教师基本无缘，也无法被应用到真正的体育教学实践工作中去。对此，体育教学设计可以在理论和实践中起到较好的沟通和连接作用，这主要表现在两方面，即：体育教学设计可以将体育教学理论和成果运用到实际的体育教学指导中去；可以将优秀体育教师的先进经验和成果凝结于教学科学，丰富体育教学设计内容，充实体育教学理论，促进理论与实践充分结合。

3. 有利于科学思维习惯和能力的培养

体育教学设计是系统化地解决体育教学问题的过程，它提出了一整套确定、分析、解决教学问题的理论和方法，对于培养人们科学的行为习惯、提高人们科学分析与解决教学问题的能力具有重要意义。

4. 有利于加速对青年教师的培养

体育教学设计最终为教师所操作和运用。在满足教师教授需求的同时，教师本身也要不断完善和充实自己来达成体育教学设计的使用要求。教师可以通过体育教学设计更多地掌握教学理论和操作知识，可以从中获取不曾习得的知识和经验，并在实际运用中逐渐内化，进一步充实和丰富自我。

5. 有利于体育多媒体教材的开发和质量的提高

随着教学理论的逐渐丰富、现代教育技术的不断发展以及电教器材的日益增加，体育教学技术和手段不断增多和发展。体育多媒体教材包含体育教学方法、体育教学内容两大重要内容。体育教学设计有利于帮助教师有效利用现代教学媒体，从而促进多媒体教材的编制，为体育教学提供更为丰富、精深的教学材料，进而提高教学质量和水平。

（二）体育教学设计的特征

为提高体育教学的科学有效性，在体育教学的活动正式开展之前，体育教学的设计是必不可少的。体育教学设计主要具有以下几方面特征：

1.超前性

体育教学设计适于教学活动实际开展之前，是基于预先分析和判断对教学活动作出的安排和策划，因而具有超前性。

2.创造性

由于体育教学的目标、功能特点及教学手段和方法的多元性，体育教学过程具有不确定性和复杂性。体育教学设计具有创造性，正是基于体育教学的这一特性而衍生的。教师要提高教学效果和教学质量，就必须具备扎实的教学理论基础，熟悉教学规律，具有探索和钻研精神，具有超前的观察力、判断力以及想象力，其体育教学设计应灵活、新颖并适应于不同的体育教学实际问题。

3.系统性

体育教学设计是一个不断观察、设计、研究的过程，是将不同元素以最优组合形式呈现出思维逻辑的过程，是一个系统的、科学的过程。所以，系统性是体育教学设计必须体现的一个特性。设计者应当基于具体的教学问题设定目标，之后再围绕其目标制定各教学环节，以确保目标、策略与评价之间的一致性。此外，体育教育设计应基于体育教学系统的整体功能，在工作程序上综合师生、教材、媒体和评价等在体育教学方面的影响与作用，使其在多要素之间协调配合、互相促进，形成最优整体效应，切实提高体育教学效果。

4.灵活性

虽然为了确保体育教学的有序性、科学性，体育教学设计必须遵照一定的模式，但为了确保体育教学设计的活动空间，其设计工作在实践中其实并非完全依据固定的模式和流程展开。例如，体育教学设计中包含一个学习需要分析的过程，而若所面对的学生在同一个教学班，考虑到他们接受的学习内容相同、学习进度趋同，则这一方面的研究和论证工作可以适当减弱。因此，在体育教学设计实际工作中，设计者应根据具体实际灵活操作，具体选定相对重要的、相对一般的、比较平常的，攻克重点和难点，省掉不必要的环节和步骤，有效地进行体育教学设计。

5.科学性

体育教学设计这一门学科，主要基于体育心理学、人体生理学、运动生物化学、体育教学论等诸多学科开展研究，根据教育的基本规律和原则具体设计和建立教学目标、教学方法以及教学内容，科学运用系统方法分析和策划体育教学设计的各方面要素及其组合联系。

6.艺术性

体育教学设计是一门精心设计体育教学各方面要素并使其最优组合的艺术，具有较高的审美价值。一份优秀的体育教学设计方案，就要做到新颖独特、层次清晰，能够给人以美的感受。

三、体育教学设计的原则与要求

（一）体育教学设计的原则

体育教学设计是一项系统、科学的过程，应当按照一定的准则和规律开展，以确保其能够顺利地朝着具体的教学目标推进。因此，我们在体育教学设计中就必须讨论体育教学设计的主要原则。

1. 目标导向原则

目标导向原则，即体育教学设计以目标为导向，并使其所有设计环节能够紧紧围绕教学目标展开，在实践中设计方案能够与教学行为和教学目标高度契合。在设计中，每一个设计环节和步骤都要考虑其对教学目标的实现所起到的影响和作用，设计者应分析和研究其是否有益于增进学生健康、是否有益于提升学生运动能力、是否有益于提高学生的社会适应能力。

体育教学设计是为了实现最优的体育教学效果而具体展开的一项分析、研究工作，是一项针对体育教学预判而做出预先措施的准备工作。因此，在体育教学设计之前，设计者应当首先认识和了解体育教学的宏观目标，深入教学实际，弄清课程目标实现的具体步骤、教学中存在的问题及其性质、学习者的特点和学习需要，并以此确定课堂教学的具体目标。此外，设计者还应当分析和选择能够帮助实现这一目标的具体手段、方法、实施程序，并将其以教案的形式呈现，从而确保体育教学设计能够以达成教学目标为目的具体开展。

2. 因材施教原则

体育教学具体来说是一项身体教育，其旨在促进学生身体发展。我们必须认识到，学生群体中个体差异性相对明显，身体素质存在差异。因此，为了促进学生身体真正又好、又快发展，设计者在体育教学设计中就必须考虑这一方面因素，应当在合理的教学组织上加以分组、分层、个别指导等，以多种形式展开多样教学，因材施教，确保每名学生得到充分发展。

3. 程序性原则

程序性原则，即体育教学设计遵循体育教学一般规律，基于学生的具体实际有序编排和设计教学内容和教学策略。在教学设计中，体育学习的程序性要求体育教学设计者把握学生身体发育规律、身体适应规律、认识过程规律、动作技能形成规律，深入了解学生的身体基础、知识学习基础、动作技能基础、体育学习态度；同时，还要求教师根据现有教学环境条件，研究体育教学内容体系，编制体育教学步骤。

4. 适量性原则

适量性原则，即体育教学设计应当基于学生的身心实际科学安排教学内容、教材分量、运动负荷以及运动难度。教学内容的安排应当符合学生可接受性，促进学生的科学发展。

5. 可操作性原则

可操作性原则，即其设计方案具备实用高效、便捷低耗等特点。要遵循这项原则，设计者必须从以下几方面入手：

（1）体育教学设计要与教学环境相适应

体育教学设计应当考虑实际的教学环境，再先进的教学理论和再高超的教学手段也无法在不适当的教学环境下发挥作用。一些体育教学设计方案可能预期美好，但若是在实际过程中大量占用教学资源，大量消耗人力、物力和财力，就不能说是一个具有可操作性的设计方案，还可能会起到适得其反的作用，应该予以修正。

（2）体育教学设计要讲求实效

体育教学设计是对体育教学实践的一种方向性指导，其最终还是要应用于实践并从实践中检验其正确与否。因此，体育教学设计应务实，讲求实效，其形式不管简单还是新奇多样，都必须追求优质的教学效果。

（3）体育教学设计中要考虑学生实际

体育教学设计最终服务于学生发展，因此学生的实际情况和需求是其必须重点考虑和关注的问题。对此，体育教学设计切忌生搬硬套体育教学相关教材和素材等固定模式与案例，设计者应深入、仔细分析体育教学背景，制定出与学校、班级教学相辅相成的教学目标，安排与教学条件适应的、实用的且适量的教学内容，合理控制教学内容的难度，使其符合学生基础，使学生能够从知识学习中获得成功体验和乐趣。

（4）体育教学设计要在实践中不断完善

体育教学设计应不断付诸实践，在实践中得到检验并逐渐完善。体育教学并非一开始就是完全理想的，且不同阶段体育教学设计的要求不同，因而必须在实践中不断完善，这样才能适应于体育教学发展需求，才能有效提高体育教学质量。

6. 灵活性原则

灵活性原则，即体育教学设计应根据不同的学生、教学条件以及课型进行不同设计，以使设计方案能够灵活适用于不同的体育教学环境和教学需求。

不同学校、不同地区的体育教学环境和条件各不相同，且总体上还呈现出教学目标多元化的特点，部分地区的学校体育教学还具有特殊性。基于以上种种因素考虑，体育教学设计必须遵循灵活性原则，不可能存在着一个普遍的完全适用于任何体育教学情况的教学设计方案。对此，体育教学设计应当注意确保一定的开发性、变化性和空间性，应能够给予并允许适当的调整和改变，以提高体育教学设计的包容性，使其能够灵活应对复杂的教学情境。

7. 创新性原则

创新性原则，即打破传统、推陈出新，体育教学设计应当在教学理念、方法、策略以及内容上，在传统的、常规的体育教学上有所突破和超越。在体育教学设计中遵循创新性原则，可主要从以下两个方面入手：

第一，教师教学设计的创新。有效挖掘教学资源，提高教学效果，实现教学的高效低耗。

第二，体育教学设计的创新。为学生营造易于创造思维和能力培养的空间，创新设计教学设计方案，勇于打破常规和陈旧思想，用新的视角去观察和分析，对现有的体育教学设计进行大胆创新。设计者可以从教学方法创新、教学组织创新、学习模式创新等诸多角度去分析和尝试。

（二）体育教学设计的要求

1. 体育教学设计要适应体育课程教材内容的多样化

随着体育教学的逐渐发展，我国体育课程的教学内容逐渐多样化，体育教材体系逐渐完善，同时教学自主性也逐渐增强。因此，在进行体育教学设计时，设计者应当根据课程标准确立的教学目标对已有的教材内容进行筛选、重组，做到主次分明、重点突出、结构合理，在选择、安排教学内容的基础上，根据教材内容的特点，应用行之有效的教学组织形式，采用合理的教学方法和手段，以便更好地贯彻课程标准提出的各项要求，从而有效地实现教学目标，使教学设计效果最优化。

2. 体育教学设计要运用多种教学组织形式和教学方法手段

随着体育学科的发展，一些新的教学组织形式、教学方法手段逐步被引入体育教学领域，从而使体育教学组织形式、教学方法手段日趋多样化。为了适应素质教育的要求，体育教学设计也应该在教学组织形式和教学方法手段上日趋多样化，以适应学生不断发展的需要。

3. 强调情境对学习的重要作用

建构主义认为，学习总是与一定的社会文化背景及情境相联系的。传统的体育教学，尤其是对小学低年级学生，由于不能提供实际情境所具有的生动性、丰富性，使学生对知识的意义建构认识发生困难。加强对体育教学过程中的情境设计有利于培养学生的兴趣、创造性、主动性和探索精神。

4. 强调协作学习对学习的作用

建构主义认为，学习总是与一定的社会文化背景及情境相联系的。在传统的大学体育教学中，尤其是对初学者，由于缺乏实际情境的生动性和丰富性，学生对技能的掌握和理解可能存在困难。因此，加强对体育教学过程中的情境设计，有利于培养学生的兴趣、创造性、主动性和探索精神。例如，通过设置真实的比赛情境、户外活动等，让学生在实际环境中学习和应用体育技能，提高学习效果。

5.利用各种信息资源支持学生学习

为了支持学生的主动探索和完成意义建构，教师在学习过程中要为学生提供各种信息资源，这些信息并非用于辅助教师的讲解和示范，而是用于支持学生的自主学习和协作探索。

第二节　大学体育学习者与教学设计

一、学习者分析（整合信息）

为什么要对学习者进行分析？其根本目的是突显学习者在学习中的主体地位，从而激发学习者的主观能动性和积极性，更有利于学习者在学习中取得成就。这样做的原因有两个：第一，为了具体了解学习者的学习能力状况，称为"学习准备状态"；第二，为了了解学习者原有的知识认知程度，称为"目标能力状态"。教育者在对这两种状态充分了解后，再将它们进行整合，进而设计出教学活动，引导学习者重建自己的认知结构。因此，教育者想要让教学设计达到预期的效果，务必要进行学习者分析。

（一）学习者认知结构分析

奥苏贝尔（Ausubel）认为，想要进行有意义的学习，学习者就要将自己原有的认知结构与教学内容结合在一起，两者产生联系即可发生意义学习。因此，学习者的认知结构是产生有意义学习的最重要因素。所谓认知结构，就是"学生现有知识的数量、清晰度和组织方式，它是由学生眼下能回想出的事实、概念、命题、理论等构成的"。[①]由此可见，学习者要想更快地掌握新知识，就需要在原有的认知结构与新知识间产生联系。在此之前，教育者首先还是要充分了解学习者原有的认知结构状态，然后通过教学的方式使新旧知识产生摩擦，擦出火花之后就可以自然而然地将新知识引入原有认知当中。因此，了解学习者原有的知识结构状态其实就是分析学习者知识能力的起始之步。

如何断定一个学习者原有的认知结构状态呢？奥苏贝尔的学习理论中对此有阐述：不同的内容程度对应不同的学习类型，而教学目标尤为重要的一点就是要培养学习者良好的认知结构。奥苏贝尔提出了对学习产生重要影响的三个认知结构特征：第一，在学习者的认知结构当中，有没有一种吸收和固定的新观念；第二，在学习者的认知结构当中，有没有一种非常清晰的、起固定作用的观念；第三，在学习者的认知结构当中，有没有一种十分巩固的、起固定作用的观念。

奥苏贝尔影响学习的三个认知结构中，不仅有"教法"，还有"学法"，这对于教学设计的选择与应用来说具有非常重要的指导性意义，现分析介绍如下：

第一种认知结构变量：其是指"可利用性"，即学习者的原有认知结构里有没有能

---

① 沈竹雅.大学生体育运动与体育文化研究 [M].长春:吉林出版集团股份有限公司,2020.07.69.

够对新观念起到固定以及吸收作用的某些观念，该原有观念各方面都必须符合认知同化理论的条件，例如包容范围以及概括性等方面。新旧知识间若能够产生一些直接性的关系，那对于学习者所需要的认知加工来说就很容易了，其对于学习任务的完成也会比较轻松愉快。

第二种认知结构变量：认知结构的"可分辨性"，也就是有着吸收与固定作用的原有观念和所需要学习的新观念间存在的异同点是不是清晰可辨。因为，对于新旧观念来说，两者间的区别越清晰，对于发生以及保持有意义学习来说就越有帮助。换个角度来说就是指找到新旧观念间的相关属性时，也要努力找到它们之间存在的相互区别的属性，也叫作第一认知结构与第二认知结构。

第三种认知结构变量：认知结构的"稳固性"，也就是指这个起着固定和吸收作用的观念是否足够稳固。就好比一棵树，树根越牢固，对抗风雨的承受能力就越强，原有的观念越是牢固，对于有意义学习的产生以及保持也就越有利。例如，原有观念与学习知识相关，而这一原有知识非常牢固，那便是有利因素，这样学习者在学习新知识的时候也就会更加顺畅，能够促进新知识的学成；相反，所产生的效果也是消极的。

第三种认知结构变量分析有一种特殊的意义，就是为了让我们能够准确地了解认知结构稳定性可能带来的现象。若分析结果属于前者，就表示学习者原有的认知结构观念还算比较稳定，能够加以利用起来；反之，若分析结果属于后者，证明学习者认知结构的原有观念不够稳定，这种情况就需要教育者在教学过程中努力寻求一种补救的方式，以此将原有观念变得牢固起来，一来是为了让它能够在教学中发挥辅助作用，二来是为了避免不稳定的观念给新的有意义的学习造成不利因素。综上所述，我们可以看出奥苏贝尔的学习分类理论对于教学目标的决策来说，所具有的意义至少有以下三种：

第一，让学习者发生有意义的学习是老师确定教学目标首先应当考虑的因素。

第二，要依据学习类型多样性的关系来确定好教学目标的层次。

第三，教学目标确定之前要认真分析认知结构的三个特征，选出有利于学习者形成良好认知结构的教学目标。

（二）学习者认知结构的分析方法和途径

关于如何分析学习者原有的认知结构这一问题，绝大多数的理论与方式都是针对陈述性知识而言的。所谓的概念图，就是为了将知识结构表现出来的一种方式，但是对属于程序性知识的体育知识结构来说，该方式显然不是特别适合，因此我们需要根据体育认知属性来分析体育学习者，可以用到的方法与途径有以下几个：

1. 充分掌握学习者的内容

（1）分析班级情况

班级既是学习者学习的基本单位，又是教师开展教学的基本单位。因此，我们首先要对班级情况进行分析，包括班风、学习兴趣以及学习者的整体学习情况等，这些内容是如何正确选择教学方法的重要依据。

（2）分析学生的自然情况

我们首先可以通过班主任和其他教师来了解学生的各项特点；其次可以经常开展课外活动，充分观察学生已有的体育知识和经验；最后可以把学生体育成绩作为一个重要依据进行参考。

（3）分析学生的学习基础

对学生学习基础进行分析，是因为只有了解学生的基础才可以判断学生原有的知识能否与新知识产生迁移，如若不能，就要进行增补。分析学生的学习基础主要是分析学习者在课堂中可能会遇到的困难，如体能和运动技能等，还有学习者自身对原有知识的掌握程度和理解方法等。

（4）分析学生的差异

俗话说，"十个指头有长短，荷花出水有高低"。对于一个班级的学生来说其学习情况肯定也各有不同，有优秀的，有中等的，也有困难的。教师在进行分析的时候要了解不同学生的学习情况，对于相对困难的学生要采取应对措施。教师不仅要让困难层的学生达到教学目标，更要让优秀层的学生饱满起来，要关注所有学生的全面发展。

2. 了解学习者的方法与途径

第一，如何了解体育学习者？主要通过课堂提问、问卷调查、考试成绩、课堂或业余时间的运动观察等途径。

第二，了解学习者的具体方法有参与法、观察法、调查法等几种，常用的是观察法和参与法。

有很多优秀的教师会采取未雨绸缪的方法，在做好重要方面的学习情况分析并制定出有针对性的教学设计的同时，还要在每一课的教学设计中为学生安排好学习任务并对其再次进行学情分析，如此一来才可以做到防患于未然。

传统的教材一般都是以教学大纲为依据编写的，具有一定的严谨性与规定性，所以教师在进行教学设计的时候不能随意修改；而新教材则是为了顺应世界教材改革的热潮，它在编写过程中参考了西方优秀课程，具有一定的开放性，因此教师在进行教学设计的时候可以进行修改。传统教材的内容是以知识系统为主，然后依照循序渐进的原则进行编排的，其中心内容是知识，它强调了知识的系统性与逻辑体系的严谨性，但存在着老旧、烦琐等缺点。相比之下，新教材的主要内容是以经验系统为主，它是以主题集中、解决问题的顺序来进行排列编制的，学生的需求成为教材内容展开的方向，具有一定的弹性；同时，教材将"文化中介"作用凸显了出来，它的优点是能够培养学生的社会生活能力，缺点是知识重点之间没有稳定的系统性和条理性，属于非常跳跃的结构，有的教师适应不了，对于教学来说就存在着很大困难。由此可见，不论是对学习内容还是对学习者结构的开发，我们都要以一种开放性的态度来对待人类所创造出来的成果，在开发利用上尽量以有助于教学活动的一切有可能的课程资源为主。同时，我们要树立正确的教材观念，将两者的优势融合在一起，为教学服务，要做到用教材教，而非教教材。

二、学习者的情感准备状态与教学设计

（一）情感教学

1. 寓教于乐

寓教于乐，简单来说就是将教育与娱乐融合在一起，让人能够在娱乐中学习到知识。此原则在情感教学中的运用就是指在教学过程中，教师要制造出各种教学变量，让学生在学习过程中保持快乐轻松的情绪，让教学能够在乐于接受以及乐于学习的状态下进行。此原则相呼应的是"乐学"精神。

该原则核心包括：让学生在快乐中进行学习、让学生在认知兴趣中学习以及让学生的"外乐"转变为"内乐"这三点教学要求。

第一点，寓教于乐中所说的"乐"是指在快乐中学习，就是指教学环境因素的"乐"。例如，教师把教学环境进行创意改造，使用生动形象的教学形式，将游戏寓于教学当中，不仅能够勾起学生的兴趣，还可以满足学生的娱乐学习，从而使学生在环境中能够感到快乐。该方法虽将情感教学的原则灌输了进去，也满足了学生的需求，但是这种情绪快乐是低层次的，因为是通过操作来实现快乐情绪，而体育教学中不可能每次都采用这种方式来满足学生的娱乐需求。在体育教学活动中，负性情绪的教学也很重要，它能够对学生产生推进的作用。但是它对学生的促进是需要有条件来满足的，因此也不能够大面积使用。它是基本情绪领域中的一种，强度也不够大，若是无法进行新的深化便会很快失去其作用。

第二点，寓教于乐当中的"乐"，是学习中的快乐，我们把它称之为"学中乐"。

传统教学与情感教学相比，"学中乐"与"不乐"存在着很大的差异。传统教学注重认知，教师希望学生能够接受教学内容，并一直贯彻可接受性原则，但学生在接受时其情感状态如何，老师并不关心。很多时候就是这种不自愿的情绪引发了厌学与学而无效的现象。然而，情感教学中的教师不单纯要看学生接不接受教学内容，还要注重学生在接受内容时是不是处于一种学中乐的状态。换句话来说，就是指在情感教学当中，教师要关心的不仅仅是学生接受信息的能力，对于学生接受信息时的情感状态也要非常关心，因为要尽量让学生在接受时是快乐的。这种情绪上的快乐是由于教师把教学内容的认知变量作为操作点，从而激发出学生的学习兴趣，使其情绪保持良好。这属于情感领域中的中层强度。

第三点，寓教于乐当中的"乐"，是由"外在快乐"转变成"内在快乐"的方式。

这种快乐是属于前两种快乐的综合与积累。体育教学将学生的"外在快乐"转变成了"内在快乐"，那么就将学生的学习和其未来的目标连接到了一起。学生在思想、情

感上都会树立正确的价值观念与人生观念，与此同时，也会产生强大而持久的学习动力。这种境界已经达到了体育情感教学中的最高目标与最高层次，属于情操的领域，是个性的品质。就像英国的著名诗人莎士比亚将戏剧比喻成人生中的一面"镜子"，而法国思想家狄德罗也曾说过："艺术教育不是说教，而是人类的指导者，人生痛苦的慰藉者，罪恶的惩罚者，德行的酬谢者。"因此，从我国现阶段的体育教学实践中看，体育教学情感范畴中实质性的目标就是全面培养学生的社会性，以贯彻从近至远、从低到高这种循序渐进的方式进行深化，把学生在体验学习中取得的快乐转移到社会性需要上来。正如苏联著名的社会学家克鲁捷茨基所说的："感情的产生是受人的社会存在制约的。换句话说，感情具有社会性。感情的基础首先是需要……"由此得出，想要实现情操的发展与形成，教师就要将后天的体育教育的作用充分发挥出来。

2. 以情施教

何为以情施教？施教者必然是指教师，意思就是教师在教学中要动之以情、晓之以理，要提高自身的素养，方可教育学生。教师自己如果没有高尚的情操，那就无法将学生的道德意志带动起来，更加无法实现促进学生从"外乐"转向"内乐"。因此，教师在教学过程中要进行自我修行，用自己的情操感染学生，以情促情，让学生得到更全面的发展，从而使其对知识以及人生产生崇高的敬意。

我们经常用"春蚕到死丝方尽，蜡炬成灰泪始干"这句诗词来形容老师，而以情施教的原则就是这个意思，要求教师具有这种为他人牺牲自己的高尚情操。教师在教学中不仅要将教学组织好，还要在教学活动中将自己的爱播撒在每一个学生的心灵中，以此将学生的情感渲染出来。这是一种艺术的操作，也是具有高尚情操的体现。

3. 师生情感交融

师生情感交融，就是指师生之间的人际情感进行交流并有回路流动的一种状态，是情感教学中的一个重要原则。它所蕴含的深意是指，教师应当重视师生之间的情感交流，对学生要动之以情，用自己的良好情感去诱发出学生的情感反应，从而使师生间的情感能够融合到一起，促进师生间和谐关系的发展，进而优化教学效果。教师与学生在教学活动中能够相互帮助，使彼此间的心灵沟通能够更加融洽，那么师生间的情感关系也会处于一种积极而和谐的状态中。这种情感虽说是人际互动上的，但是对于教学中伴随着认知活动所产生的情感来说仍然具有重要的意义，而且对于陶冶学生的高尚情操与发展健康的个性来说有着不容小觑的作用。"爱"的情感是师生情感交融原则中最基本的成分。"爱"可以分为很多种，既可以是老师对学生的"关爱"，也可以是学生对老师的"敬爱"，还可以是学生之间的"友爱"，这种不同的"爱"联系到一起，成了"尊师爱生"的原则。"师爱"即老师对学生的爱，是师生情感交融原则中的主导作用，也是其基础要素。正确认识师爱与培养师爱是师生情感交融和谐气氛的前提。

综上所述，社会性需要的发展、情绪体育积累、情感的迁移等诸多因素在情感原则形成的心理机制上所起到的作用都非常重要。这些因素为了实现情感原则，它们彼此之间相互协作、相互渗透，共同发挥着作用。

（二）情感教学的设计与运用

1. 从求知的满足中发展乐学

一般来说，教师都是根据学生本身的认知结构以及认知能力安排教学内容，但是这种安排的方式不一定能够符合学生的求知需求，故而可能会造成一种学生对所安排的教学内容不感兴趣的现象。内容如果与学生的求知需求不相匹配，就不能让学生产生快乐的情绪。由此可见，教师需要对学生求知需求进行分析，所安排的教学内容也需要尽量靠拢学生的求知需求。教师应站在学生的角度设计教学，不能传授自己认为好的——因为那不一定适合学生，而是要从学生真正的求知需求上入手。为了尽可能满足学生的求知需求，教师可以从以下几个方面来入手：

（1）将背景扩展

学习情境的创造是体育新课程教材中的特点之一。所谓学习情境就是指学习的背景，创造学习情境就是设置出一些与众不同的学习背景，教师可以将一些具有民俗风情的媒体资源带到课堂学习中来，这种新型的教学方式能够给学生一种更形象的感受，也便于学生理解学习内容。这样一来，不仅有助于学习，更有利于丰富学生的情感。例如，一位广州的体育老师在进行游泳课前，为学生设计"打水仗"，不仅可以让学生找回童年的记忆，还能达到开展准备活动的目的，受到学生的欢迎。

（2）将主题进行拓展

每一个教学内容都会有一个主题，这是课程开展的中心点。因此，我们要对这个中心点进行设计，将其创造出一系列具有趣味感以及层次感的学习情境。这是新课程标准的理念，它不仅能够吸引学生的眼球，还能激发他们对于知识的求知需求。例如，体育课上学生的集体合作意识不强，一位老师对此进行了有针对性的准备，在耐久跑课程准备练习中设计了"开火车"游戏，游戏环节不仅丰富多彩，还蕴含了团队合作的深意，将学生集合在一起不仅完成了学习任务，还让学生在学习中感受到了快乐，更重要的是拉近了同学间的关系，增强了他们的集体合作意识，促使他们了解了个体与集体在合作中的意义，与此同时，也在很大程度上增强了学生的顽强意志与坚韧不拔的品质。

（3）拓展活动

很多时候学习对于学生来说就是一件枯燥的事情，这种主观意识占据了他们的思想，故而抗拒学习。因此，在教学中教师可以适当地改变教学方式，可以借助类似的练习活动替代枯燥的教材内容，从而激发学生兴趣，让他们自觉接受，主动学习。例如，在练习单人跑步时，教师可以将单人跑改为"双人绑腿跑"，跳远改成"过龙门"游戏等。在改良过的教学内容上再结合教学目标上学习内容的一些练习，这样的效果将会更好。

（4）拓展延伸

拓展延伸即以教学内容的主题为核心，再设计出一系列由易到难充满趣味的学习情境，用一环接一环的方式群集完成教学目标。例如，一名教师对"接力跑"的教学设计如下。针对接力跑的教学目标：第一，全面发展学生跑步的能力；第二，培养学生之间团结合作的品质。具体练习分组的安排：第一步先是手拉手跑，第二步挎肘跑，第三步抱腰跑，然后左45度手拉手跑、右45度手拉手跑，再练习直线慢走学习交接棒、直线慢跑学习交接棒、直线快跑学习交接棒，最后进行比赛。俗话说，"良好的开端是成功的一半"，这位教师在课程开端前就为整个教学过程奠定了基础，并且将教学内容的第一步确立了出来，严格按照教学目标的要求进行，不仅给后部分教学环节带来了优越的前提条件，还让学生有效地将新课程的教学理念表现了出来。在整个过程中，教师把教学内容安排得妥妥当当，让学生能够集中注意力，并以认真积极的心态将学习任务完成得悄无声息。

2. 从成功的满足中发展乐学

我们从教学实践中可以察觉到一种现象，能够激发起学习者良好情绪的不单单只有求知需求，很多时候能够点燃学生快乐情绪的途径，还有学生对于成功的满足。因此，成功的满足是情感教学中的另一种途径。

学生在学习中特别希望能够通过完成某件事来满足自己的渴望，这种满足感有利于激发起学生的积极性。很多时候，学生需要的是鼓励与表扬，而并不是一味地指责与批评。学习者得到成功需求的满足之后，其学习行为能够强化。在教学过程中，学生在活动中获得成功的体验并产生的快乐情绪对于他自身的学习来说，具有一定的促进作用，其不仅能够满足学生的成功需求，还可以让学生对学习这件事产生极大的热情。苏霍姆林斯基曾经给予教师忠告："请记住：成功的欢乐是一种巨大的情绪力量，它可以促进儿童好好学习的愿望。请你注意无论如何不要使这种内在的力量消失。缺少这种力量，教育上的任何巧妙措施都是无济于事的。"由此可以看出，成功是一种极大的力量，这种力量可以给学习者带来无限的积极性，而且这种力量是情感教育中无法被替代的一味良药。

成功体育的教学方法安排如下：

（1）难度降低法

不管是学习什么体育项目，都会有第一次，而有的学习者可能存在天生不够灵敏的现象，对于第一次所学习的东西无法很好地适应。因此，教师就要将学习项目的难度降低。例如，初次学习排球时，教师对于一些困难的学生可以适当地将难度降低，原本是要站在发球线后发球，可以调整为发球线内发球，让他们有一个适应的过程。又如进行篮球教学时，教师可根据个别学生的具体情况将距离进行缩短练习，如此一来，更有利于帮助他们完成基本动作；在进行排球教学时，很多学生面对2.43米高的网极度缺乏安全感，教师如果将网高适当降低，就能够帮助无法完成的同学完成基本训练，同时也能够激发他们的自信心。在训练中还有很多诸如此类的情况，体育教学也并非专业运动员的训练。

因此，教师在训练过程中不必那么苛刻，与其要求学生完成根本完成不了的任务而打击其自信心，还不如通过降低难度的方法让他们获得成功。这种成功可能只有点点滴滴，但是在坚持不懈的努力下，滴水总会成为涌泉，也给他们带来无限的自信心，从而更好地投身于体育锻炼当中去。当学生获得这样的成功心理，在往后的生活中，他们就可以将这种积极因素带入每一次困难中，并通过自己的调节将困难击败，最终获得成功。即使结果不是最完美的，但他们还是能够为成功而努力。

（2）不平等竞赛法（让获胜的机会雨露均沾）

在进行成功体育教学的比赛与游戏当中，教师对于资历与能力不同的学生要分别对待，不能以同一种要求去要求所有人，不仅要做到使所有学习者都能够拼尽全力地参与，还要让他们都能够获得胜利。例如，在进行立定跳远的比赛时，计分模式是以与自己的个人成绩对比为主，超过个人最好成绩可获得3分；若是等于个人最好成绩可得2分；低于个人最好成绩的计1分。经过几轮的跳远后，将获得的分数进行叠加，评分最高者获胜。

（3）层次教学法

为什么要在成功体育教学中使用"层次教学"法？因为采用层次教学法既能够考虑到个别差异，又可以将个体最充分发展的教学策略体现出来。例如，在练习长跑的时候，教师应按照学生学习水平层次的不同设计出不同层次的练习，分到同一层次的同学可以进行相互比拼，以此找到每一层次中跑得最快的学生，以及任务完成得最好的学生，从而点燃学生的积极性；教师在跳高课的教学中也可以采用这样的层次教学法，画一个圆形，在圆心的位置往四周从低到高拉四条或者多条高度不一的橡皮筋，学生按照自己的实际水平选择练习点，如果跳过了自己所选的那个高度，则可以挑战下一个高度。这种分层次的方法可以激发出学生学习的积极主动性。在完成一个高度的时候，他们也会把目标设定到下一个高度上，以此实现自我挑战。

我们可以把成功体育教学设计的策略分为三个阶段，分别有以下三种特征：

第一阶段的特征：教师辅助学生获得成功。在学习过程中，教师是触动学生产生学习动机的开关，应适当地鼓励学生，让学生能够积极主动地参与体育学习，并获得成功的体验。如果获得了多次的成功，学生的体育基本学习习惯以及基本能力和基本成功的心理就会慢慢成为一股力量，故而形成第二阶段的循环。

第二阶段的特征：学生自己尝试成功。到了这个阶段，教师的辅助性功能降低，让学生自己尝试成功，以促成学生积极参与体育活动为目标。在此之前，教师要为该次的体育活动创造出优越的前提条件，从而点燃学生的主动性。学生在尝试的时候，所获得的成功将会远胜于第一阶段，而学生自身的成功心理以及想要获得成功的能力将会走上更高的层次，慢慢实现自我鼓励的状态。在尝试成功阶段的循环中，学生会发现自己的能力，教师也会在其间看到学生的状态，进而产生第三阶段的循环。

第三阶段的特征：学生学会自己获得成功。此时，虽然学生已经成为主体，但是教师的辅导作用仍然不可或缺，此阶段的目标是在教师的辅助下学生形成自我期许，自觉主动地将成功的机会攥在手中。在学生自己争取成功阶段进行循环时，学生也慢慢形成了稳定的自我学习的内部动力机制。

3. 从兴趣的满足中发展乐学

俗话说，"兴趣是最好的老师"，很多时候我们都可以将一件喜欢的事情做得很好。从古至今，那些乐于教学的人都在找寻想要实现让学生在娱乐活动中进行快乐学习的课题。虽说教学活动与娱乐活动分别属于不同性质，但是两者间的关系并不完全排斥。学生把学习定义为一种枯燥的东西，对教学内容提不上兴趣，而如果将学习内容本身赋予一种具有趣味性的形式，如游戏的形式，那么充满娱乐性的教学活动就可以在这个领域中进行统一，便具有相同的意义。这对于教师的教学工作而言，具有非常大的优势，充满娱乐性的教学活动不仅不会受学生排斥，还会受学生的欢迎。故而，将恶劣的态度转变为一种积极的态度，也会提高学习的积极性。杜威曾说过："经验表明，当儿童有机会从事各种调动他们自然冲动的身体活动时，上学便是一件乐事，儿童管理不再是一种负担，而学习也比较容易了。""总之，学校所以采用游戏和主动的作业，并在课程中占有明确的位置，是理智方面和社会方面的原因，并非临时的权宜之计和片刻的愉快惬意。"由此可见，若能在兴趣中进行学习，对于学习者来说，学习将不是一件难事，而是一件乐事。从兴趣需要的满足中引发乐学的方式有两种，即在兴趣情绪中引发出来和制造出某种情境满足。研究表明，很多优秀的教师会有以下几点做法。

（1）在兴趣情绪中引发

不管做什么事情，人都要有一个心理准备，才不会造成手忙脚乱的局面。在对学生进行教学活动时，他们脑海中所存在的兴奋点与教学活动无关，对将要学习的课题提不起任何兴趣，那学习对于他们来说就是被动的。强迫一个人去做一件事，必然不会取得好的结果，因为学生对于教学活动没有任何心理准备，在这样一种情况下对他进行强行灌输，教学效果必然不理想，甚至更差。对此，苏霍姆林斯基也提出过类似的观点："如果教师不想办法使人产生情绪高昂和智力振奋的内心状态，就急于传授知识，那么这种知识只能使人产生冷漠的态度。"在教学活动的前期阶段，教师要努力把学生带入教学活动过程中，可以利用以下几点方法：第一，运用巧妙的技巧（具有挑战性的提问，给学生带来强烈的视觉刺激，使他们对接下来的教学活动有足够的心理准备）；第二，利用眼神、语言或者手势等展现出热情与活力；第三，利用一种与众不同的方式呈现出来；第四，利用奖励与表扬的制度；第五，收集学生真正的想法，将其列入教学当中，从而勾起学生对教学内容的兴趣。

教师在教学过程中不能够用单一的教学方式进行讲解，而要利用各式各样的形式将教学内容展现出来，新颖而特殊的方式才可以引发学生的注意力，并将教材中包含的艺术性、启发性、趣味性等都呈现出来，同时要利用教材中的精华部分引发起学习的欢乐气氛，勾起学生的兴趣欲望，学生也就自然而然地参与进来了。赞可夫曾说过："不管你花费多少力气给学生解释掌握知识的意义，如果教学工作安排得不能激起学生对知识的渴求。那么，这些解释仍将落空。"要想课堂变得有趣又生动，教师可以采取扩展其背景、扩展延伸等方法。著名的教育家巴班斯基曾说过："一堂课之所以必须有趣味性，并非为了引起笑声或耗费精力，趣味性应该使课堂上掌握所学材料的认识活动积极化。"由此可知，课堂上的趣味性是让学生产生积极主动性的重要因素，没有人愿意枯燥乏味地进行学习，也没有人愿意毫无准备地开始学习。所以，在兴趣情绪中引发乐学是非常重要的，对于教学效果来说具有重要意义。

（2）制造出不同的情境、寓知于趣

我们从当代教育心理学中可以得出一个这样的结论，教学设计的主要因素包含了教材的情趣性与认知性。通过教学实践可知，将能够满足学生快乐的组织机构和心理沟通的交往形式组合在一起，会出现不一样的教学效果，如此一来，体育教学的本质就包含了显性教学的组织发生和隐性教学的滋生，而教学的整个过程中就蕴含了知识因素和情感因素，两者相互融合流淌在整个教学活动里，不仅可以为教学课堂带来别样的生机，还将使教学效果愈发优异，使知识融于兴趣中。

因此，教师在教学过程中，要让认知因素以及情感因素间具有一定的协调性与统一性，对于这一客观教学规律，要有深刻的认知与了解。同时，这也是将改革进行深化前必须解决的根本性问题。详细的做法有以下几点：

第一，寓知于境，将情境因素的引导作用发挥出来，促使学生的认知情趣迸发出来。教师要将已确定的教学内容与学生的求知需求相匹配，最大限度上将满足学生快乐的组织结构表现形式和心理沟通的交往形式相互组合在一起，促使它们能够完全相符合。譬如"健康工作五十年，幸福生活一辈子""健康不仅是没有疾病或不虚弱，而是身体的、精神的健康和社会适应的完美状态"。利用这样一种理念点燃学生学习动机的内驱力，既能够调动学生的积极主动性，还可以激起学生产生社会性需要。

第二，找到学生期望完成的某一件事以及需求上兴趣转移的原点，利用学习的趣味性将兴趣成功地转移到体育学习上来。

第三，古语云："数子十过，不如奖子一长。"盲目的指责比不上一次鼓励。从古至今，各种教育理念都倡导用鼓励的方式教育学生。因此，教师可以根据学生认知成功的具体表现，制定出相应的奖励，点燃学生的求知欲望。例如，对于学生的学习，教师要时常给予表扬，这样可以增加学生的自信心，并对教学中存在的可调控因素加以利用，为学生提供进行自我展示的机会；同时，将奖励的机会增加，让学生在学习中能够取得愉快的体验，强化兴趣转移的力度，从而促使学生更加热爱体育运动。值得注意的是，每一个学生都是一个单独的个体，他们的智力与能力都存在或多或少的差别，为了让每一个学生在体验活动中都能够获得快乐感，教师需要做到因材施教，进行分层次教学，保证每一名学生都拥有快乐的情感体验。

第四，创造出竞争形势的情境，让学生在竞争中感受到快乐情绪的体验。但是在某些客观因素下，如智力差异等，想要使每一个学生都获得快乐情绪，教师就必须针对其个别差异采取相应措施，为他们提供特别的学习背景，利用学生的"好胜心"，对其"添枝加叶"，然后根据每一个学生的特点来制订相应的学习计划，提供相应的学习环境以及学习资料，并给予强化训练。如此一来，拥有一颗好胜心的学生就会把兴趣变成斗志，最终成为他们的志向。美国的心理学家对此提供了三点建议：第一，为了激发学生的尝试心理，要让所有的学生都感受到他们存在一个成功或者失败的可能性，想知道结果就需要亲自去实验；第二，要为学生提供各式各样的竞争活动，这样才有可能让所有学生获得成功；第三，要让学生明白一个道理，竞争最大的对手是自己，自己能够一步步进步就是最好的结果，不要太过关注他人做得有多好或是做得不如自己。

三、学习者的行为发展与教学设计

（一）对学生行为进行分析以及设计

行为理论证明了意识与行为是辩证统一的关系。所以，系统分析学生的行为是首要任务，而教学设计的核心工作就是设计便于指引学生学习行为的教学方案。

1. 对行为客体与目标进行分析

确定好学生行为的客体与目标是教学设计的首要任务。制定学生行为目标的可能是教师，也有可能是学生，其对照教学目标选出自己擅长与热爱的。换言之，确定教学目标不是分析学习行为目标的主要因素，而是要判断出学生对于教学目标的理解与取舍。

2. 对行为主体即学生的特征进行分析

学习起点、学习风格以及人际交往等特征都属于行为主体特征。所谓学习起点，就是指学生目前拥有的知识技能水平、情感态度等；学习风格就是指学生在学习过程中养成的学习习惯，如在什么时候学习、在什么环境下学习、用什么思考方式等，换言之，就是学生学习的偏爱，如有的学生喜欢排球，而有的学生喜欢学习篮球；人际交往特征就是学生在进行人际交往时所表现出来的特征，如性格是内向还是外向等。

3. 对学习团体与角色分工等进行分析

教师要明确学习者进行学习过程中的人际环境。以班或学习小组为单位的都属于学习团体。进行教学设计时，教师要观察学生之间的交往规则，在交往规则的基础上帮助活动团体制作出有针对性的活动行为规范；若学习行为需要进行角色分工，教师就要辅助学习小组明确分工。分工要明确到个人，包含任务的划分、每个人应该尽到的职责与义务等。例如，在一次运动季里，学生根据自己的喜好进行自由组队，或者是体育老师根据学生的能力进行分组。在这个运动季中，学生以小组为形式进行体育活动，小组选出一名组长，并在组长的带领下，一起研究比赛的技术与策略。教师可以利用这样的团队模式帮助学生养成团队合作意识。在练习过程中，学生要进行角色扮演，如裁判、运动员、统计员等，角色不能固定不换，要轮流替换，让每一个成员都有尝试其他角色的机会，多方面发展锻炼，以此掌握更多的运动知识与运动心态，从而更好地了解成功运动经验中必须具备的因素。

4. 对学生学习行为的构成即活动、操作等进行分析

在教学设计过程中，一定要掌握构成预期行为的活动有哪些，其目标又是什么？又是由哪些操作构成的这些活动，其约束的条件是什么？关于这些问题的分析可以通过学习任务分析和过程任务分析两种方式来进行。其实对学生进行运动教育就是为了借助这些真切的运动情境让学生取得全方位的教育与发展，成为一个有能力、有教养、有激情的运动参与者。

有能力的运动者，就是指掌握的技能足够多，参与比赛的运动技巧足够强，遇到问题能够及时提出解决办法，并具有丰富的运动知识的人。

有教养的运动者，就是指通过运动教育之后能够尊重运动规则并懂得运动传统习俗与礼仪的人，他们不仅能够辨别运动是非，还拥有运动欣赏的能力。不管是参加运动比赛的运动者，还是观看比赛的观众，都应该具有良好的运动教养。

有激情的运动者，就是指通过运动教育后能够积极参与各种不同民族运动以及学习不同民族地区运动文化的人，学习之后还要学会积极传承下来，为运动文化付出自己的精力与时间，将各类运动文化很好的发展开来，为他人在运动中的成功奠定基础。

运动教育有一些非常重要的目标，例如，在课余时间能够积极地参与运动；学习与发展有关于训练和裁判的知识；提高解决运动问题的能力；发展欣赏特殊的运动习俗与运动仪式的能力；学会团队合作，朝着同一个目标前进；尝试扮演领导角色，培养自己的责任心；学会与他人分享运动经验，并具备与他人共同策划运动的能力；积极参与适合自己身心发展的运动；在进行运动比赛时，具备评价与运用战术的能力；发展自身的专项运动技能等。

5. 对学生的学习工具（效能工具）、认知工具和交流工具进行分析

所谓效能工具，就是指能够为学生工作效率提供促进作用的工具，如场地、器材以及组织安排等；而认知工具就是指为学生发展思维方面的能力提供各种方式，如体育知识系统、数据库等；交流工具则是促成师生间进行沟通的重要工具，如合作交流、探讨等。教学设计者制定教学目标时首先要明确学生在完成学习目标时会用到哪些工具，掌握不同的工具的主要特征与性能，如支持哪一种活动和操作。

6. 选择与设计出预期的学生行为

教师可以通过上面的分析结果将学生的学习行为选择和设计出来了。设计和选择出来的学习行为，其分工是明确又公平的，而人际交往的规则也是明了易执行的，对于这种行为的认知工具来说既多种多样又容易取得。学习行为整体来说就是操作与基本活动

都容易完成，评价的标准不仅明了又便于实施。

（二）设计学习环境

所谓学习环境，就是由学习的资源以及人际关系所形成的学习氛围。学习资源就是指学习者需要用到的学习材料（信息）、能够帮助学习者获得学习的认知工具（能够获得、保存信息的工具）、学习的背景即学习空间和场地等。人际关系包含的范围比较广，如师生间的人际关系、学生间的人际关系。关于这个方面的实例正如新运动教育技能类的教学模式。

按照学习行为的需求明确所需要提供的学习资源与需要维护哪一种人际关系，是分析学习环境的首要任务。同时，学习环境要尽全力为学生提供容易获取以及方便使用的认知工具、简洁易行的人际交往规则、精准无误的行为规范及公平公正的劳动分工，做到这些才能够最大限度地维护学生的学习行为。

此时，教师不再是学习材料的主要来源，而处于人际关系层面。同时，教师也不属于学习者的辅导老师，而是一个群体学习中的学习参与者，不仅可以借助人际关系来引导学生管理好自己的学习活动，还需要利用学生这个身份融入学生的学习活动当中去，亲身体验。

（三）对学生的行为进行评价

从行为理论中可以得出，对于离开行为所发生的环境，人们无法将行为正确地解释出来。所以，对学生的行为进行评价时，教师需要根据两个方面进行判断：一方面要看行为结果，也就是看预期的学习目标有没有实现；另一方面还需要看行为发展的变化过程与影响行为的环境条件。例如，学生有没有因为不熟悉认识工具导致学习材料的准备工作没有完成，有没有因为自身的生理或心理障碍对进行人际交往行为造成阻碍等。综上所述，行为理论所支持的教学评价是一种综合性的评价，同时还是从历史角度的、发展的以及辩证的眼光对教学做出的一种评价。

（四）用运动教育的模式来进行学习评价

运动教育注重终结性评价与过程评价两者的结合，包括的内容主要有以下几点：认知评价、战术评价、运动技术评价及行为评价等。但是无论是哪一种评价，角色扮演者与运动者两项评价是必须包含在内的。在评价时所用的方法最好是分数累加法，这样可以确保评价的全面性和客观性，让每一次的学习都能够与最后的评价联系在一起，而个人的成绩与小组的成绩也可以互相联系。当然，最终的评价方法还是由教师按照各项目的特点而定。除此以外，教师还需要考虑到的因素就是学生参与运动的行为以及态度。

把行为理论作为基础而发展出来的教学方法以及教学设计多不胜数，而活动教学法就是其中一个最典型的例子。活动教学法就是指在教学中引入一些具有创造性、实践性的，以学生为主体的教学活动，目的是点燃学生的积极主动性，全面发展学生的整体素质，从而激发出学生主动思考、主动参与、主动创造的特性。这是一种新型的教学观和教学形式，用这种教学法进行教学设计，对于学生来说可以获得更多宝贵的知识技能。例如，"角色扮演法"就是培养学生体育学习行为方法中的一种。

角色扮演顾名思义，就是搁浅自己本来的身份，把自己放置到其他人的位置上去。用这种方法进行培养学生体育学习行为，就是将学生暂时性地置身于某种特殊的社会位置上去，其行为举止和态度都要按照这个特殊角色来实行，以便加深人们对于该角色的认识，也便于学生自己能够更好地扮演该角色，掌握扮演该角色的心理技术。

第一，基本原则是以活动教学为主。指导思想是用活动的形式促进课堂教学的发展。活动式教学实质上就是指学生学习与发展的基本途径都是以活动为主，围绕着活动展开一切行为，不管是学生的情感、态度以及价值观的形成，还是思维与智慧的发展，都是在主客体相互作用下实现的，想要为学生发展提供最好的途径只能靠活动，并且能够帮助学生将潜在发展的可能性转化为现实发展的肯定性。

第二，要重视在活动中体现出来的开放性与创造性。参加某种活动时，良好的人际氛围是非常重要的，只有开放、轻松的氛围才有可能让学生形成独立自主的心态。这就能为学生取得创新性学习成果以及创造性的思维带来有利条件。

第三，封闭式课堂与开放性课堂的根本区别就是前者给人压抑感，而后者给人轻松愉悦感。因此，创造开放性的课堂是活动式教学中非常重要的一种表现形式，如可以在活动室建立课堂，或者建立社会小区课堂与跨区域性的大型社会课堂。

第四，保证师生之间的关系是和谐民主的。人与人之间的相处首先要做到的就是尊重与信任，师生之间也是一样，教师要极力尊重、信任学生，学生亦是如此。教师要尊重学生独特的思考方式，尊重活动的特殊性与差异性，让学生成为学习与活动的主角。在活动中，师生之间应是地位平等的指导者与咨询者。

第五，把学生看作主体，为其制定出多姿多彩的教学内容。

第六，设计出多种多样的教育样式，并灵活运用，如演讲、辩论、多媒体教学、模拟活动等有趣的方式。

第七，设立各种奖励机制，如评比、表彰、颁发奖状等。

第八，对评价体系进行适当改革。教师对每一个同学的进步都要进行认可，对那些极具创意性且有参与性的活动进行奖励，可以很大程度上推进学生的创新意识。

四、确定学生的起点能力

（一）明确学习者的知识起点能力

这里所说的知识起点能力就是指学生拥有的基础知识与认知结构。不论是建构学习理论还是奥苏伯尔的意义同化理论，都认为学生原本具有的认知结构是新知识的培养基础，就好比一棵露出头的嫩芽，它露出的部分以及根部都是它原有的认知结构，我们接下来的培养就是在它原有的基础上进行的。

（二）明确学习者的技能起点水平

分析学生的技能起点水平，首先需要教师掌握学生学习某种任务前必备的从属技能，包括技能的熟练程度。

（三）明确学习者的态度起点水平

学习态度的起点水平在教学设计中所具有的教学效果也非常重要。在学习中，学习者所保持的较为牢固的行为倾向，称之为学习态度，学习态度是多种多样的，有的积极、有的消极，或肯定、或否定。学习态度是个体倾向的体现，对个人行为有着举足轻重的影响。因此，其对于学习效率而言也具有非常重要的意义。

想要精准地将学生的学习态度测评出来，其难度都是有目共睹的。对此，使用"态度量表"是一种最常见的测评方法。

除了用态度量表测试之外，还有很多方法可以测量学生学习的态度起点，如观察、谈话等。此外，还需要注意的是，要时刻关注学生学习态度起点有没有发生改变。

对此，教师需要做到的几点是：首先，充分了解认知发展、行为发展和情感发展三个方面的发展在教学活动中所特有的各种属性，以及其在学习效能中起到的作用。在教学设计前要整理好思路，研究出有效率的教学目标，把所有对学习成效产生积极反应的教学策略都挖掘出来，从而将自己的教学设计进行优化完善。其次，要为学生创设多种不同的教学环境，根据学生学习程度的差异制定出不同的变量，提高学生的参与程度，并培养学生的学习兴趣，激发学生乐学的动机；努力营造出被学生所接纳的、乐学的课堂气氛，与学生建立良好的人际交往，一起分享学习的快乐。最后，把"以学生为中心"的教学流程以及"为学习而设计"的教学策略充分地利用起来。

第三节　大学体育教学设计的多元化理论

一、契约学习理论

（一）契约学习理论在大学体育教学中的具体应用

契约学习理论作为一种人性化的教学方法，尊重学生的身体素质差异，能够有效制定良好的学习契约，并给出相应的指导。在契约学习理论开展时，需要根据以下步骤制定契约。其一，根据学生的身体素质状况进行分析，教师需要对学生的身高体重，肺活量、力量、耐力、速度、柔韧等多个方面进行判断，为契约的签订提供重要基础。其二，制定个性化的学习目标。在对学生的身体素质状况和运动基础诊断以后，教师需要根据学生的实际特点，制定明确的教学目标，达到良好的学习预期效果，在目标制定时教师除了要关注学生的运动技能、体质健康之外，还要对学生的情感态度和价值观念进行充分考虑。在制定契约的过程中，如果学生提出了不适当的期望，可以及时进行修正。其三，制定完善的学习规划，在学习目标确定之后，教师和学生就需要认真讨论学习计划和学习方案。学习计划设计包括课上的学习，还应该对课后时间进行充分利用，加强学生的日常锻炼，使学生养成良好的运动习惯。在学习计划锻炼时，要针对体育锻炼的频率时间和强度等内容进行判断，确保锻炼的整体水平得到全面增强。其四，明确教师和学生的权利与义务。在学习计划完成之后，教师能够对学生的学习进度完成情况进行随时检查，向学生提供教育资源，帮助学生提供学习建议等，为后续活动提供更多的可操作性。其五，签订学习契约。通过对上述步骤进行分析，能够保证学生对契约学习的方法有着准确的认知，及时发现学习契约的不合理问题，进行复议。在确认无误后，双方签订学习契约，将契约的内容付诸行动。其五，执行学习契约，验收学习结果。在学习契约签订完毕后，教师和学生都需要按照契约的内容开展具体的学习活动，在学习结束之后，教师应该根据学习契约所签订的内容对学生进行考核，判断学生履行契约的情况，通过恰当的评价方式来对学生进行后续指导，增强契约的整体教学效果。

（二）契约学习理论在大学体育教学中的应用价值

1. 有助于学生培养独立学习的能力

在大学体育教学中应用契约学习理论，能够根据教师和学生之间的深入沟通和交流签订学习契约，学生可以对各种体育知识和体育技能进行深入学习，同时还能够增强学生制定计划、安排进度、调整计划的能力，使学生增强自我监控意识，培养学生独立学习的效果，确保学生的学习水平得到有效提高。

2. 有助于激发学生体育学习兴趣

在大学体育教学中，通过培育学生的体育兴趣，可以使学生产生积极的情绪状态。体育学习兴趣也能够激发学生自觉的体育行为，并产生最直接的影响效果。在大学体育教学活动开展时，学生通过体育兴趣能够提高学生的学习质量。在契约学习的过程中，能够尊重学生的个性化差异，使学生真正成为体育教学的主体，帮助学生对自己所学的内容和要求做到心中有数，以此为基础，加强教学规划和教学执行，打破传统体育教学过于呆板的方式。同样也能够提高学生的学习主动性。在学习契约签订时，帮助学生有效解决学习契约的种种问题，获得更良好的学习体验，促使学生唤醒求知欲和好奇心，帮助学生养成良好的契约精神。

3. 有助于营造良好的教学氛围

在开展契约教学时，体育课程不应该刻板、沉闷、严苛、枯燥，而是要保证课堂教学氛围更加愉悦、生动、灵活，满足学生的实际特点。在大学体育教学开展时，让学生在张弛有度的环境下，提高学习主动性和积极性，提高教学质量。而契约教学法与传统的课堂教学相比较而言，能够帮助教师与学生进行深入真诚的沟通，增强教师与学生之间的相互理解，彼此信任，使师生的关系更为融洽，进而营造良好的教学氛围，提高学习的整体水平。

4. 有助于教学相长的实现

在大学体育教学中应用契约学习理论，可以转变教师的角色，与传统体育教学方法相比较而言，教师不再是体育课程的主导者，而是课堂教学的监督者和辅助者，通过这样的方式能够使教师对自己的工作有着更加清楚准确的认知，明确自身的价值需求。而在应用契约学习理论的过程中，还要积极增强课堂教学反思能力，提高教师的教学经验与水平，加强对学生的深入了解，这样更有助于教学相长快速实现。

（三）契约学习理论在大学体育教学中的注意事项

在大学体育教学中应用契约学习理论时，最重要的就是注重操作的灵活性。学生是一个活动的主体，会受到学习活动的影响，出现各种有价值的问题。教师可以根据学生的发展状态进行适当的调整契约，保证学习契约内容更完善，增强学生的学习效果。教师必须注重自身作用的发挥，在契约教学开展时，教师不能完全承担所有的学习责任，也不能放松对学生的管理，让学生纯粹自学，而是要做到有效发挥辅导和辅助作用，加强对学生的引导与帮助，确保学生契约履行的整体效果大幅度提高。增强学生对契约学习的正确认知，学生只有准确了解契约学习理论的重要作用，有效参与到契约学习活动之中，才能取得理想的成效。在契约学习理论应用时还要注重局限性，任何一种教学方法都不是万能的，对于契约学习理论来说，有效处理好师生之间的关系，才能确保契约教学整体效果得到全面提高。

二、传播学理论

传播，简单来说就是将信息从一个地方传到另一个地方。传播学的研究内容包括信息的效能、结构和形式及其传播的过程。大学体育教学同其他学科教学一样，实质上就是一个信息传播的过程，因此在大学体育教学设计中传播理论起到不容忽视的重要作用。传播理论解释了大学体育教学系统中信息传播的过程，描述了各要素之间的关系以及动态联系，为大学体育教学设计提供了坚实的理论基础。

（一）信息的定义和信息的传递

通常人们对信息持有三种理解：第一，信息即为通信的消息。第二，信息是运算的内容。第三，信息是人类感知的来源。

学界对信息的广泛理解为"信息是指反映客观事物的特征与变化的组成"。其中传播学之父威尔伯·施拉姆（Wilbur Schramm）针对信息的传递提出了有利于信息的传播和接受的模式。这一模式中主要包含信息发送者、信号、信息通道、信息接收者等四大要素。信息发送者利用特定的媒体，使用语言、表情或手势等发送信息，这些信息中隐含信息发送者的态度、能力、素质以及经验等。其中，信息必须经过一定形式的编码，通过一定的信息传播通道传播出去，这些通道主要有视觉通道、听觉通道等。对此，大学体育教学设计中应该关注的问题就是，每一种不同的信息该利用什么样的传播通道，才能为学生所接受并获得良好效果。在信息传播给接收者后，接收者对信息进行解码并赋予其意义。要完成这一工作，接收者必须能够敏锐关注信息的细节，而这又取决于他的经验、能力、个性以及价值观等。此外，信息呈现的质量也会对这一过程产生重要影响。传播真正有效的部分通常都是信息的传播者和接收者两者之间的经验领域重叠的那一部分。根据传播模式解说，有效的传播并不单单是指发送信息，而是指包括了发送信息、接收信息，通过特定反馈途径获取接收者反馈信息，并根据反馈信息对发送信息进行调整的整个过程。

（二）信号的形式及结构

信息的接收会受到信号形式和信号结构的影响，在这里我们应该关注信号的组织、语言的作用、能够引起注意的信号特征等三个主要问题。信息通常都能够以词、句子进行编码，因而建构信号的基本因素可以认为是语言。语言成为信息呈现的一种结构方式，人们通过语言编码并组织信息，同时利用语言对信息实现解码。

传播过程中还会受到一个关键因素的影响，即信号中所包含信息的组织化程度。这种组织化程度可以通常解释为有序的信息组织和无序的信息组织。有序的、结构关系完整的、图式丰富的信息通常易于被人们记忆和提取；相反，那些无序的、内容结构错乱的信息则不容易被人记忆和提取，会被人所遗忘。此外，我们在信息传播时还必须注意到一点，即信息的传播速率对信号负载量的影响。在信息传播中，快速传递的信息会加重信息接收者的信息负载。对此，接收者控制信号的程度越高，则传播效果越佳。

在信号的形式和结构中，我们还必须注意到一个问题，就是信号必须能够引起信息接收者的关注。由此，大学体育教学设计者应当对信息进行精心设计，使其能够引起学习者注意，并慎重选择教学媒体。

（三）传播理论对大学体育教学设计理论支持的体现

1.传播过程的理论模型说明了大学体育教学传播过程所涉及的要素

20世纪50年代末，基于哈罗德·拉斯韦尔（Harold Lasswell）的"5W"公式，布雷多克补充性地提出了"7W"模型。这一模型的主要解释是，教师在大学体育教学中运用动作示范、语言描述及其他信号，利用运动项目、器材设备和多媒体，在教室、户外向学生传递体育相关领域的学习内容并使其充分理解和掌握有关锻炼方法和运动技能，培养学生的体育运动习惯，促进学生身心全面、健康发展。

大学体育教学设计也就是基于这一论点将大学体育教学传播过程视为一个整体来研究，为了进一步优化教学效果，教师在关注每部分极其复杂制约因素的同时，还要关注各要素之间的本质联系，注意采用系统的方法，在各要素的复杂动态关系之间深入探求影响大学体育教学传播效果的真正原因，最后确定科学有效的大学体育教学设计方案。若从信息的传播者和信息的接收者角度来看，影响信息传递效果的主要是：传播技能，即教师的语言表达和动作示范能力,学生的观察和模仿能力等;态度,即教师的教学态度,学生的学习态度等;知识水平,即教师对所传递的知识信息的掌握程度和对传播方式的熟练程度,学生实际的知识技能与体能水平对所接受的知识信息的承受能力等;社会文化背景,即教师和学生所处的不同的社会和文化背景。若从传播信息要素的角度来看,影响传播效果的主要是:大学体育教学内容、教学内容结构安排、编码方式以及内容处理等。若从信息传递通道的角度来看,影响传播效果的主要是对不同传播媒体的选择及其所传递信息的匹配状况。

2. 传播理论指出了大学体育教学过程的双向性

施拉姆与奥斯古德两人的理论模式都一致指出,在信息传播者中,传播者与接收者都是积极的传播主体。信息的接收者在接收、解释信息的同时,还必须对信息做出必要反应,这说明传播是双向的,是一个伴随着反馈机制运作的循环过程。大学体育教学信息的传递就符合这一思想理论,教学活动必须通过教师与学生之间的双向传播行为才能得以实现。因此,大学体育教学设计应当从教与学两方面来分析和安排,充分利用反馈信息来调节信息传递,以实现最优教学效果。

总体来说,传播理论对大学体育教学设计的理论与实践主要有以下四个方面的启发:

第一,传播过程的模型说明了体育教学传播过程中涉及的要素。哈罗德·拉斯韦尔(Harold Lasswell)提出"5W"公式中所阐述的要素成了研究体育教学过程、解决体育教学问题的教学设计所关注的重要因素。

第二,传播理论解释了大学体育教学中各要素间的动态关系,并阐明了大学体育教学是一个复杂、动态的传播过程。基于哈罗德·拉斯韦尔的理论基础,贝尔克提出"SMCR"理论模型,这一模型进一步说明了传播的最终效果并不是取决于其中的某一部分,而是取决于信息源、讯息、通道、信息接收者等四部分的共同作用,并且各部分还会同时受到自身因素的影响和制约。

第三,传播理论解释了大学体育教学的双向性。"SMCR"模型中引入了"反馈"这一内容,奥斯古德与施拉姆在其各自的理论研究中也强调了信息的传播者和接收者都是积极的传播主体。因此,大学体育教学也应当是一个双向的互动过程。目前,关于大学体育教学传播信息流的双向性也是基于双向传播理论而发展起来的。

第四,传播过程要素构成大学体育教学设计过程。其相应领域如受众分析、效果分析、传播内容分析等研究在大学体育教学设计中得到了不同程度的运用和吸收。目前,传播学的研究仍在不断发展,其研究成果也将会为大学体育教学设计提供新支持,促进大学体育教学设计更好地发展。

第七章 大学体育课堂教学过程与评价的设计

第一节 大学体育课堂教学过程设计的原则与方法

一、体育课堂教学过程概述

（一）体育教学过程概念

体育教学过程是一种特殊的认识过程，也是一个促进学生发展的过程。在教学过程中，教师要有目的、有计划地引导学生能动地进行认识活动，自觉地调节自己的志趣和情感，循序渐进地掌握科学文化知识和基本技能，以促进学生智力、体力、品德和审美情趣的发展，并为学生奠定科学世界观的基础。

（二）体育教学过程的基本要素

体育教学过程的基本要素由教师、学生、教学目标、教学内容、教学过程、教学方法与手段、教学环境和教学评价8个部分组成。

第一，教师：教师是教学活动的组织者和实施者。体育教师在体育教学活动中起主导作用。没有体育教师的参与，就不能称其为教学。

第二，学生：学生在体育教学活动中起主体地位作用，没有学生的参与，也不称其为教学。

第三，教学目标：教学目标统领整个教学活动过程，没有教学目标的活动不能称为真正的教学活动；体育教学目标是实施一堂体育课的终点，同时，又基本上是下一堂体育课的起点。体育教学目标是体育教学中的定向和评价因素。

第四，教学内容：教学内容是教师"教"和学生"学"的具体内容。没有教学内容的体育课只是一堂松松散散的"放羊课"。合适的教学内容是高质量体育课的重要保证。没有教学内容的体育就不能成为教学而只是一般的锻炼。

第五，教学过程：教学过程是实施体育课的途径。没有合理的体育教学过程，体育课就没有了实施程序，也就变成了没有章法的活动。

第六，教学方法与手段：教学方法与手段是教师根据教学目标和学生情况所选择的教学技术与手段。一个好的教师，其教学方法与手段的选择和使用一定是灵活的、艺术的；相反，则一定是单调的、呆板的。

第七，教学环境：教学环境是指影响教学质量的所有外部因素的综合。创设一个优良的教学环境对提升教学质量至关重要，也可对学生的安全起到保障作用。

⑧教学评价：教学评价是对整个教学活动质量的评定和判断，是促进教学质量提高的有效手段。同时，教学评价内容丰富，评判复杂，因此，教学评价应全面、客观、公正，否则会起到相反的效果。

上述 8 种要素的协调运用，反映了体育教学过程是一个动态过程。其中，教师和学生是最积极、最活跃的因素。

（三）体育教学过程的特点

1. 运动实践活动为基础

一般教学活动主要以理论性知识为主，多采用室内课堂教学的形式，学生以脑力学习为主要方式。体育教学多采用室外课堂教学，学生多以身体练习为主要方式。体育教学过程是学生在教师指导下进行运动实践活动的过程，教学内容以身体练习（运动动作）为主，这一内容的特殊性就成为体育教学过程的一个重要特点。

2. 运动负荷为条件

体育教学由于是以传授操作性知识为主，教学内容必然是各种身体练习，因此教学过程是以运动负荷为刺激和条件的。这一运动负荷主要以生理负荷为主，是心理和生理负荷的统一。学生通过承受一定的生理负荷和心理负荷，产生相应的疲劳，身体会作出相应的调节，促进身体恢复以及超量恢复。这点也正是体育活动能促进身体发展、增进健康的生物学依据，即只有使机体适应一定生理、心理负荷的刺激过程，不断地经过适度的超量负荷锻炼，才能有效地发展身体、增进健康。

3. 身心发展为评价范畴

体育教学过程是以活动为主要内容、以运动负荷为条件的特殊过程，与一般教学过程有极大的差异，因此，其在评价范畴方面也有所差异。体育教学过程是与学生的身体活动紧密相连的，学生通过感知、模仿练习来掌握体育的知识技能，促进自身的身心和谐发展。学生也只有不断使机体适应一定生理、心理负荷的刺激过程，不断地经过适度的超量负荷锻炼和恢复的综合积累，才能有效地发展身体、增进健康。只有学生的身心得到发展，体育教学目标才能得到实现。这便是体育教学过程的评价范畴。

4. 培养社会性突出

其他学科的教学主要是师生在相对稳定的团体中的静态交往，体育教学过程中的交往则是以充分发挥每一个个体能动性为主的动态交往。体育教学过程是教师的"教"和学生的"学"的双边活动的过程，学生要从事各种身体练习和活动，既需要教师的指导、帮助，又需要学生之间的相互合作、相互帮助、相互评价，客观上要求学生进行多方面的交往。这一特点决定了体育教学过程不仅是一个身体活动过程，也是一个心理活动过程和社会活动过程。体育教学过程中的人际关系和交往是社会性和生活性的体现。

5. 宽松的教学氛围，严密的教学组织

体育教学多以室外课堂教学为主，所以说体育教学过程是在相对宽松的环境下进行的。宽松的教学环境对于学生社会性的培养具有非常重要的作用，但是，宽松的教学环境容易使学生放松注意力。由于体育教学涉及一些体育器材，学生在学习过程中承受着一定的运动负荷，身心疲劳，难免在教学过程中会受到伤害。为了避免一些事故的发生，教师必须对教学过程进行严密的监控。

二、体育课堂教学过程设计的原则

对体育教学过程的设计必须遵循一定的原则，才能起到良好的效果，否则不仅不能取得预期的效果，还有可能起到诸如打乱教学计划这样的负面作用。体育教学过程的设计一般遵循以下几个基本原则：

（一）发挥教师主导作用原则

体育教师是教学信息的传递者。在传统的体育教学过程中，体育教师的主要任务是讲解，将知识传授给学生。随着现代科学技术在课堂教学中的应用，课堂教学改革的不断深入，教师的作用除了进行信息编码、讲解内容之外，最关键的是要在课堂教学中起主导作用，从单纯的知识讲解转变为引导学生掌握知识内容。事实上，体育教师的主导作用应体现为引导学生自行获取知识和培养能力，而不是灌输知识。

（二）学生为学习主体原则

学生是教学信息的接受者，是体育课堂教学活动的主体。在体育教学过程中，学生的主体作用应体现在能充分发挥学生的学习积极性，让他们有更多的参与机会，并使体育教师与学生之间沟通交流，活跃师生之间的双边活动，真正做到动脑、动口、动手，使他们不仅"学会"，更重要的是"会学"，从被动接受知识变为主动获取知识。

（三）媒体优化原则

教师在设想如何运用体育教学媒体的时候，要考虑各种媒体的优化组合。就好比人体各部分器官虽然分工明确，各司其职，但他们的功能是通过优化组合才得以充分发挥的，教学媒体系统功能的充分发挥也是通过多种媒体组合后形成的优化结构来实现的。各种体育教学媒体应"各施所长，互为补充，相辅相成"，形成优化的媒体组合系统。

（四）遵循学生认知规律原则

学生的认知规律和特点，取决于他们的年龄心理特征。年龄较小的学生，知识、经验少，感知能力差，依赖性比较强，无意注意占主导地位，思维方式以具体形象思维为主。随着年龄的不断增大，学生的知识、经验增加了，感知能力提高了，能通过一定的意志努力，集中注意力参与学习活动，其思维也由具体思维过渡到抽象思维。在设计体育教学过程中，教师必须遵循这些认知规律，体育教学只有符合学生特有的认知要求，才能获得满意的效果。

（五）体现体育教学方法原则

体育教学方法是体育教师和学生为共同实现体育教学目标而采取的方式。它包括体育教师教的行为和学生学的行为，两者相辅相成。具体而言，教师应该结合体育学科特点和学习内容、教学目标、学生的特点及选用媒体的特点选择相应体育教学方法。

三、体育教学过程设计的一般方法

（一）目标导向的课程规划

在体育教学过程设计之初，明确教学目标是核心。教师应依据大学体育教育大纲，结合学生体质健康标准与兴趣爱好，设定短期、中期及长期目标。短期目标聚焦于每次课程的具体技能学习与体能提升，中期目标关注学期内的全面发展，而长期目标则着眼于培养学生终身体育锻炼的习惯与能力，以确保教学活动有的放矢。

（二）多元化教学方法集成

教师应采用灵活多样的教学方法，满足不同学生的学习需求，除了传统的讲解示范、分组练习外，还可融入游戏化教学、情景模拟、同伴教学等互动式学习方式，提高学生参与度与兴趣；利用现代科技，如运动传感器、VR体验等，增加教学的趣味性和实效性，帮助学生更好地理解和掌握运动技巧。

（三）分层次教学与个性化指导

教师应基于学生体能测试和运动基础，将学生分入不同层次的小组，实施差异化教学，对初学者强化基础动作训练，对有一定基础的学生则引入更高阶的技术和战术教学；同时，为每位学生建立成长档案，教师根据档案记录进行个性化反馈与指导，确保每位学生都能在适合自己的节奏中进步。

（四）实践与理论相结合的课程体系

构建既有深度又有广度的课程内容，需要教师不仅注重体育技能的实践操作，也重视体育理论知识的传授。教师应开设体育科学、运动生理、营养学等相关理论课程，帮助学生理解运动原理，提升学生的自我训练与健康管理能力，并通过案例分析、研讨会等形式，鼓励学生将理论知识应用于运动实践中，促进知行合一。

（五）反馈评估与持续改进机制

教师应建立全面的教学反馈与评估体系，包括学生自我评价、同伴评价、教师评价以及技术辅助评价（如运动表现数据分析），定期收集反馈信息，及时调整教学策略，确保教学内容与方法始终贴近学生需求；同时设立教学研讨会议，教师团队共同反思教学过程，分享成功案例与挑战，不断迭代优化教学设计，以提升整体教学质量。

第二节 大学体育课堂教学过程的具体设计

一、导入阶段的教学设计

课堂结构是指在一定教育思想的指导下，为完成教学任务所建立起来的比较稳定的教学程序及其实施方法的策略体系。课堂结构是否紧凑、合理，直接影响教学的实际效果。特别是如何在有限的课堂教学时间内合理地安排教学活动，使教学质量得到最大的提高，不仅涉及教师的"教学"，而且也与学生的"学习"密切相关。体育课堂教学结构一般分为准备、基本、结束等部分。课堂教学过程，起（开始）能引入兴趣，承（各部分的衔接）能环环紧扣，转（过渡转化）能跃动起伏，合（课结束）能余味无穷。体育课堂教学要有四个基本特征，"求异"——"独创"——"应激"——"共振"。这四个因子展现了从初始学习行为到终点终结目标行为的教学程序链，表现了在课堂教学中师生互动的行为。

俗话说，好的开端是成功的一半。一堂课上得好不好，与导入密切相关。课堂导入阶段，是教学过程的起始环节，它决定着课堂教学活动预期的方向和变化，涉及教学内容对学习者的导向和激励作用，影响着教学基本阶段的实施和组织，在很大程度上体现着一堂课结构的合理与否、有效性与否。课堂导入没有固定的模式，完全因教学的氛围、对象、目标的不同而不同。同一堂课可设计不同的导语，以期达到最好境界。在课堂教学中，不管哪一种导语设计，都要为全课的教学目的和教学重点服务，与讲课的内容紧密结合、自然衔接。课堂导入技能是教师组织课堂教学的基本技能之一，它用于上课的开始，是一堂课的首要环节，其主要功用是引起学生的注意，并激发学生的兴趣。因此，课堂导入成功与否，直接关系到整堂课的教学质量。

那么，在课的开始部分，如何科学把握导入阶段教学设计的合理性、有效性呢？如何安排能使学生感到学习的意义和必要性呢？如何使学生自然而然地被吸引参与到学习活动中去呢？如何体现出各教学过程结构自然、流畅，前后关联过渡的特点呢？这是广大一线教师需要回答的问题，也是体育理论研究者无法回避的责任。因此，本文将审视教师教学的方法，审视教学情境前后对学生认知的关注，审视学生对教学资源生成回应和利用的情况，审视教学技术和信息量运用的实效，并对之做一一梳理分析，供参考借鉴。

（一）捕捉资源：求异、创新

1. 求异

所谓"求异"，指课程开始部分，教师通过教学方法与教学艺术相统一的表现，点燃学生各种情感潜势，形成有助于教学的情境。因而，求异是课的"点火装置"，为学生进一步学习创造条件，对教学有强烈的激发和感染功能，可以有效推动课堂教学走向高质量、高效益。如，平庸的教师如泥瓦匠，只会照图施工，幢幢楼房相似。正如有的体育教师把课上成"准备活动，千篇一律；基本部分，学生练习；结束部分，下课休息"，毫无求异可言，这就不美。优秀的体育教师恰似雕塑大师，匠心独运，座座雕塑迥异。每次课都有新意，学生都能有所获。无论是不同教材的教法设计，还是组织教学的安排与调控，无不闪烁着一串求异的光芒，无不凝聚着教师独创性劳动的心血。

2. 创新

所谓"创新"，可解释为求实与求活的统一。体育教师临场开始授课，犹如导游进入工作状态，随时会有自己的情感、直觉、兴致、灵感等产生，因而需要随机应变，现场发挥。这种即兴的发挥就是对原教学计划预设的创新，是顺乎教学情境之自然或必然，能收到锦上添花之功效。求新的发挥看似简单，其实不易，它要依赖于教师长期的知识和经验的思维灵感。因而，体育教学的"创新"即体现科学再现教学内容（求实）与教学艺术技巧（求活）的统一，高效地展开教学任务。教学中善于创新的教师，必定会注意教法的优选和用活，关注于将学习主体情境性地激活，把教学勾勒为一串跃动的音符，一幅展开的画卷。

（二）科学导入：有效建构

课堂教学结构本身就是一个系统，教学的目标、内容和方法是相互联系、相互作用的。教师要使教学最优化，就必须以辩证的系统方法看待教学过程。所谓辩证的系统观点，就是必须把教学过程的所有成分、师生活动的内外条件都看成相互联系的东西，并自觉从中选择出在当前条件下教学任务、内容、形式和方法的最好方案；反之，教与学行为就会产生冲突，教学目标就会搁浅，学习难以发生。

导入教学设计只有与学习的个人意义建构链接，学习才可能发生。到底什么是学习的个人意义呢？意义学习就是关注学习内容与个人之间的关系。学习只有反映出这个特征，才能对学习者产生意义。因而，学习的个人意义，是指学习所包含的使学习者的行为产生变化的意义，是学生对学习产生的"有用"的感觉，是学习对学生产生的有实际效果的影响。如，在学生无法很好理解新的学习任务时，这种新知识的学习对学生是没有意义的，因为新知识的学习无法产生改变学生学习行为的结果（学生不接受，何言教学效果）。这就是为什么优秀教师都懂得新知识的学习要建立在学习者已有知识的基础上，要建立在学习的个人意义上。为此，课程开始阶段导入的有效性是与学习的个人意义联系在一起的。

课堂导入设计是由一个多因素构成的部分，只有了解了主体、客体、条件和手段，以及它们之间的相互联系和相互作用，并对它的各个要素的特性、作用加以合理组合，才能产生最佳功能。对此，我们可从以下三方面进行探究解决：

1. 知学生学习的需要

俗话说："要感动别人，首先要感动自己。"走进课堂，我们就会发现学生的心理千差万别，不论是在认识、情意上，还是在兴趣、性格上都存在差异、难以把握，但也有共同之处，那就是内心深处都有对学习需要的渴望。需要是创建学习环境的添加剂，但它只为浅层的快乐。因此，有效的课堂导入需要教师寻找和教学内容基调一致的兴趣点，寻找和学生心智水平相符合的方法和方式，才能引动学习的发生。而要使学生参与教学，教师须要考虑是否存在更能激起学生需要好奇心、求知欲的新方式、新内容，对创建学习需要具有参考借鉴价值，即使用吸引注意的技巧（比如，用挑战性问题、视觉刺激或举例来开始一节课），通过变化目光接触、语音和手势来展示热情和活力（比如改变高音或音量、在转向新活动时四处走动），每天变化课堂的呈现方式（比如演讲、提问、提供独立练习的时间等），每周、每月混合使用奖励和强化物（比如，额外的学分、口头表扬、独立练习等），每周、每月把学生的想法和参与纳入教学的某些方面（比如，使用间接指导或发散性问题等），每周变化提问类型（比如，发散性、聚合性的问题），每天改变试探性的问题（比如，澄清、探询、调整），这些方式都可以很好地激发学生的课堂参与积极性。

2. 知学生需要的情境

形象不是形式，而是形式和内容的统一，形式中每一点、线、色、形、音、韵都表现着内容、情感和价值。教师不能把体育教学环境设计仅仅理解为一个纯粹的形式问题，看成与数学方程式一般整齐排列成行与列等形式因素的组合。教学设计如果缺乏情境性，内容针对性不强，徒有形式，这也无法引动学习发生。常言道，"艺术离不开形象"，但不等于说具有形象性的事物都是艺术。体育教学方法内容丰富，其中不乏具体可以达到的种种有效的途径。例如，体育教师的教学态度对创设情感教学情境关系极大。经验丰富的体育教师在教学活动一开始就能进入角色，表现出精神饱满、热情积极向上的教态，激发起学生相应的积极情绪。相反，教师若表现出冷漠、严厉、萎靡不振的教态，常常会妨碍师生间的情感交流与沟通。例如，优秀的体育教师总能从教学环境布置上创造美，去满足学生的需要，陶冶学生的情操；根据季节变化选择校园内外的自然环境，如场地不论大小，都勾勒出精美图案或清晰的线条，并使器材错落有致、布局合理，从而有助于教学的进行。又如，教师教授富有激情，通过面部表情、声调的抑扬顿挫、手势及整体的动作来展示这种兴奋，那么，此时此地此景，常常会"煽情"，教师的手势、目光、语调等都会作为一种信号传递给学生。这些都会影响学生学习行为的发生，为教学活动中快乐情绪的引发创造良好的心理基础。

因此，课堂教学其实是认知、情感、意志交融的互动过程。正如心理学研究证明，学生具有各种情感潜势，这种潜势在一定外界条件刺激下就会被引发出来。学生的情感一旦迸发出来，就会产生出巨大的能量，转化为创造性的学习行动。

3. 知创设教学设计

所谓"知创设教学设计"，就是把握教学设计理念、专家名师的特点，创设自我风格的教学设计，即学习理论、应用理论、创新贡献理论。教学实践证明，先进经验是不可以"照搬复制"的。其关键在于，要引导教师挖掘出经验背后的东西（钟启泉）。也就是说，教学设计理念、专家名师的特点是提供教师进行教学的素材，是给教师的一个问题、一个情境、一条思路，教师遇到这个情境、问题和思路时，要充分利用它们，准确把握教学目标，并想办法达到预定的教学目标。具体而言，就是为研究提供思路和教学方法，目的是让其"为我所用"。联系实际，分析自己教学方面的优势与不足，创设自我风格的教学设计，才能收获最佳的教学效果。

在设计学习环境时，教师应该对提供的知识有多种不同表示，学习应该着重于意义建构的过程而不是知识产品；学习环境应该表现真实学习里的任务、与情境相关的任务，而不是抽象的任务，提供真实情境的学习环境，而不是预先确定的教学过程；这些环境要便于学生进行与情境相关的知识建构，支持通过交流与合作进行的知识建构。

教师要创建课堂导入阶段有效学习的环境，就应该让学习者不是被动地接受信息，而是根据自己先前的知识对当前知识进行积极建构，让学习者的学习是累积性的、自我调节的和目标定向的，同时也是情境性的和合作的。正是由于学习产生于学习者与环境互动情况下的积极建构，因此，为学生提供（或与学生共同创造）一个有效的学习环境，就成为课程导入必须解决的问题。

二、教授阶段的教学设计

（一）科学的逻辑思维和情感的形象思维相结合

教师要想将科学的逻辑思维和情感的形象思维相结合，要做到以下几点：

其一，从知识学习的同化机制出发，即教学内容的安排应该遵循"逐渐分化的原则"。所谓"逐渐分化的原则"，是指学生首先应学习最一般的、包摄性最广的概念，然后根据具体细节对它们逐渐加以分化，显示出渐进的结构性。从整体到分化，或者说，从具体到抽象的排列，是与人类习得认知内容的自然顺序和个体对知识的组织、储存方式相吻合的。教师如果有意识地按此方式组织教学内容的话，能够使学习达到较佳水平。

这种从具体到抽象的排列恰好与体育教学相符合。在体育教学中，教学内容的安排往往遵循从具体（粗大动作）到抽象（精细动作）的序列。教师们也习惯性地认为，从具体到抽象符合学生认识的规律，能够为后续具体内容的学习提供导航的作用，便于进行结构之间的转换训练。

其二，罗杰斯主张意义学习，认为意义学习主要具有四个特征：全神贯注、自动自发、全面发展和自我评估。学习只有反映出如上四个特征，才能对学习者产生意义。

我们如果对奥苏贝尔（Ausubel）和罗杰斯（Rogers）的这两种观点进行分析，就会发现，奥苏贝尔立足于形成认知结构的途径和方法，将重点放在诸如教学任务、教学过程、教学方法与教学形式的剪裁、排列、具体化上，使知识的编排与学习者的认知结构相适应；而罗杰斯则立足于唤起学习者的个人意义，强调学习者学习新知识的准备状态，注重启动学习者情感的闸门，反对学习就是简单的积累知识，认为学习不在于学到知识的多少，而在于学会学习，在于知行合一，感受各种经验。上述两种观点各有利弊：奥苏贝尔忽视了情感的形象思维对认知的作用，因为，"单纯的认知是不存在的，情感的性质影响认知的效果"；而罗杰斯忽视了科学的逻辑思维对认知的作用，因为科学的逻辑思维涉及人类的记忆，掌握了认知规律和原理，可以使学习更加容易理解。依据生理学和心理学的最新研究，大脑中有三个学习区域，即识别网络、策略网络和情感网络。大脑对信息加工的过程体现了两个特点：第一，加工过程是分布在大脑许多区域同时进行的；第二，加工过程是分层次的，自下而上加工与自上而下加工同时进行。因此，能够促使认知有效发生和有效教学的安排的，应该是科学的逻辑思维与情感的形象思维相结合。

（二）学习的个人意义与合作学习、集体对话相结合

奥苏贝尔的意义学习强调新旧知识之间的联系条理化、结构化，它只涉及理智，而不涉及个人意义；罗杰斯的意义学习关注学习内容与个人之间的关系，认为学习发生与个人的意义有关，失却了理智。教师在教学中应将两者综合起来，在此基础上，课程的教授阶段还要做好以下两点，有效学习与有效教学才会发生。

1. 教学设计要与学习的个人意义相联系，引发"应激"

学习的个人意义是与教学的有效性联系在一起的。当教师的讲课内容对学生没有个人意义的"应激"时，学习是无效的，即使他们被迫去发言、去练习了，学习也是无效的。

2. 教学设计要与合作学习、集体对话相联系，引发"共振"

合作学习、集体对话是有效教学与有效学习的方式，是将学习的师生互动、生生互动集中起来"共振"的过程。学习者通过合作学习、集体对话的"共振"，既表达了自己的看法和感受，又从其他学生那里学到了新的东西，这些东西反过来会丰富学生学习的个人意义。

上述两点指出"应激"与"共振"是上好课程的核心，那么什么是课的"应激"与"共振"呢？即将（奥苏贝尔）科学的逻辑思维和（罗杰斯）情感的形象思维相结合。

所谓"应激"，是指体育教师在教学活动中，遵循教学规律，灵活性地组织教学，将体育知识、技能与审美相结合，寓教于乐、寓情于理，是教师将教学方法与教学技法完美结合应用的表现，如机智幽默的语言，鲜明生动的对比，栩栩如生的比喻，引人入胜的描述，恰如其分的笑话，惟妙惟肖的模仿或表演等。因而，"应激"是体育教学艺术创造难度最大的一种因子。它不仅要求体育教师要有高度的文化修养，还要具备发散、换元、转化、调整等良好的思维品质。它也是区分平庸教师与优秀教师的尺度。

所谓"共振"，原是物理学术语，指外力频率与物体固有频率接近或相等时，该物体发生振动的幅度就会急剧增大。体育教学的方法手段与学生的学习也存在"共振"效应，即体育教学设计要与学生的需要接近或吻合、体育教学的信息量要与学生的信息源接近

或吻合等。

以上论述了体育教学艺术的"求异""创新""应激""共振"四种不同形式的特征，既相互联系，又相互渗透；既具有具体可感、生动鲜明的科学性，又具有浓厚的情感性和强烈的审美性，是创造性劳动的成果。体育教学艺术的四个基本特点是辩证统一的整体，它们综合地反映了体育教学艺术的内在本质，也是区分平庸教师与优秀教师的尺度。教育是艺术，一是由于教学可以运用自己的技巧和能力，使师生双方都能感到一种美；二是教学过程中，教师像画家、作曲家、演员和舞蹈家一样，可以根据行为过程的本质做出评价和展开。

如何评价与确定课堂教学实施步骤追求的过程与追求的结果是正确的呢？我们可从以下方面进行评价检验：

①优质的课堂教学目标：基础性目标与发展性目标的协调与统一。基础性目标是按照新课程标准和教学内容的科学体系，进行有序的教学，完成知识、技能教学。发展性目标包括以培养学生学习能力为重点的学习素质和以情感为重点的良好社会素质。课堂教学目标就是把知识、技能教学与能力、情感教学有机结合起来。

②科学的课堂教学过程：主要解决学生"爱学""会学""善学"三方面的问题。由此推出课堂教学策略的三个体系：一是激励性教学策略体系（是否成功）；二是方法性教学策略体系（是否科学）；三是发展性教学策略体系（最近发展区）。

③理想的课堂教学效果：情绪状态、交往状态、思维状态、目标达成状态的和谐统一。"以学论教"是现代课堂教学评价的指导思想。"学"，一是指学生能否学得轻松，学得自主，主要包括课堂教学的情绪状态、交往状态；二是指学生是不是会学，有没有学会，主要指课堂教学的思维状态、目标达成状态。

综上所述，课堂教学主要从四大状态"论教"（情绪、交往、思维、目标达成状态）来评价课堂教学效果。对课堂教学效果的评价，也可从下面三个角度进行判断：一是看师生是否保持良好的情绪状态和交往状态；二是看学生的思维状态是否被激活，教师有没有对学生形成积极的认知干预；三是看课堂教学目标的达成状态如何，通过课堂教学，学生有没有不同程度的、不同方面的收获。

三、结束阶段的教学设计

课堂教学是一个互相关联的整体，课堂结束是这个整体的"收尾"。对于一篇文章来说，结尾是至关重要的，同样，对于一堂课来说，结束是课堂的重要组成部分，直接影响课堂教学的质量。不少教师精心设计的教学过程很精彩，然而在课堂结束时往往千篇一律：点评本课情况、宣布下次课内容、收拾器材下课。每节课如果都以这样的方式结束，就显得非常单调而没有创新性。研究发现在教学过程中，有的教师非常注意课堂导入，有的教师精心设计课堂提问，但很多人忽视了课堂结束，在结束时，往往草草收兵，无话可说，致使一堂课没有完美的结尾。因此，教师在教学中应把课堂结束收纳为一个重要环节予以研究完善。

课堂的结束阶段一般承担着复习知识、总结要点、归纳结构、建立体系、反馈信息、传授方法、拓展应用等任务，教师要做的工作主要有以下三点：

（一）课堂结束的教学设计

在实际的教学中，很多教师把注意力全部放在了对基本部分教学的关注，不注意对课堂结束教学设计内容进行深度开发。其实自己的课堂自己负责，用心去做会有意想不到的快乐效果。开发教学资源从开发教师自己的智慧开始。学生因为你的智慧而快乐地运动，而自己也会享受自己带来的快乐。

体育游戏由于其内容丰富、形式灵活，又富有一定的情节性、竞赛性和趣味性等，长期以来，它不仅是中国学校体育教学的重要内容，同时也是体育教学的一种形式、方法和手段。基于课堂结束部分的任务是使学生运动后的身心得到放松。此时，学生由动态过渡到安静状态，运动负荷小。因而，有两种安排形式比较可行：一是身体放松的游戏，如，吹气球、羽毛掷远；二是心理放松的游戏，如，抓笑、盲人吹灯、盲人过河。二者一旦进行了巧妙的结合，就可以在课的结束再掀起一个新的快乐小高潮。对学生来说，他们就可以从结束游戏的过程中产生意犹未尽的心理需求，从而为下次课的学习创造"可教时刻"。

（二）学习行为的评价

1."巩固知识"和"应用知识"

这一点主要是布置课外体育练习，使学生能够及时巩固、运用所学知识，并能够在变化的新情境中综合运用新旧知识去解决问题，使学生学习的方法及认知、情感和行为有一个更深层次的发展。教师在结束阶段，要为学生提供必要的练习设计和场地器材，使学生将所学的知识用于实践，转化为技能，以利于学生建立学习信心，否则会使学生丧失后续学习兴趣。

2.对学生学习行为进行积极评价

传统的教学方式简单用优、良、中、差等对学生的学习效果进行评价，不利于学生确切了解自己的学习情况，也导致师生之间缺乏情感交流。教师应从再进步出发，对不同层次的学生学习行为进行积极评价，有针对性地分析学习中的得失，有助于交流师生感情，融洽师生关系，更好地发挥教师的指导作用。以下教育方法可供参考借鉴：

（1）表扬性评语

人都是渴望得到表扬的，教师要善于发现其优点，抓住点滴进步，及时进行肯定和表扬。它由于肯定了学生的成绩，拉近了师生关系，使学生备受鼓舞，学习也有了动力。

（2）鼓励性评语

例如，对上课比以前认真的学生，给出评价如"认真是进步的开始"或"很好，尽管还有点小错，由衷地希望你能在以后的学习有更大进步"；鼓励学困生，"可别灰心，失败是成功之母，只要刻苦锻炼，你也会像其他同学一样学好体育的"。此类富有情感的评语，能使学生大受鼓舞，从而激发其学习的积极性。

（3）指导性评语

对认真工作但不够大胆的体育干部，"你是老师的好帮手，老师非常感谢你！今后你能做得更好"；对学习遇到困难，想打退堂鼓的学生，"虽然你的篮球打得不太好，但功夫不负有心人，只要练习你一定会OK！"。这些适时、亲切的评语会滋润学生的心田，指引学生努力的方向，激励学生奋发向上。

（4）启发性评语

当学生学习走了弯路或遇到障碍时，教师可写暗示或明示性的评语，以启迪学生的思维，如，"请再认真思考有无最佳途径的练习方法"。此类评语能给学生提供一个再思考的机会和想象的空间，从而促进他们对问题的理解，激发灵感，发展思维能力。

（5）劝勉性评语

在劝勉性评语中，教师要用委婉的语言，提出自己的看法或建议，并指出今后应当如何学练。通常所用的评语有："你今天跳绳做得真棒，就是耐力差了一些，希望下次课你能做得更好，老师相信你能行！"这种劝勉性的评语，不仅能指导学生正确处理学与做的关系，端正学习态度，从而提高其学习效率，而且能使学生树立信心，振奋精神，增进师生的感情。

（6）警示性评语

有些体育好的学生易于骄傲，教师需要及时提醒，以利于他们朝着更高的目标前进。例如："在体育方面，你有很好的天赋，成绩在班里一直名列前茅，不过，虚心使人进步，骄傲使人落后！"这类评语，有助于培养学生谦虚谨慎、奋发向上的学习态度和良好的练习习惯，对今后的工作和学习都大有裨益。

（三）新教学信息的传递

结束阶段对后续课程的新教学信息的传递是非常重要的。它的作用有两方面：一是帮助学生组织要学习的材料，熟悉新知识的内容，使其以一种有组织的方式进入学习者认知结构之中，为后续进一步学习做好准备；二是创造可教学的时刻，促使学习的个人意义产生。因为教学实践表明，学生越积极投入学习材料的加工，学习过程就越好。正如维果茨基所言："学习的一个基本特征是，学习创造了一个最近发展区，那就是学习唤醒了内部的多种发展过程。"这一命题指出，创造"可教学时刻"，将学习者放到一个旧知和新知之间具有冲突的情境之中，促使学生"卷入"学习任务，会使学习变得更加令学生感兴趣，能促进学科知识的学习和调动学习的内在动机。

那么如何实施呢？教师需要做好以下几点，方可成功。

①帮助学生认识学习任务的价值与意义，将其与个人需要、兴趣和目标相关联，并

帮助学生设置合理目标，让学生相信他们会很好地完成。

②提供实现条件和环境。教师应提供多样的学习活动，改变教学活动方式，帮助学生维持注意和更新兴趣。

③使用合作学习的方法，减少压力和焦虑。教师应分配期望、责任和行为，让成绩好的学生去帮助成绩差的学生。

④监控学生学习。教师应运用激励、表扬、反馈提高学生学习兴趣，提高改进方法支持学生学习。

第三节 大学体育课堂教学评价设计

一、体育课堂教学评价概述

（一）体育教学评价的特点

1. 评价目标的发展性

传统的体育课程的评价体系是建立在以运动技能为核心的教育价值观下的，把对运动技能的掌握作为一切教学的出发点和归宿。这不可避免地会导致课堂教学训练化，导致教师在课堂上只关注对运动技能的传授，从而忽视了学生的健康，体育兴趣、态度、情感、能力等其他方面的发展。以人格和谐发展为核心理念的文化价值观正逐步被确立，成为有前景的、能被全社会普遍关注的文化价值理念。在这种理念的引导下，体育课程教学评价目标坚持"以人为本"，不仅注重学生的现实表现，更关注他们未来的发展，把促进学生的长远发展、提高学生的综合素质作为教学评价的主要目的。

2. 教学评价的过程性

新课程改革背景下，体育课程教学评价注重结果，更注重对体育课程过程的教学评价，它立足于对学生学习过程的全程跟踪和考查。教师对学生在学习过程中所表现出来的优点要予以肯定，对表现出来的缺点要加以分析指导，帮助他们制订改进计划并督促实施，使学生在学习、成长过程中不断完善自我，发展自我。

3. 评价主体多元性

新课程改革下的体育课程教学评价，让教师和学生不再处于过去单纯的被动状态，而是处于一种主动的积极参与状态，充分体现了他们在教学评价中的主体地位。将教学评价变成学生主动参与、自我反思和发展的过程，使教师和学生相互理解、相互支持，形成积极、平等的评价关系，这将有助于被评价者有效地对被评价的过程进行监控，帮助被评价者认同评价结果，促使其不断改进，获得主动发展。评价过程强调参与互动，通过使家长也参与到体育课程教学评价中来，将评价变成多主体共同参与的活动，使整体教学评价工作更有成效。在体育课程教学评价中，只有强调评价主体的多元化，才能让评价全面、准确地反映学生的发展状况，更好地促进学生的综合发展。

4. 评价方法的多样性

由于受实际教学中各种因素的制约以及评价技术和方法的局限，任何一种教学评价方法都不可能是万能的，每一种评价方法都有自己的优点和不足，都有特定的适用范围。因此，教师应根据实际评价的需要，合理地使用各种评价方法或采用多种方法同时进行评价，方能达到评价目的。例如，通过观察，教师可以深入了解学生思想观点的变化；通过成长资料袋（档案袋），教师可以持续性地了解学生潜在的发展状况。这样既可以充分发挥各种评价方法的优势，又可以互相弥补不足，其目的在于更好地促进学生积极主动发展，从而使体育课程中的教学评价结果更加客观、公正。

（二）教学评价的功能

1. 导向功能

由于不同的评价标准会得出不同的评价结果，因此评价标准像一根"指挥棒"一样起着导向作用。评价后的反馈为体育教学的决策和改进指明了方向，获得肯定的做法，将会在教学中得到强化；被否定的做法，将会得到改变和纠正。

2. 诊断功能

体育教师通过体育教学评价，可以客观地、科学地鉴定体育教学的质量，了解体育教学的成效和问题。体育教学评价如同体格检查，是对体育教学现状进行一次严谨的科学诊断。全面的评价工作不仅能估计学生的成绩在多大程度上实现了教学目标，而且能帮助教师诊断学生学习困难的症结所在，以协助学生提高学习进度。

3. 调控功能

体育教学评价的结果为教师和学生提供了反馈信息，使他们能够及时了解教和学的情况，为调整教学活动的内容和形式提供依据。教师可以据此修订教学计划，改进教学方法；学生也可以据此调整学习策略，改变学习方式。体育教学评价有利于体育教学过程成为一个随时得到反馈和调节的可控系统，使教学活动越来越接近预期的目标。

4. 激励功能

体育教学评价对整个体育教学过程有监督和控制的作用，对教师和学生是一种强化和促进。通过教学评价反映出教师的教学效果和学生的学习成绩，对教师的工作热情和学生的学习动机有很大的激励作用。科学合理的教学评价不仅能给教师、学生以心理上的满足和精神上的鼓舞，而且还能够激发师生向更高目标努力的积极性；较低的评价也能催人深思，激起师生奋进的情绪，起到推动和促进作用。这是因为这种反馈激励有助于教师和学生认清自我，从而提高教学质量。教师要有效利用教学评价的激励功能，尽可能从正面对学生进行鼓励，防止学生的积极性受到伤害；也要注意在日常评估时尽量避免学生之间的比较，要帮助学生设定个人进步目标，使他们在每次参与身体活动时，充分感觉到自身的进步。

二、体育课堂教学评价设计

（一）体育教学评价的组织与实施

1.体育教学评价组织

体育教学评价组织是指有关部门为完成体育教学评价任务、实现评价目的，选拔一定数量的评价人员，组成结构合理、权责分明、精干有效的评价机构。

评价人员是评价活动的具体实施者，体育教学评价的质量在很大程度上取决于评价人员的工作质量。因此，对评价人员的选择应慎重。评价人员应具有与体育教学评价内容有关的知识水平和专业背景，应具备正直、公平、原则性强、仔细认真、尊重他人等优良品质，还应具备扎实的评价理论基础知识和丰富的评价工作经验，对体育教学工作的方方面面都有所了解，具有宽广的知识面，这样才能避免固执己见和认识片面，从而减少工作中的偏差。

评价机构是协调评价者、评价对象及各种评价活动之间关系的组织。体育教学评价组织根据具体情况，可有不同的性质和规模，在实践中，主要有常设性机构、临时性机构和弹性机构几种形式。常设性机构具有权威性、连续性和稳定性，一般负责全部评价工作的组织领导，包括评价方案的审定、评价人员的培训、监督下级的评价工作、向上级汇报评价工作的情况和提供决策的理论依据等；临时性的评价机构是根据具体情况的需要而迅速召集有关专业技术人员组建而成的，任务完成以后，此评价机构就解散，因此，它具有灵活性和非连续性的特点；弹性评价机构的核心成员是常设的，其他一般成员则可根据任务和对象的不同，聘请有关部门的代表，可随时调整、变动，它既有权威性，又比较灵活机动。

2.体育教学评价的实施

体育教学评价一般按以下五个步骤进行：

（1）确定体育教学评价的目的

任何一项体育教学评价活动，都是在一定的目的指导下进行的。解决为什么要进行评价的问题，是进行体育教学评价的首要环节。评价的具体目的不同，评价的组织形式、内容和方法也就不同。例如，评价机构若以评选优质体育课为目的，就需要采用终结性评价，强调评价的鉴定性、区分性、甄别性，对体育教师的师德修养、体育专业知识水平、体育教学理论与实践、体育教学效果等方面进行全面的评价，因而就要运用多种评价方法，如听课、与体育教师交谈、向学生发问卷等，强调的是评价的诊断性和改进性。

（2）成立评价小组或评价机构

体育教学评价小组或机构要根据具体情况，确定组成的性质和规模以及人员组成。这一机构可以是临时性的，也可以具有长期的连续性和稳定性，但是，无论什么样的机构都必须具有权威性，一般由专家和分管领导组成。体育教学评价小组负责全部评价工作的组织领导。

（3）制定体育教学评价的标准和指标体系

确定了体育教学评价的目的后就应解决评价什么的问题了，即分析体育教学评价的目标，并使之具体化。评价者要认真研究评价指标，尽量通过考评获取实例或典型，以统一尺度，制定合理的体育教学评价标准和指标体系。评价者首先应确定一级指标，然后将一级指标分解成二级指标，再将二级指标分解成三级指标，使每个上级指标都包括一个下级指标群，每一个下级指标都是其上级指标的具体化，从而形成合理的体育教学评价指标体系。

（4）收集体育教学评价的信息

收集信息是评价实施阶段的重要环节。获取信息的质量（可靠性和有效性）取决于收集信息的方法和过程。获取收集信息的方法有：

第一，观察法是评价者根据评价对象的特点和指标内涵的要求，有目的、有计划地直接进行自然状态下（自然观察法）或控制条件下（试验观察法）的观察并获取评价信息资料的方法。观察法主要是听和看，评价者可充分利用录像机、照相机等仪器作为辅助工具。观察法适用面广，收集资料的机会较多，目前主要运用于了解评价对象的行为表现、情感改变和意志特点。例如，通过听课，评价者可以收集体育教师课堂教学的资料，了解学生上课的活动情况，也可在一定程度上了解体育教师的备课情况。

第二，访谈法是评价者按照访谈提纲，通过与评价对象面对面谈话或是小组座谈会的方式直接搜集信息的一种方法。访谈法适用于了解评价对象的心理状态，它不受文字能力的限制。在访谈时，评价者可以把人群进行分类，根据评价对象的心理适应状况，可以较深入地了解到深层次的问题。

第三，问卷法是通过对评价对象进行书面调查而获取评价信息的方法，主要适用于对范围广的各种问题进行大面积调查。调查者可以直接实施，也可以通过通信方式给调查对象。采用问卷法可在短时期内获取大量的信息，但编制科学合理的问卷和统计结果是一项技术性强、要求高的工作。

第四，文献法是指通过查阅与评价对象有关的文字记载的材料收集评价资料的方法。文献内容包括各种文字与数字资料，如体育教学计划与总结、体育教学进度、体育教案、学生考试问卷等。评价者查阅文献时应根据评价内容查阅相关文献，可以通过几种文献相互印证，也可与其他收集信息的方法结合使用。

第五，测验法是根据评价内容编制一定的等级量表和标准的试题用以收集评价信息的方法。它主要用于易量化的评价对象和形成性评价，如用于收集教师教学效果、学生掌握知识与技能情况、学生各项能力发展状况、学生心理发展状况、学生人格特征状况等信息。

（5）判断体育教学评价的结果

评价者在收集到有关评价对象的资料后就应对其进行加工、处理，对评价的结果作出判断。评价资料是进行判断的依据，对资料的加工则是判断的基础，评价者只有依靠对评价资料的加工和处理，才能做出正确、科学的判断。做出评价结论并不是评价的唯一目的，评价是为了激励评价对象能更有效地提高体育教学质量，因此评价结论除综合判断之外，还应指出评价对象的优点和存在问题，分析原因并提供改进办法和措施。对评价结果的处理主要包括以下几个方面：

①反馈评价结论、意见或建议：反馈评价结果应由实施评价的全体人员与评价对象面对面地进行，以利于双方充分交流。评价结束后，评价人员应对评价对象进行定期回访，以利于改进措施的落实。

②对评价活动本身的质量进行评价：为总结评价的经验教训、修改评价方案提供依据。

③撰写评价报告：评价报告是对本次评价过程与评价结果的总结。评价报告应包括：评价目的、评价组织、机构及评价人员构成；制定评价方案的指导思想及主要依据；评价实施过程，包括评价时间安排、评价准备阶段的工作与效果、实施阶段信息搜集的情况；评价结果，要分述各项指标的评价结果，再写综合性结论；评价对象对评价的意见；本次体育教学评价的总结。向有关部门与人员反馈评价的结果，建立评价档案，把评价资料分类归档。

④评价者在实施评价的过程中，如果发现方案有缺陷，必须加以修正：在评价工作中，最主要的问题是尽量减少评价活动本身的误差，因为再完善的方案也无法全部规划体育教学评价的行为。控制误差应注意：一要减少评价人员的随意行为，尽量做到规范化，这一点要依据有关的制度和评价集体的力量来保证，评价人员之间要有相互制约的机制，要对众人的意见做综合处理；二要尽可能提高测评工具的信度和效度；三要多渠道、多侧面地收集评价资料，确保资料的代表性、真实性；四是控制评价对象可以控制的要素，使之真实、全面地反映其真实情况。

（二）课堂教学评价中的策略设计

教学评价是课堂教学的重要组成部分，从某种程度上说，它影响着一堂课的教学效果。若成功的课堂评价较好地关注学生的情感态度、个性发展、价值观等方面的品质，发挥特有的导向作用和激励功能，让学生在认识自我、完善自我的同时，积极接纳他人、学习他人，分享合作的快乐，促进学生潜能、个性、创造性的发挥，每一个学生才会有自信心和持续发展的能力。

1. 注意课堂评价的适时性

有益的教师反馈应该是具体的、描述性的和及时的。对学生每一个精妙的回答，每一次认真的练习，每一次好的表现，教师都要不失时机地给予鼓励和表扬。哪怕是一句简单的话，一个赞许的目光，都是对学生极大的鼓舞，有利于培养学生积极的自我接纳态度，帮助学生体会学习成功的愉快，体验当一个好学生的快乐，体验不断进取的乐趣。教师给予学生及时的反馈，如他们对问题的看法为什么是正确的，或者为什么是错误的，不但能帮助学生明确自己的实力所在，同时还可以进一步开发他们的潜力。

2. 实施多元评价

教学本来是教师与学生双主体的多边活动，教学过程的开展要以教师和学生共同的活动为载体。学生始终是评价的主体，学习评价应注重学生本人在评价中的主体作用，改变在课堂上学生是被评价对象、教师是绝对评价者的评价状况。教师可以采取以被评价对象为主，教师、同学共同参与的多元评价的方法。在评价中，学生可以通过"我的表现""我进步了"等自我评价形式增强他们的自主意识、反思能力与学习的积极性和主动性，增加学生自主发展的动力，从而有效地促进发展；还有通过"小伙伴眼中的我""老师的话"等形式的评价，从不同角度为学生提供有关自己学习、发展的信息，帮助学生更全面地认识自我，帮助家长、教师获得多方面有关学生学习、发展的信息。通过这种方式，学生本人、同学、教师都能参与到评价中去，促进学生的发展。

3. 注意课堂评价的过程性

学生获得知识的过程和方法不一样，获得的情感体验就不一样。因此，课堂评价要以学生的努力程度作为重要参数，主要考查学生在具体的学习情境中，是否积极主动地参与了运动，是否乐于与同伴进行交流合作，是否具有运动的兴趣和克服困难的精神，是否真正地开动了脑筋思考问题。真正重视过程的评价应该运用建构性的语言给学生以明确、清晰的建议。而这种建议一次一般只能集中于一个学习点的改进上，目的是可以让学生有更明确的方向。例如，一位体育教师让学生示范立定跳远动作，评价道："蹬地、摆腿比较协调，如果摆腿再高一点儿，小腿前伸，效果就更好了。"这种评价针对性强，有的放矢，不仅使学生准确了解自己的学习状况，知道了努力的目标，也会让学生体会到教师的关怀和重视。

4. 讲究课堂评价的艺术性

教师应能够正确地看待每一个学生，以发展的眼光面对发生在学生身上的点滴小事，允许学生犯错误。学会幽默，使用艺术化的语言，讲究表扬和批评的方式方法，这将直接影响学生参与体育运动的热情。课堂评价，特别是批评学生，要注重保护学生的自尊和人格，要给学生留一点面子，不要挫伤了学生练习的积极性。学生在课堂练习中出现了问题，教师不要简单地否定，要鼓励他们认真学习、认真思考。

从某种角度来说，教学活动其实正是在一步步或隐或现，或大或小的评价活动上展开的。课堂是教学评价的重要场所，课堂评价要充分尊重学生的主体地位，关注学生的发展和情感，才能增加学生对体育教师的亲近感和信任度，学生才能真正体会到体育运动的乐趣。

5. 注重评价的层次性

针对学生的实际水平，教师可采用分层教学评价，根据平时对学生各方面表现、能力的观察，在心中把学生分成若干个不同的层次，当学生发言、练习……时，教师用一把弹性的"标尺"（即不同的要求），关注每个学生在动作技能中的点滴进步和变化，进而做出评价。用单一的尺度来评价不同学习水平的学生，就会造成学优生发展提高迟缓、学困生感觉永远跟不上的现象。教师要发挥评价的多种功能，与点拨、引导等技巧融会贯通，使运动技能水平本身发展较前的孩子更上一层楼，让他们更富有创新意识，思维空间更加广阔，动作技能发展更为突出；对运动技能暂时滞后的孩子，体育教师要在肯定其努力、进步的同时，给他们指明继续努力的方向，也要在提醒、批评的同时，教给他们改进的方法，使其感受到"只要我努力，一定会有提高"。面对不同水平的学生，只有体育教师灵活而富有启发性的评价，才能确保每位学生在每一次的体育课运动中都有不同程度的成功体验。

6. 恰当把握评价的语言

在当前的课堂教学中，我们常常听到这样一些声音："你想的办法真是太好了""这位男同学做的动作十分精彩""你的认真水平简直比老师还高"……在许多情况下，这种非常及时的评价的确为活跃课堂气氛、调动学生积极性起到了重要作用，但是有时这样的"好心"也会办成"坏事"。老师的迅速评价在某些情况下可能会挫伤孩子深入探究的积极性，同时也关闭了学生去发现、去分析、去探索的思维之窗。

7. 科学采用评价的手段

评价中最常用的工具是语言，特别是对于低年级的孩子，体育教师应丰富评价的手段，以调动学生积极参与课堂活动。我们在当前的许多课堂教学中不难看到，体育老师们在这方面动了不少脑子，创造出许许多多的评价辅助手段，如有节奏的掌声、调子统一的表扬口号、形形色色的精神或物质奖励及制作于课件中的具有声光效应的刺激奖赏等。这些评价的手段固然新颖，好像也的确使课堂气氛热闹了许多，但透过这些热闹的场面，仔细地观察一下孩子们的表现，就会发现，他们的眼睛里充满的不是对体育活动本身的关注和向往，而是热切地期盼着得到新的奖品，他们明显地表现出对这些奖赏的渴望远远超过了对体育活动本身的热爱。有些体育老师采用的评价手段还大大地分散了学生的注意力，影响了正常的课堂学习。

体育教师在设计评价的手段时应思考其是否科学有效，在实施过程中会不会分散孩子们的注意力，该手段的运用是否能真正地促进学生的发展。任何一种评价手段的运用，都应该为完善教学和学生发展服务，而不要仅仅成为课堂的点缀，用表面的热闹非凡掩盖评价的真正意义。另外，无论采用什么手段进行评价，都应伴随着感情的投入，所谓"感人心者莫乎于情"，像那种浮光掠影似的鼓掌打拍子，轻描淡写的口诀式表扬，怎能与学生心心相印呢？

综上所述，体育教师在课堂上应关注每一位学生的发展状态，用科学的评价引导学生健康发展，用智慧的评价唤醒学生沉睡的潜力，用艺术的评价激发学生创造的热情。评价只要有了爱的支持和智慧的滋补，一定会成为教育这门艺术中更绚丽的花朵。

第四节　大学体育课堂教学设计评价

一、体育教学设计评价概念

体育教学设计评价，实际上是指对体育教学设计方案进行的评价。体育教学设计方案的评价是指在体育教学设计方案推广应用之前，先在一个小范围内进行试用，以了解体育教学设计方案的可行性、实用性、有效性等情况。如有缺陷，则予以修正，然后再试用，再修正，直至满意为止，以提高体育教学设计的质量，保证获得最优的体育教学效果。

体育教学设计评价是体育教学设计过程的最后一个环节，它是体育教学设计的重要组成部分，绝对不能忽视或省略。依据体育教学评价理论，评价者可选择多种评价的方式对体育教学设计的成果进行评价。

一份体育教学设计方案形成以后，评价者首先可以采用诊断性评价，即前置评价。即在具体的设计方案试用之前，先进行诊断、检查，看看是否有原则性错误，如体育教学指导思想是否正确，体育教材的内容是否精选，其科学性怎样，体育教学过程安排是否符合学生学习的规律，是否符合人体生理机能活动能力变化的规律，是否符合学生身心发展的规律，等等。先从大方向上给予评价，以免在后续的试用实施中造成不必要的人力、物力、财力和时间等的浪费。另外，评价者应在诊断性评价的基础上，再进行形成性评价。形成性评价可采用过程评价、结果评价、定性评价和定量评价相结合的方式。体育教学设计方案需经过几轮的试用后，在形成性评价的基础上，再由评价者进行总结性评价，它也同样可采用过程评价、结果评价、定性评价和定量评价相结合的方式进行。

体育教学设计方案的形成性评价是在制订和试行体育教学设计方案过程中的评价。评价者通过评价获得反馈信息，如有不足之处可以及时修改和调整。体育教学设计方案的形成性评价一般包括以下几项工作：

①在体育教学活动的每个环节中应收集何种资料才能确定成果的哪些地方是成功的、有效的，哪些地方是失败的、待改进的。

②应建立怎样的标准来解释收集的资料。

③应选用什么人来做成果的试用者。

④评价需要什么条件。

评价者要解决上面四个问题，就要做好体育教学设计评价方案的制定。

二、体育教学设计评价方案的制定

（一）确定收集资料的类型

评价者在试用体育教学设计方案阶段应收集两类反馈信息：

①学生的体育学习成就信息，以了解学生达到体育教学目标的程度。该信息应用数据来表示，数据来源于对学生的一系列测试、操作、观察、作业等。

②体育教学过程信息，以了解体育教师在试用体育教学设计方案中的问题，也应用数据来表示，数据来源于对体育教学活动展开的观察和学生在体育教学过程中的反应。评价者在收集反馈信息时，至少应用两种评价工具，以保证收集到可靠的信息和足够的信息量。

（二）制定评价标准

评价者确定了收集哪一类型信息后，应建立解释这些信息的标准，也就是体育教学设计方案评价的标准。体育教学设计的评价指标，实质上是在评价时所要考虑的全部因素的集合，真正要成为可以衡量和比较的评价标准，还要将指标体系中各个指标依其主次关系进行权数分配，并要为所有指标进行定性描述或定量赋值。因此，在确定评价标准的时候，评价者应当尽量采用定性与定量相结合的方法，如使用百分制、等级制等。例如，评价者可以用定性的方法为"体育教学手段"制定下述的评价标准：如果某种体育教学手段引起了学生的极大兴趣，并程度不同地增进了他们对体育教学内容的理解，就说明所设计的体育教学手段具有期望的体育教学效果。同时，评价者可以用定量的方法制定下述的评价标准：如果采用这种体育教学手段后，学生对某个动作技能的学习，完成动作的正确率为95%，或比原来提高15%，就说明所设计的体育教学手段具有很好的使用价值。

体育教学设计的评价标准至少包括以下几方面：

①教学目标恰当、具体、符合《体育与健康课程标准》的要求，切合学生实际。

②教学内容选择恰当，安排合理。

③教学过程设计符合学生学习规律、符合人体生理机能活动能力变化的规律、符合学生身心发展的规律。

④教学方法有利于调动学生学习的主动性和积极性。

⑤教学活动体现"以学生发展为本"。

⑥教学形式符合教学要求。

⑦教学媒体选择适当，使用有效。

⑧教学效果好。

（三）选择被试

由一般的体育教师对某一节体育课实施的体育教学设计方案，被试人员就是体育教师本人和所任课班级的学生；而由专门的体育教学设计人员设计的方案，则应有目的地选择被试人员。

体育教学设计的形成性评价不可能也不应该拿许多学生和体育教师来做试验，只需挑选少数学生和个别体育教师作为被试样本，这就要求这个样本具有代表性。以学生为例，被试者取样的基本要求是这些学生的认识水平和能力应属常态分布，即同年级学生中各种水平和能力的人都应挑选。评价者一般可先用随机抽样的方法挑选被试人员，然后略做调整，以保证这些样本学生都能配合测试并善于表达。样本学生人数要适当，太多会耗费过多的精力和时间，太少则会使收集到的信息不够充分，难以说明体育教学设计方案的实用价值。由于以样本代表全体，误差总是难免的，因此，那些比较重要的体育教学设计项目，在条件许可的情况下应当扩大样本人数。

（四）阐明试用设计方案的背景条件

设计者应说明在什么样的条件下进行体育教学设计方案的试用，其过程如何展开，应具备或提供什么条件，并将受到什么限制，例如，是城市学校，还是农村学校；是普通中学，还是示范性中学。怎样展开体育教学设计方案的试用过程，例如，怎样开始、怎样结束、中间要经过哪些环节、每一个环节怎样衔接，体育教师做什么、学生做什么等问题都应加以说明。

（五）评价方法的选择

收集任何资料都要借助某些方法，在体育教学设计方案的形成性评价中，评价者经常使用的方法有测试、调查和观察。

1. 测试

测试是通过一定的器材、方法，设置一定的项目或试题对学生的行为样本进行测量的系统程序。其适宜于收集认知目标、动作技能目标、体能目标等的学习结果资料（通常的考试、达标）。

2. 调查

调查一般有两种方法：问卷法和访谈法。问卷法是通过书面形式向学生提出问题，从答案中获取信息的方法；访谈法是通过与学生进行个别交谈或集体座谈获取信息的方法。调查适宜于收集情感目标的学习结果资料。

3. 观察

观察法是为了达到某种评价目标，评价者专注于学生的行为和所处的环境，并记录所观察的内容，获得必要资料的方法。其适宜于收集动作技能目标的学习结果资料。

此外，调查和观察还经常被用来收集体育教学过程的各种资料。调查适宜于收集学生、体育教师和管理人员对体育教学的反映资料，而观察适宜于收集体育教学设计方案的使用是否按预先计划进行的资料。在形成性评价所需收集的资料中，学习结果资料面广量大，而且它所借助的评价方法与总结性评价又是通用的，因此格外受到人们的重视。

三、评价资料的收集和分析

对评价资料的收集和分析是两项性质不同的工作，但几乎是同时进行的，前者是手段，后者是目的。评价者可将体育教学设计方案进行试教，在试教的同时进行观察。有条件的可请专人观察，并做好录像和记录工作。

评价者在课后可通过问卷调查和测试，收集有关资料。其大致包括以下几个步骤：

（一）向被试者说明须知

评价者在开始体育教学前，应让被试师生知道试用体育教学设计方案的有关情况，如试用目的是了解体育教学设计方案的质量而非被试者的能力，不必焦虑和紧张；试用活动的程序和试用所需的时间；被试者将参与的活动类型及其注意事项；将收集哪些资料以供分析用；应该以什么态度和方式做出反应；等等。

（二）试行教学

这种试验性质的体育教学应具有可复制性的特点，即用相同的方式对另一些同年级学生再进行体育教学，如果他们的水平也属常态分布，可望获得大致接近的体育教学效果。由于这种体育教学具有典型性，通过评价就可获得推广价值。要保证某一体育教学过程能重复展开，评价者必须确实使这一过程是有一定的方案可遵循的，同时不让体育教师为难，仍保持一贯教态。体育教学活动的背景也应尽量避免过分的人为设置，以造成为试用而试用的气氛。

（三）观察教学

试行体育教学的同时，部分评价人员需在适当的地方观察体育教学过程，并围绕类似以下情况做好记录：

第一，各项体育教学活动所花去的时间。

第二，体育教师如何指导各项体育教学内容的学习。

第三，学生提出了哪些问题，问题的性质和类型有哪些。

第四，体育教师如何处理这些问题。

第五，在体育教学各阶段中学生的注意力、情绪反应、主动参与性、思维活跃程度怎样。

第六，学生在课内完成的体育练习，以此确定学生对所学内容的掌握程度。

（四）后置测试和问卷调查

体育教学设计成果试用后，一般应及时进行某种形式的测试和问卷调查。测试主要收集学生的学习结果资料，并调查主要收集有关人员对体育教学过程的意见。此项活动通常是紧接着体育教学试行后着手，但如果为了了解该设计方案对学生学习结果的保持是否有意义，收集学习结果资料的测试应科学安排，适当推迟一段时间进行。

四、整理和分析资料

评价者应把观察、调查和测试所得的资料进行整理和分析，得出评价结果。为了便于分析，这些资料可以归纳、汇总在一张表上。

制成表后，评价者应对资料做一次初步分析：拿各类数据与评价标准作比较，考察各种现象的相互关系。经过分析，可能会发现一些重要问题，随即应对它们加以解释，并通过恰当的途径证实自己的解释。例如，体育教学设计者可就这些问题咨询、访问教育学、心理学、相关学科方面的专家和有经验的体育教师或与被试师生进行个别面谈和集体座谈。这些访谈的目的是让各方人士对初步分析结果和改进意见加以证实。最后可将访谈结果与分析结果综合起来，对评价资料做进一步的深入分析，并在此基础上酝酿体育教学设计方案的修改方案。

五、报告评价结果

对于平时上课用的体育教学设计来讲，体育教师可以在评价以后直接对体育教学设计方案进行修改和调整，有时甚至省去评价结果的书面报告。但对于一些特殊体育教学设计教案，或是单元体育教学计划、水平体育教学计划等，由于体育教学设计方案的修改工作不一定马上就进行，也不一定由原设计者来做，因此，教师需要把试行和评价的有关情况和结论形成书面报告。内容包括：体育教学设计方案的名称和宗旨、使用的范围和对象、试用的要求和过程、评价的项目和结果、修改的建议和措施、参评者的名单和职务，以及评价的时间等等。评价报告以简明扼要为宜，具体资料如各种数据、访谈记录、分析说明等都可以作为附件。

六、体育教学设计方案的修改和调整

在日常的体育教学实践中，体育教学设计方案需要不断修正和完善。通常情况下，一个体育教师教同一年级的几个班，第一个班级进行的体育教学，可以理解为第二个班级体育教学前的试教，在第一个班级体育教学结束后，体育教师就必须对体育教学设计方案及时进行评价，并对它进行修改和调整。两个班级体育教学结束后，教师对体育教学设计方案进行再一次的评价，并且再一次对它进行修改和调整，为今后进行同一内容的体育教学做好准备。此外，学校常常要举行体育教学观摩和体育教学评比，有的优秀观摩课例还要制作成录像带或光盘，这些课的体育教学设计方案更是需要不断修改和完善的。因此必须充分重视体育教学设计方案的修改和调整。

在体育教学设计方案评价的基础上，首先必须确定方案是否需要重新设计，还是只需做适当的修改和调整。一般来说，如果下列几条中有一条不符合要求的就必须重新进行设计。

①体育教学目标不符合《体育与健康课程标准》或不切合学生实际。

②体育教学目标正确，但体育教学过程设计（如选择的体育教学手段、体育教学方法等）不能达到体育教学目标。

③体育教学内容的选择和安排、体育教学过程的设计不符合学生学习规律，不符合人体生理机能活动能力变化的规律，不符合人体机能适应性规律，不符合学生身心发展的规律，不能调动学生学习的主动性和积极性。

如果上面几条都符合要求，总体来说没有原则问题，那么教师可根据体育教学设计方案评价的结果对体育教学设计方案进行适当的修改和调整。由于目前对体育教学设计方案的评价研究还不够成熟，评价标准也需不断改进，因此这里所说的都还是相对的，需要通过体育教学设计的实践不断发展和完善。

通过近年来的体育教学实践，体育教学评价还可以采用其他的一些评价方式。比如说多元评价与过程评价和奖惩性评价相结合的评价方式，具体操作如下：

①从新生入学开始，利用 2-4 周时间，通过观察、检测、问卷调查、访问等工作了解并初步掌握学生基本情况做好记录，对学生进行分组归类。体育教学开始，相应的体育教学评价也应开始。过程评价贯穿于体育教学的始终，直到新生毕业。

②体育与健康课程成绩（100 分）= 身体基本活动能力成绩（50 分）+ 运动参与成绩（50 分）。

A. 身体基本活动成绩（50 分）= 活动过程评价（10 分）+ 成绩进步奖（10 分）+ 项目考核（30 分）。

评价者在学生速度、耐力、投掷、弹跳、力量等五方面的素质中，每学期选一个或两个项目进行考核。在体育教学过程中，学生个体活动表现优异，每表扬一次加 1 分，满分为 10 分，体育教师随时做好记录。期末考核时成绩与上一次考试相比每提高 5 分，成绩进步奖 2 分，成绩进步奖满分为 10 分。项目考试分占身体基本活动能力成绩的30%，按实际成绩进行折算。三项分相加即为身体基本活动能力成绩。

B. 运动参与成绩（50 分）= 出勤情况（10 分）+ 课堂表现（20 分）+ 课外活动，两操（10 分）+ 自选项目（10 分）。

出勤情况以体育教师和体育干部的考核为准。课堂表现 20 分，包含情绪与意志力（1—5 分），安全意识（1—5 分），交往与合作（1—5 分），学生自评（1—5 分）。课外活动两操（10 分），以体育组长、体育干部和教师的考评为准。自选项目（10 分）即对某项技能的掌握情况 1—2 分，比赛规则，裁判法的了解情况 1—2 分，单独该项测评的情况 1—2 分，学生自评 1—4 分。

这套评价方法看起来虽然比较烦琐，但在操作过程中只要充分发挥体育组长及体育骨干的作用。体育教师在新生入学时做好充分的准备，操作起来是可行的。它不仅使体育教学的评价更加科学合理，同时完全符合新课程标准体育教学评价的要求。

综上所述，新的评价体系充分体现了评价的发展性，从"以人为本"的观点出发，强调为学生提供宽松和谐、民主平等的成长环境，给每个学生机会，可使他们的潜能和禀赋都得到开发和释放，为他们的终身学习和持续发展打下坚实的基础。

在全面推进素质教育的过程中，体育教学评价是促进体育教学目标实现和学科建设的重要手段，建立新的符合素质教育的体育教学评价体系已成为必然。

第八章 大学体育教学俱乐部的体系设计

第一节 大学体育教学俱乐部的教学目标体系设计

一、大学体育教学俱乐部教学目标体系设计的概念

大学体育教学俱乐部教学目标体系设计是根据教学对象和教学要求，确定合适的教学起点与终点，将教学诸要素进行有序、优化的安排，达到教学目标的过程。它是一门运用系统方法科学解决教学问题的学问，以教学效果最优化为目的，以解决教学问题为宗旨。具体而言，它具有以下特征：

①把教学原理转化为教学材料和教学活动。体育教学俱乐部目标体系设计要遵循教学过程的基本规律，选择合适的教学目标，以解决教什么的问题；

②体育教学俱乐部目标体系设计是实现教学目标的计划性和决策性活动，以计划和布局安排的形式，对怎样才能达到教学目标进行创造性的决策，以解决怎样教的问题；

③体育教学俱乐部目标体系设计是以系统方法为指导，把教学各要素看成一个系统，分析教学问题和需求，确立解决的程序纲要，使教学效果最优化；

④体育教学俱乐部目标体系设计是提高学习者获得知识、技能的效率和兴趣的过程，是教育技术的组成部分，它的功能在于运用系统方法设计教学过程，使之成为一种具有可操作性的程序。

具体到大学体育教学俱乐部的教学目标体系设计，就是要从"为什么学"入手，确定大学生的学习需要和学习目标；根据学习目标，进一步确定通过哪些具体的教学内容来提升大学生的知识与技能，从而满足大学生的需要，即确定"学什么"；为了实现具体的学习目标，让大学生掌握教学内容，应采用什么策略，即"如何学"；最后，要对教学的效果进行全面的评价，根据评价的结果对以上各环节进行调整，以促进大学生的体育学习。

二、大学体育教学俱乐部教学目标体系设计的原则

教学目标是教学最核心的要素之一。大学体育教学俱乐部教学目标体系的设计应遵循以下原则：

（一）系统性原则

大学体育教学俱乐部目标体系设计是一项系统工程，它是由教学目标和教学对象的分析、教学内容和方法的选择以及教学评估等子系统所组成，各子系统既相对独立，又

相互依存、相互制约，组成一个有机的整体。各子系统的功能并不等同，其中教学目标起指导其他子系统的作用。同时，体育教学俱乐部教学目标体系设计应立足于整体，做到整体与部分辩证地统一，最终达到教学系统的整体优化。

（二）程序性原则

大学体育教学俱乐部教学目标体系设计中，各子系统的排列组合具有程序性特点，即各子系统有序地成等级结构排列，且前一子系统制约、影响着后一子系统，而后一子系统依存并制约着前一子系统。大学体育教学俱乐部教学目标体系的设计应体现出其程序的规定性和联系性，从而确保其科学性。

（三）可行性原则

大学体育教学俱乐部教学目标体系设计要付诸实践，必须具备两个可行性条件。一是符合主、客观条件。主观条件应考虑学生的年龄特点、已有知识基础和师资水平；客观条件应考虑教学设备、地区差异等因素。二是具有可操作性。

（四）反馈性原则

大学体育教学俱乐部教学目标体系设计得是否合理、有效，最终要通过教学实践来检验，通过教学效果来衡量。如果学生反馈良好，基本达到了体育教学目标要求，则说明设计得合理、有效。如果实施的结果与预先的设计相去甚远，那要回归到最初的目标，反思什么地方设计得不合理，下一步应该如何去改进。通过设计——实施——反馈——反思——设计不断地循环操练，如此教学目标体系设计才会日趋成熟。

（五）学生的个体差异原则

大学体育教学俱乐部要以学生的体育学习情况为基础，考虑学生身心素质差异，这是搞好体育俱乐部教学的基本着眼点。学生是学习的主体且彼此间有着水平和层次的差异，他们的知识储备、心理和技能特点以及各自的学习需求，都会对学习结果产生深刻的影响。作为指导教学实施的教学目标体系，其设计要以学生的实际情况为基础，要考虑符合学生的接受水平和需要，这样才能真正实现教学目标。

在实际教学中，很多教师未充分认识到每个学生的个体差异，设置的教学目标往往只适合某些学生，而不适合另一些学生，其结果是导致学生两极分化。根据学生的实际水平，制定满足全体学生的教学目标体系显得尤为重要。

三、影响大学体育教学俱乐部教学目标体系设计的因素

体育教学俱乐部的教学目标是课堂教学的出发点。教学目标的制定是否清晰，不仅影响着教学环节的开展，而且很大程度上牵制着最终的学习效果。教学目标的功能主要有以下三个方面：

一是确定教学范围、教学内容、教学重点和难点，引导学生自主、积极地参与到教学过程中；

二是确定教师将采取的教学步骤、教学环节以及每个步骤或环节将采取的教学活动，指导教师有条理地去完成教学计划或任务；

三是明确学生要达到的学习要求或水平，为教师本人及教育监督者提供检测的标准和依据。但在实际教学中，教师的目标设计往往存在许多问题，如目标描述笼统、缺少标准和层次等。

有效的教学目标对落实课程标准、制订教学计划、组织教学内容、明确教学方向、确定教学重点、选择教学方法、安排教学过程、衡量教学效果等起着重要的导向作用。

（一）课程标准是设计教学目标的指南针

课程标准明确了课程的基本规范和质量要求，也是管理和评价课程的依据。有了课标，教什么，怎样教，对学生的培养要达到什么水平，也就有了依据。因此，设计教学目标时，教师必须熟悉大学体育课程标准，对课程的性质、基本理念、课程目标与内容、实施建议等有一个比较清楚的认识。

（二）学生的学习情况（简称：学情）是教学目标设计的重要基石

学生的学情对教学目标的确定具有现实意义。教学目标应该基于学生已有的认知水平，切合学生的最近发展区。教学目标过高，易造成教学的越位，强人所难；教学目标过低，易使教学滞后，低水平重复。因此，学生已经会的，不需教；学生能自己学会的，不必教；教了学生也不会的，不用教。教学目标的定位，都要归结到学生的实际水平与发展需要上来。因此，研究学生、了解学生是确定教学目标必不可少的工作。

四、大学体育教学俱乐部教学目标体系的制定

（一）大学体育教学俱乐部教学总目标的制定

高校应依据"健康第一"的指导思想，结合当代大学体育课程标准的总体要求，设置出符合时代需求的大学体育教学俱乐部的教学总目标。

（二）大学体育教学俱乐部教学具体目标的制定

为使所设立的体育教学俱乐部的总体教学目标具体化、序列化，并在教学中能得到执行和落实，高校应将具体教学目标划分为两个层次，即基本目标与发展目标；五个领域，即运动参与目标、运动技能目标、身体健康目标、心理健康目标和社会适应目标。基本目标是根据大多数学生的要求而确定的，带有强制性；发展目标是针对部分体育素质高、有余力的学生确定的，体现了体育课程教学目标的自由度。

1. 运动参与目标

培养大学生自我从事体育锻炼的能力，使其养成自觉锻炼身体的习惯，具备体育文化欣赏能力，基本能掌握科学锻炼身体的原理与方法，能有针对性地制定运动处方；每周参加体育活动2—3次。

2. 运动技能目标

让大学生熟练掌握 1-2 项体育专项运动技术，形成运动特长，并能用于经常性的体育锻炼；初步掌握专项运动理论知识及相关竞赛规则，基本能胜任所学专项的竞赛组织、裁判工作；掌握科学安全从事体育活动的知识，具备处理运动伤害的基本能力。

3. 身体健康目标

让大学生能全面提高身体素质，增强心、肺功能，改善身体形态，提高身体素质，增强体质，提高健康水平，达到《学生体质健康标准》的要求；引导学生关注自身健康状况，着重培养学生终身锻炼身体的习惯；基本掌握评价自身健康状况的方法与手段，了解身体健康的各项指标并能有针对性地进行自我监督。

4. 心理健康目标

提高大学生心理调控能力，促进身心和谐发展；学习心理健康的综合知识，掌握评价自我心理状况的方法与手段，并能进行针对性的调整和养护，形成健全的人格，表现出积极进取的生活态度。

5. 社会适应目标

通过竞技运动，培养大学生适应各类竞争和各种不同环境的能力，培养合作与协调能力，学会承受挫折，维护身心健康，善于调整自我，保持良好心态。

（三）大学体育教学俱乐部教学终极目标的制定

大学体育教学俱乐部的教学终极目标是"以人为本"。

1. 立足终身体育，重视大学生体育能力的培养

以学生身体教育为主线，以使学生终身受益为出发点和落脚点，教育学生树立终身体育的思想，使他们充分认识到终身体育不能只局限于学校体育，应包括学前体育与学后体育的连续过程。也就是说，体育教学俱乐部改变了过去那种把体育简单地理解为竞技体育或单纯地从生物观点来理解体育任务的观念，使广大学生在校期间接受多方位的体育教育，增强体育意识，提高体育能力。

2. 加强体育与健康知识教育

学习掌握体育与健康的基本知识是培养学生体育能力的基础，因为人的能力是以知识为基础的。大学生体育能力与健康理论、知识、运动技能的掌握密切相关，是在两者基础上发展起来的。因此，加强体育与健康知识的教学，提高他们的知识水平，对他们形成必要的体育能力会起到至关重要的作用。

3. 培养大学生体育锻炼的自我评价能力

体育锻炼的自我评价能力是指导学生对自己的锻炼效果和身体状况能够予以测量、分析和判定，通过自我评价，使学生了解自己的锻炼情况和体质状况，从而有针对性地采取相应的措施，调整锻炼计划和方法，避免锻炼的盲目性，从而取得最佳的锻炼效果。

教师在体育教学俱乐部的教学中要有意识地教授一些评价知识、评价方法和评价标准，培养学生自我评价的能力和控制运动负荷、强度等方面的知识，为今后能科学地指导他人和自我进行体育锻炼、提高健康水平和运动能力奠定基础。

第二节　大学体育教学俱乐部的管理体系设计

一、体育教学俱乐部管理体系概述

（一）建立体育俱乐部体系的重点和难点

1. 对体育俱乐部的概念

体育俱乐部是由企事业单位、社会团体和公民个人利用非国有资产举办的，以开展体育活动为主要内容、以公民个人为组织和服务对象的基层体育组织。但在实践过程中，这个概念的投资主体与资金来源是相互矛盾的。既然允许国有企事业单位、社会团体兴办体育俱乐部，那么，其资金来源一定是国有资产。而且在目前情况下，完全依靠民间或个人的投资来维持体育俱乐部的生存与发展仍有许多困难，尤其是职业俱乐部。

2. 体育俱乐部的类型比较复杂

体育俱乐部作为一种社会组织，其表现形式是多种多样的。就我国目前的情况看，一是企业型的俱乐部，就是把体育俱乐部作为一个经营实体，按照市场运作规律，自主经营，自负盈亏。二是社团型俱乐部，即由热心体育运动中某一个项目、某一种活动的人组织起来，交纳一定的会费，享受一定的权利，承担一定的义务，按照章程开展活动。三是民办非企业型俱乐部，这种俱乐部的特点是其组织管理与企业相似，可以开展经营活动，但它与企业型俱乐部的根本区别就在于盈利不得分红，必须用于事业的发展。四是事业单位性质的俱乐部，这种俱乐部在 20 世纪 50—60 年代比较多，现在仍然存在。五是单位内部的各种体育俱乐部，主要是为本单位职工服务，属于公益福利性质。

由此可见，我国体育俱乐部的组织形式，具备了除政府机关以外所有的社会组织形式，因此管理的难度很大。有的人主张根据体育俱乐部的不同类型，分别出台管理办法，这种建议是有道理的。但在目前情况下，分别出台管理办法的条件还不成熟，只能在体育俱乐部的发展过程中逐步完善。

（二）体育俱乐部管理体系分析

1. 关于体育俱乐部的分类和管理对象

由于体育俱乐部的类型比较复杂，因此，怎样划分体育俱乐部的管理对象，做到既简单明了，又具有可操作性就成为困扰我们的难点。目前有两种划分方法是切实可行的，一种就是以性质划分，即社团型俱乐部、企业型俱乐部、民办非企业型俱乐部，另一种就是以任务划分，即职业俱乐部，业余俱乐部，健身俱乐部。按任务划分体育俱乐部的管理对象比较符合我国的实际情况。这样既便于加强对体育俱乐部的管理，也可以避免一些目前暂时难以理顺的问题，使管理制度更具有针对性。

2. 关于体育俱乐部的管理部门和分工

在国外，体育俱乐部一般都由体育协会来实施管理。在我国，由于体育协会还不是一个实体，因此承担不了这个职责，依照国家的有关规定，只有政府行政管理部门有权依法对社团组织行使管理权限。县以上地方各级体育行政部门应作为体育俱乐部的业务主管机关，履行体育俱乐部成立、变更、注销登记的审批，监督体育俱乐部遵守国家的有关法律法规，对体育俱乐部进行业务指导，协助查处体育俱乐部的违法行为等职责。体育俱乐部在得到业务主管机关批准后，可根据各自不同的性质，持审查批准文件到同级民政部门或工商行政管理部门办理登记手续，即民办非企业型的体育俱乐部和社团型的体育俱乐部到民政部门登记，企业型体育俱乐部到工商行政部门登记。业务主管机关和登记管理部门必须在规定的时间内，对体育俱乐部提出的申请给予明确的答复。为了鼓励体育总会和单项运动协会在体育俱乐部的管理过程中发挥更大的作用，体育行政部门可委托相应的体育总会、单项运动协会负责体育俱乐部的具体管理工作。需要特别指出的是，体育俱乐部的业务主管权限是体育行政部门的，它可以委托体育总会、单项运动协会进行管理，但不是必须把管理权交给体育总会和单项运动协会。在没有得到体育行政部门授权管理的情况下，体育总会、单项运动协会只能在本协会章程规定的范围内，对体育俱乐部进行有关的行业规范。

3. 关于体育俱乐部的权利与义务

对于体育俱乐部这种新的社会化组织形式，国家应明确地给予支持，要鼓励社会各界兴办体育俱乐部，允许国内外企业、公司参与体育俱乐部的经营活动，拓宽投资渠道和资金的来源方式，公共体育设施和企事业、社会团体所有的场地设施应该为体育俱乐部开展活动提供方便；同时要在税收、体育俱乐部接受捐赠和赞助、场地设施和人才培养等方面采取积极的扶持政策。体育俱乐部要严格遵守国家的有关法律法规，接受业务主管机关和登记管理部门的监督、检查，充分发挥自身的优势，积极组织群众开展丰富多彩、有益身心健康的体育活动，丰富群众的业余文化生活，为增强国民的身体素质和精神文明建设服务；要大力提高运动技术水平，搞活竞赛表演市场，促进体育的产业化。要坚持德、智、体、美全面发展，为国家培养优秀的体育后备人才。

4. 我国体育俱乐部的管理体系

（1）加大国家的宏观管理力度

由于体育俱乐部目前存在的矛盾和问题涉及社会的方方面面，单靠某一个管理部门的行政命令或部门规章显然不能得到彻底解决。同时，为了防止类似邪教组织利用体育俱乐部达到他们不可告人的政治目的，我们应争取国务院颁布《体育俱乐部管理条例》，明确体育俱乐部的指导方针，引起各级地方政府对体育俱乐部管理的重视，形成齐抓共管的局面。

（2）加强单项运动协会的行业管理力度

目前我国单项运动协会组织不健全，实体化程度低，运动项目管理中心作为协会实体化的过渡组织形式，只是在职业俱乐部的管理方面起到了一定的作用，而对本项目其他类型俱乐部的管理则显得力不从心。因此，要加快协会实体化的进程，形成一个全国统一、层层衔接的行业协会组织网络，建立协会章程，健全行业的规范管理制度，发挥协会的领导协调作用。

（3）加大体育俱乐部的内部管理力度

由于体育俱乐部的从业人员结构复杂，水平与素质参差不齐，建立、健全各项内部的规章制度，加强内部管理就显得尤为重要。因此，体育俱乐部要建立有效的内部管理机构，制定本俱乐部的章程，并在章程规定的范围内开展经营活动和体育活动，要在思想政治工作、财务审计、工资、福利等方面制定相应的管理制度，形成良性循环的监督机制、约束机制、激励机制。

二、大学体育教学俱乐部管理体系设计

大学体育教学俱乐部应在充分借鉴体育俱乐部管理的经验和体系基础上，根据"大学体育"课程的基本要求，遵循教学的基本规律，依据体育教学改革的指导思想，结合大学生身心发展特点和组织能力特点，确定以学生为主，教师为辅，大学生自治的体育教学俱乐部管理体系。

（一）大学体育教学俱乐部教学管理的基本架构设计

大学体育教学俱乐部以各单项俱乐部为基本管理单位，进行体育竞赛和余暇活动的组织和安排，根据学校的实际情况，设立球类教学俱乐部、形艺教学俱乐部和基础教学俱乐部等3个教学大类的俱乐部，分设篮球、排球、足球、乒乓球、羽毛球、网球、技击、形体与舞蹈、运动休闲等9个单项教学俱乐部。各单项教学俱乐部通过技术水平测试，把学生分成高、中、初三个技术等级班，每个俱乐部按学生的技术水平进行分层教学，师生共同管理。

依据俱乐部章程，教研室主任担任俱乐部联盟主席，各个单项俱乐部根据本项目的特点成立俱乐部委员会，任课教师担任各单项俱乐部主席，副主席、秘书长、竞赛部长、宣传部部长、培训部长由学生担任。

（二）大学体育教学俱乐部教学管理体系的运行设计

体育俱乐部教学管理体系是由计划、实施、检查（反馈）、总结四个环节组成，这些环节是按先后顺序彼此衔接、相互促进的螺旋状管理过程。体育俱乐部教学管理的目的与任务是：①定期检查体育俱乐部各项计划的实施情况，及时了解教学动态和学生的反馈；②掌握教学中的可变因素，充分发挥教师的聪明才智；③针对存在的薄弱环节，

找出原因落实措施。每一次检查总结意味着下一轮循环的开始，从而不断完善，日趋合理。

（三）大学体育教学俱乐部教师教学工作基本规范

为了认真贯彻党的教育方针，全面落实并高质量地完成学校各项教学任务，明确教师职责，增强教师爱岗敬业、教书育人的责任感和自觉性，加强教学管理，提高教师自身素质和教学水平，确保人才培养质量，大学体育教学俱乐部教师教学工作应落实基本规范。

1. 大学体育教学俱乐部教师的职责

体育教师是根据本教学单位教学工作的需要，由学校在获得教师资格的人员中聘任。

教师应忠诚于人民的体育教育事业，以良好的职业道德和教学风尚进行教学，对学生既要严格要求，又要关心爱护，做到言传身教、教书育人、为人师表。

教师在工作中要服从分配，勇挑重担。教学工作是教师的首要工作，教育部体育教师每学期须完成额定的教学工作量，并积极开展教学研究，踊跃申报省级及省级以上的教研课题，撰写教研论文或调查研究报告，努力提高教学水平，并在此基础上努力做好科学研究、科技开发和社会服务工作，还要积极参加课部组织的政治学习和集体活动。

教师应积极参加课部、教研室组织的教学基本建设工作，特别是专业建设、课程建设。

教师应自觉遵守学校、课部各项规章制度，严格遵守教学纪律，做到治学严谨、教风端正。

教师应按照课程教学计划和所担任俱乐部课程教学大纲的要求，负责编制本课程的授课计划，负责课程的主讲、课外辅导、考核等教学环节的组织实施与质量管理，并指导、检查本课程的教学实践、俱乐部的课外训练及竞赛等工作。

教师应推荐选用或编写符合课程教学大纲要求的教材，确定教材时应从专业性质和学生实际出发，注意内容的思想性、科学性、系统性、先进性和实用性。

教师应负责课堂教学管理，维持课堂纪律，保证正常的教学秩序。

教师须认真履行岗位职责，并按照学校有关规定接受工作考核与评价。

2. 体育教学俱乐部的课堂教学和课外训练

任课教师在进行课堂教学之前，必须熟悉课程教学大纲、教学目的及基本内容；结合教材和学生的实际，认真钻研和掌握教材的全部内容、体系结构、重点和难点；认真撰写讲义，编制教案，安排教学内容与进度，确定授课方式（指讲授课、课外训练课、电教课等）；填写教学进度表一式三份，任课教师、教研室或体育教学部和教务处各执一份；了解学生的有关情况，取得学生名册，做好各项教学准备，使教学用具处于完好备用状态；加强直观和形象教学，增加学生感性认识。学校应提倡任课教师集体备课，发挥学术团队的智慧和力量。

课堂教学是教学过程的中心环节，任课教师必须按照教学大纲的要求，针对学生的特点进行授课，全面把握课程教学内容的深度和广度、重点和难点，条理清晰，重视系统知识的传授和学生素质的培养，保质保量地完成预定的教学任务。

任课教师必须了解学生的基本情况，合理安排教学进度，不断改革教学方法和手段，采用启发式、研究式教学，注意对学生学习方法的指导。提倡编制电子教案，在条件允许的情况下提倡积极采用电化教学、计算机辅助教学等现代化教学手段和教育技术，充分利用各种信息资源，扩大教学知识量，提高教学效率，使课堂教学逐步做到最优化和现代化。

在保证完成教学大纲所规定内容的前提下，任课教师可以结合自己的经验和优势，广泛收集有关教学参考资料，介绍本学科的现状和最新发展成果，扩展和更新教学内容，注重学生创新精神和实践能力的培养，努力形成教师自身的教学特色。

教师上课时应穿着运动装、运动鞋、仪表端庄、举止文雅、语言清晰、示范准确。

教师课堂用语应是全国通用的普通话。

教师应坚持课堂考勤制度，严格要求学生遵守课堂纪律，保持良好的课堂教学秩序。

教师要指导学生制订课外训练计划，帮助学生掌握科学的学习方法。

对学生在学习过程中产生的疑难问题，教师要及时给予辅导答疑。辅导答疑是课堂教学的主要补充环节，目的在于帮助学生加深理解和全面掌握课堂讲授的内容，了解学生的接受情况，解答疑难问题，指导学生的学习方法、思维方法和练习方法。辅导训练应以个别辅导答疑的形式为主，对多数学生中存在的普遍问题，应采取集体辅导的方式；对学习有困难的学生，要主动给予重点帮助。

任课教师应根据本课程的性质和特点，为学生开列课外练习时段，指导学生练习等，规定课外训练次数、时间及要求，这些可作为学生平时成绩，并在课程学习总成绩中占有一定的比例。

3. 大学体育教学俱乐部的考试考查

体育各俱乐部考试的内容要以教学大纲为依据，反映本课程的基本要求，要有较强的针对性和适当的难度。

理论考试命题教师须提前将笔试的试题及标准答案（参考答案）、评分标准交教研室主任和课部主管领导审核签字。

任课教师应对所教学生认真进行考试资格审查，对经审查未取得考试资格的学生应予登记，并报学生所属院（系）备案。

教师应根据考试要求来选择适当的考试方法。

教师评分要严肃、公正、实事求是，严格按照评分标准进行评分，绝对禁止提分、压分和其他弄虚作假现象。任课教师无特殊情况应在最后一次课后三天内按规定送交学生成绩单，并由任课教师上网登记学生成绩。

4. 大学体育教学俱乐部的教学纪律

所有教师在执教期间，均应坚守教学工作岗位，任何人都不得擅离职守。因特殊情况必须离岗者，须事先书面申报并经分管教学的课部负责人签署批准意见，报教务处备案后方可执行，一般不超过一周。超过一周者须由课部报学校人事部门批准，教务处备案。

教师不得随意调课或自行找人代课，不得中途离开课堂，不得在课堂上使用 BP 机、手机等干扰教学秩序的通信工具，不得在课堂上吸烟。除学校统一安排外，个人无权停课。

教师须严格课堂纪律，按课表规定的时间和地点进行授课，不得随意变更。不得上课迟到、提前下课和拖堂。

教师（包括辅导教师）应按教学计划的要求认真完成教学工作任务，按规定的课程内容和进度实施教学，按各教学环节的要求自觉履行其职责，不得随意增减课时。

5. 大学体育教学俱乐部教师的奖励与处分

凡自觉遵守教师教学工作规范，在教书育人、教学改革、教学管理、课程建设、教学质量等方面做出突出成绩、取得较好效果的教师，经部教学委员会评定，并上报学校，将给予奖励和表彰。奖励以精神奖为主，辅以物质奖励，具体方式有：发给证书、奖品或奖金。获奖情况作为教师考核评价和晋升专业技术职务的依据。

（四）大学体育教学俱乐部主席的主要工作职责

教研室是大学体育教学俱乐部最基层的教学组织和科研单位。教研室采取教研室主任负责制。

教研室主任的工作职责包括以下方面：

每学期开学前一周制定出学期教学俱乐部工作计划或要点，学期末做工作小结，学年结束要做学年度总结并向系领导汇报。

根据培养目标和课程基本要求，按照学校以及俱乐部教学管理的规定，协助教学主任落实教学计划；组织各分俱乐部成员讨论和编写教学大纲；选好教材。在此基础上制定出详细的教学进度。

严格按照专业教学计划安排落实教师教学任务。对现行教学计划有个别修改意见，必须正式报告俱乐部，征得同意后再具体实施。每学期末安排落实下学期教师教学任务。

建立听课制度。教研室主任除配合俱乐部进行教学检查和评估外，还应定期不定期地进行检查性听课（每学期保证听课 3—5 次，并认真填写体育教学部听课记录表。听课记录表作为教学档案交教研室以及俱乐部办公室存档。）及时掌握教学动态和教学情况。对教学认真负责，教学效果优秀的教师要大力表扬；对教学不认真，教学效果差的教师要指出，并限期改正；对教学认真但教学效果差的教师采取帮扶措施，聘请有经验的教师给予指导；对确实不能胜任教学的教师，要及时向俱乐部提出整改意见。

俱乐部主席除自己听课外，每学期还应在教研室内组织 1 次以上观摩教学或交流教学并进行课后讲评，共同探讨教学方法。

课程建设是教研室的基本建设。教研室主任应抓好这项工作，在确保所开课程在预期内达到合格标准的基础上，积极配合俱乐部，加大对优秀课程的投入，按照优秀课程标准进行建设，争创院级、省级优秀课程。

课程考试是教学的重要环节，教研室主任应严格把关。重点课程要逐步建立试题库。教研室主任对试题、参考答案认真审核签字；对任课教师的成绩登记表也应审查签字后再报送部办公室汇总。

教学研究是科研工作的重要组成部分，教研室应坚持每月一次的教研活动。教研室主任应按照工作计划组织教师通过集体备课，开展对教学内容、教学方法的改革探讨；对课堂讨论、实践教学、考核等各教学环节的研究，解决教学中存在的问题。撰写较高水平的教学研究论文，把教学研究和科学研究放在同等重要的位置。

积极开展科学研究。教研室主任带头并组织教研室成员积极申报院、省和国家科研基金，开展课题研究。在科研项目研究中，发扬团结协作精神，形成团队合力，力争发表较高水平的科研论文。

积极参加校内外、国内外学术交流活动。广泛收集国内外学术界关注、研究的新信息。对外出参加学术活动或学术会议的教师要建立考评档案；对教师带回的信息，要组织多种形式的学术交流活动。

教研室主任应掌握教研室人员的工作情况，教师的请假必须事先征得教研室主任的同意，然后同系协调；配合部里制订和落实教师培养计划，包括学术方向、培养任务、培养时间、培养标准和要求，定期检查落实提高教师业务水平所采取的措施落实情况。

（五）大学体育教学俱乐部教师代、调、停课管理办法

教学工作是体育教学俱乐部的中心工作。体育课教学工作应由任课教师全权负责。教师应保质、保量地完成教学工作，尽量避免代课、调课及停课现象的发生。出现以下情况，可执行代、调、停课。

1. 大学体育教学俱乐部教师调、停课原则及办法

调、停课原则：教师应严格执行教学俱乐部规定的教学安排，无权私自停课和无故调课。如执行临时调课、停课通知或根据教学俱乐部实际情况需进行调课、停课，由教学俱乐部统一安排，教师不得擅自调课、停课。

调、停课办法：教学部通过张贴公告、会议宣布等形式通知停课。如教师遇特殊情况要更改上课时间、地点，进行调课，需提前一周上报各教学教研室，经批准后实施。

出现以下情况，教师不得调课、停课：上课遇大风、雨雪天气，外场课原则上进入内场上课，教师不得擅自停课；教师因公、病、事请假，不得调课，需请其他教师代课，并上报各教学教研室批准实施；出现特殊情况，教师应服从教学部统一安排，不得私自调课、停课。

2. 大学体育教学俱乐部教师代课原则及办法

教师因故不能上课，应持相关证明请假，经教学俱乐部批准，由本人联系代课教师后，到各教学教研室办理代课手续。任课教师应提供教学进度和点名册，代课教师

持代课单准时上课。如任课教师未找到合适的代课教师，可请教学教研室出面协调后办理相关手续。

请其他教师代课的原则是：在本专项内请代课教师；如本专项内没有合适代课教师时，可请其他专项教师代课，但原则上任课教师应具备所授课程的教学能力；教师在无特殊情况时，应体现互帮互助的原则，尽可能帮助其他教师代课。在教研室出面协调时，对于不接受代课又无正当理由的教师，对其今后请其他教师代课的请求将不予批准。

出现以下情况使教学工作受到影响时，按照教学事故处理：教师未经教研部批准私自外出或未在教学教研室办理代课手续，私自请其他教师代课，责任由任课教师、代课教师共同承担；代课教师已拿到代课单，但未完成代课任务，出现包括迟到、早退、旷课、未完成教学任务及学生对教学效果不满意等问题，责任由代课教师承担；教师在未请到代课教师的情况下，擅自离岗，由任课教师承担全部责任。

（六）大学体育教学俱乐部教师教案设计的基本要求

教案应当是课堂教学思路的提纲性方案。当设计完成一个教案的同时，在备课教师的头脑中就会形成一个完整的授课方案。撰写出来的教案也只是实施课堂教学过程的一个骨架结构，不能将课堂中教师所说的每一句话、每一个想法、每一件事都写进教案中去。课堂教学实施的过程中，会有许多的不确定因素出现，要靠备课时准备充分，靠平时的知识积累，靠实事求是地真诚对待。

教师在进行课堂教学时的两个依据：一是依据课程标准（大纲），二是依据教科书（教材）。教师还要根据学生的实际情况、教学的环境、教师自身能力、社会科学技术的发展变化，以及教育教学思想理念的变化等因素的影响，又不完全依赖课程标准和教科书，充分发挥出自己的主观能动性，要在课堂教学中展示出自己的特色来。

教师在进行课堂教学时的一个原则：不能出现任何的科学性错误。不能将不确定的（可能是……）、自己臆想的（应该是……）、没有科学依据（我认为……）的东西教给学生。

教案的设计，都有一个基本要求。每一个教师在达到了基本要求之后，要写出学科特色和个人的教学风格来。

1. 教案的内容完整

教案内容包括：教学内容（教学课题）、教学目标、教学重点、教学难点、板书设计（演示文稿）、主要教学方法、教学工具、各阶段时间分配、教学过程（五个环节）、教师活动、学生活动、各阶段设计意图、课后评价与反思等内容。教案设计要灵活多样，注重实效。同一个教学内容，在同一时期，不同的教师设计的教案形式可以不同。同一个教学内容，在不同时期，同一个教师设计的教案也会不同。每个人都有自己的设计方法和风格，只求基本部分相同，不求完全相同。教师的备课和讲课，要依据教材，但是不能只依据教材，要根据该地区的情况、学校的条件、学生接受能力和水平，二次开发教材。教案要发挥出自我，要体现出自身的价值来，让听课的专家、领导和教师在课堂上能够"找到有悟性的您"。

简洁（简洁不简单），但是不能少于 2 页 A4 纸。教案要保留书面和电子两种。

2. 教案要有可操作性

在课堂实施的过程中，教师也要根据实际的课堂教学情况的变化而变化，能够灵活多变地、轻松自如地驾驭课堂，不拘于教案。尤其是青年教师教案要详细，有经验的中老年教师要"传帮带"。杜绝无教案上课，后补教案和不规范教案。教案的后期利用是指将旧教案复制过来。首先是改换日期时间等基本信息。其次是根据信息技术发展的情况、所授班级的情况、教学环境的变化，个人信息技术的教育教学观念的改变，个人教育教学水平和能力的提高等，将教案中旧的东西剔除掉，加进新的教育教学观点、概念和方法，加进新的信息技术的知识和技能，加进更切合本班学生实际的例子……最后是将旧教案改变为适合教育教学的新教案。设计教案目的是在上课时给自己看的，而不是给学生或是其他什么人看的。但是，对于同行教师进行教学交流、讨论研究的教案，对于教学领导检查教学要看的教案，对于体育教学设计大赛和评比的教案，对于选入《体育教学设计案例》的教案，一定要注意区别对待。

3. 目标明确

教师的教学目标和学生的学习目标在教案中要明确。在学生角度的"学习目标"，应当是站在教师角度的"教学目标"。在设计课堂教学目标（知识、技能、情感），要注意将课程需要关注的三个方面（知识与技能、过程与方法、情感态度与价值观）融入每一节课中去，要具有可实施性、可检测性、唯一性。对于同一节课的教学内容，不同用途的教案，可以根据不同的需求写成多种形式。既不要求个个都做成经典教案，亦不必投入太多的无谓劳动。教案可繁可简、可粗可细，但是都要认真地对待，最起码也要符合教案设计的基本要求。"教学"是"教"与"学"的双向互动，既有"教"的考虑，同时也有"学"的思量，而"学习"只是单方向地"学"，没有"教"的内容。

第三节　大学体育教学俱乐部的评价体系设计

一、大学体育教学俱乐部的教学评价

教学评价是以教学目标为依据，按照科学的标准，运用一切有效的技术手段，对教学过程及结果进行测量，并给予价值判断的过程。教学评价包括：对学生学业成绩的评价，对教师教学质量的评价和进行课程评价。大学体育教学俱乐部的教学评价是依据教学目标对教学过程及结果进行价值判断并为教学决策服务的活动，是对教学活动现实的或潜在的价值做出判断的过程。它是依据体育教学目标和体育教学原则，对体育的"教"与"学"的过程及其结果所进行的价值判断和量评工作。大学体育教学俱乐部教学评价

包含以下三个基本含义：

（一）大学体育俱乐部教学评价的依据

大学体育俱乐部教学评价是"依据体育教学目标和体育教学原则"来进行，体育教学目标是对体育教学"是否获得了预先设定的成果"、是否完成任务的评判依据；而体育教学原则是对教学"是否做得合理"、是否合乎体育教学基本要求的评判依据。两个评价依据都具有客观性和规范性，也都具有教育评价的效度和信度。

（二）大学体育俱乐部教学评价的对象

大学体育俱乐部教学评价的对象是"体育的'教'与'学'的过程和结果"，体育俱乐部教学评价的重点对象是作为受教育者的学生的"学习"，包括学生的学习水平和品德行为；体育俱乐部教学评价也对教师的"教授"进行评价，包括教师的教学水平和师德行为。

（三）大学体育俱乐部教学评价的工作内容是价值判断和量评工作

"价值判断"是定性的评价，主要是评价教学方向的正误、教学方法的恰当与否等；"量评工作"是定量的评价，主要是评价可以量化的学习效果，如身体素质的增长和技能掌握的数量等。体育俱乐部教学评价贯穿教学目标确定、内容选择、组织实施的各个环节；目的是及时修正体育教学目标、解决体育教学中出现的问题以及实现体育教学资源的合理配置与组合，追求最佳效果和目标的达成，是一项实践性与操作性较强的工作。

二、大学体育教学俱乐部教学评价体系建立的原则

评价原则是评价工作开展的法则和准绳，是对评价工作提出的基本要求。正确的评价原则，能够保证工作开展得更加客观和科学，能够统一专业评价者的认识和意见，使大家形成合力，使评价工作沿着预期的方向前进。大学体育俱乐部教学质量评价体系的建立应遵循以下原则：

（一）系统性原则

体育俱乐部教学质量的评价涉及多方面的内容，在设计评价指标时必须考虑大学体育运动机制的综合情况，不能仅仅考虑某一个因素，只有采取系统设计、系统评价的原则，才能得出全面、客观的评价结果。而且评价指标体系要有层次性，每一层次的指标选取应突出重点，对关键指标应进行重点分析。

（二）科学性原则

科学性原则是指体育俱乐部教学质量评估体系的各个环节、步骤、方法、都应当具备科学性，使得评估能够具备更高的实用性与可信度。首先，评价的思想、理论应当是科学的，要根据相关学科的要求规范进行。其次，评价方案要科学，各项指标要有明确

的含义，并且评价指标能够反映出体育俱乐部教学的目标要求。要做到这些就需要用到科学的设计方法和技术，如系统工程、层次分析法等，在评价过程中，要尊重客观事实，不掺杂虚假信息，避免主观随意性。在方法上也要实现定性与定量相结合，过程性评价与终结性评价相结合，尽量避免误差过大，使整个评价体系准确、完整、客观。最后，评价体系应当广泛收集相关专家的意见，并在评价的基础上收集使用信息，进一步完善系统的功能特点。

（三）可行性原则

体育俱乐部教学质量评价是一个实践性很强的活动，既要坚持科学性还要保证可行性。可行性是指评价指标不仅要能够适应评价对象的要求，还要在操作层面上切实可行。首先，评价指标体系要简易可行，评价项目不宜过多，这样容易产生系统随机误差；当然，评价项目也不宜过少，否则会造成评价不全面或者漏掉高指标度的评价。其次，其数据信息来源渠道必须可靠，并且易于取得，否则评价工作难以进行或代价太大。再次，评价指标不能过高，这样大多数的评价对象都不能达到预期的要求，但也不能太低，否则评价对于系统来说没有任何意义。正确的评价是评价指标应当与客观对象相吻合，能起到激发学校的积极性，客观地反映出大学俱乐部教学开展状况。最后，对评价过程中产生的数据信息的处理，应尽可能地选择计算机操作手段，以简化计算流程，增强评价可信性。

三、大学体育教学俱乐部教学评价体系的设计

大学体育教学俱乐部的体育教学评价，是大学体育教学改革中的重点，是对体育教学的效果检验，其最主要的依据是体育成绩。大学体育教学俱乐部随着改革的深入，已开始注重教育思想、教学观念、教学过程、教学方法以及学生的健康度等指标的评价。

（一）大学体育教学俱乐部教学评价的基本要求

1. 体现以"健康为本"的评价

大学体育教学的目标就是促进人的健康发展，由此大学体育教学俱乐部的教学评价也应该围绕此目标来进行。制定一种以衡量学生健康水平为主的评价体系，对每一个学生，从总体的健康水平和个体健康水平的改善程度两方面来评价，这才能真正反映出体育教学是否围绕着教学目标做出了一定的成绩。这个评价指标体系，应该由几个部分组成：一是围绕生长发育各方面来评价，例如身高、体重、肺活量等与标准值的对照，可以确定一个学生的生长发育良好程度；二是体能测试，例如，利用体能测试的专门手段来测试学生的心肺耐力、灵敏性、柔韧性等，可以得到学生体能的状况并进行等第制的评价；三是对于学生的积极参与运动的行为、养成习惯以及心理健康和社会适应能力方面的表现，可以通过学生的自评与学生之间的互评来获得一个概念。这种将定量评价与定性评价相结合的评价体系是评价应遵循的原则之一。

2. 体现教学过程的评价

如果说以往的教学评价注重的是简单的学习成绩评价的话，那么目前更多的是注重于教学过程的实际效果。体育学科是一门实践性课程，注重于身体素质的提高，注重实际性。它不像数学学科，传授的是知识和应用能力，可以在卷面上直接反映一个学生对学习内容的掌握程度与多寡。体育学科的学习结果往往受个体差异的影响而大相径庭，这些个体差异包括体能上的、先天条件上的、体型上的、兴趣爱好上的不同。学习需要一个过程，运动技能的掌握需要反复练习才能掌握。既然对技能的掌握有长效性，自然对学生的学和教师的教，就应该是评价的要素之一。

（二）大学体育俱乐部教师——"教"的评价内容与方法

1. 评价方法

（1）定性评价与定量评价相结合

定性评价是对研究对象本质的评价，描述该对象的一般特点，进行概括性、总体性评价。首先要求收集到大量的相关材料，其次用正确的观点，对这些材料进行相关筛选，最后从现象中找出反复出现的规律，它是一种最基本、最常用的分析方法。定量评价方法是对确定对象精确的评价，它可以使人们对研究对象的认识进一步精确化，以便更加科学地揭示规律，把握本质，厘清关系，预测事物的发展趋势。将上述两种方法进行结合并应用在评价系统中就出现了定性与定量评价法，定性与定量评价是分析事物、评估事物的两个重要方面。在实际应用中，两者是相互影响、相互支持的关系，两者相辅相成：定性评价是前提，没有定性的定量是漫无目的的定量，其目标性、方向性都存在不确定的因素；定量评价是过程，没有定量的定性是笼统的、粗略的定性，不能获得评价对象的准确性，不能产生令人信服的结果。定性与定量相结合的评价方法能够对评价对象做出科学的分析与评价，但是也不能过于迷信其数据准确性，因为任何系统都是一个不断变化发展的过程，是一个动态的系统，如果当时的数据未能及时地反映该对象的各个侧面，那么很容易引起较大的系统随机误差，导致评价的可信度降低。

（2）个体评价与总体评价相结合

个体评价的思想是比较个人在一定时间段内的运动效果，评价参照的标准是同一个体或群体之前的状态，以此来判断该个体在参考时间段内是否有进化或者退化的趋势。本评价体系是以大学为评价对象，相对于每个学生而言属于总体评价，但是对于某些指标比如学生体质健康测试的结果，每所大学总体情况又是由每个学生的个体所组成的。因此，要想评好总体就必须以个体评价为基础，根据每个指标的特性、具体可操作性，结合专家经验，将个体评价与总体评价相结合得出最佳的评价方式。

（3）过程性评价与终结性评价相结合

终结性评价是指在体育俱乐部教学结束时进行相关内容的评估，其内容包括某同学在一段时间内的体育成绩、体质状况，以及某些体育运动的开展情况。通过对评估对象的有效调查后，可以使相关部门掌握体育俱乐部教学的开展情况，作为反馈，它可以为下一阶段工作的开展提供信息支持。但是这种方式还是存在一定的弊端，例如体育运动开展过程中，出现一些突发状况等情况时，信息不能及时作为反馈进行调节，在一定程度上会妨碍体育俱乐部教学的顺利开展。

过程性评价贯穿于整个体育俱乐部教学的过程之中，在体育俱乐部教学的开展中，将其划分为多个目标功能块，比如制度的制定、器材的保障、师资的保障等，然后有目的地对其进行实时信息反馈，这样可以及时获取学生的运动信息以及了解体育俱乐部教学开展过程中存在的弊端，将这些信息进行整理，可为下一阶段的任务开展提供有效的改进依据。从这一点来看，过程性评价在整个体育俱乐部教学的评价系统中占据着重要的地位。

学生体质健康水平的提高具有阶段性、过程性、发展性、时间性等特质，注重过程和注重结果相结合的评价方法能够更加全面地反映学生的健康情况。

2. 评价的内容

体育教师的教学水平不仅体现在教学能力和运动技能上，还与体育教师的综合素质密切相关。因此，评价者应从两个层面对体育教师的"教"进行评价：一是对体育教师的教学水平和教学能力的评价；二是对体育教师综合素质的评价。

对教师"教"的评价，一是强调了评价的全面性，二是突出了评价的重点。具体的考核内容包括：体育教学目标的达成状况、体育教学设计、体育教学管理、学生对教师的评价结果。体育教学改革的实践证明，要想对体育教师"教"的评价取得成功，主要取决于教师为完成教学目标所制定的整体教学计划和策略是否正确，以及教学目标的最终达成状况。因此，在对教师进行评价时，第一，强调的是体育教学目标的实现情况，其中包括两方面的内容，一是各阶段的教学目标制定得是否具体、合理、科学，二是总体教学目标的实现状况。第二，严格对体育教师的体育教学设计与体育教学管理进行考核，具体来讲，就是对教师的教案和上课的执行情况以及课外运动训练、娱乐健身的指导情况进行检查。第三，把学生对教师的评价结果纳入对教师的考核内容中去。学生对教师的具体评价内容包括：教师的职业道德、教师的体育教学能力与投入程度、教师的教学管理水平、教师的教学效果等。

（三）大学体育俱乐部教师——"学"的评价内容与方法

1. 大学体育教学俱乐部"学"的评价内容

"学"的评价是体育与健康课程评价的重要组成部分。大学体育教学俱乐部对学生进行评价的主要目的在于：掌握学生完成教学目标的情况、了解学生的体育学习情况与运动表现；找出学生在学习中存在的不足和差距，以便调整教学计划、改进教学；为学生提供展示自己能力、水平和个性的机会，激励学生发挥体育特长，促进学生的进步与发展。为此，我们从两个层面对学生进行评价：一个层面是从体育与健康课的角度来评价学生的学习，这是宏观层面的评价；另一个层面是从体育教学的角度来评价学生的学习情况，这是具体的评价。

2. 大学体育教学俱乐部教学评价的具体实施

评价与考核是密切联系在一起的。为加强对学生体育锻炼与学习的考核，可把体育与健康课作为大学一、二年级学生的必修课，并规定学生在校期间修满规定的学分（4 学分），且体育成绩合格是学生毕业，获得学位的必要条件之一。学生每学期完成计划教学时可提前毕业。毕业考试必须在完成四个学期的教学时数后进行，最早不得早于第三学期。考核内容包括：运动参与（40%）、运动技能（30%）、身体素质（20%）、理论知识（10%）。

（1）运动参与

运动参与包括：上课出勤（10%）、学习态度（10%）、课外参与（10%）、能力提高（10%）。

上课出勤评分依据：学生每周至少上一次体育课（可在同一周不同时间选择相同项目、相同水平的班级上课）。修完规定的体育教学时数且无迟到早退者，即得 10 分；迟到或早退一次扣 1 分，迟到或早退 20 分钟以上为旷课 1 节扣 2 分，迟到或早退 40 分钟以上为旷课一次扣 3 分。每学期上课时数不足 2/3 的学生，不能参加考试。

学习态度评分主要依据：学习的认真程度、练习的投入程度、遵守课堂纪律情况、与教师配合情况、与同学协调合作情况。

课外参与评分主要依据：学院规定的晨练、课外活动出勤情况，校运动会参与情况，体育俱乐部协会组织的各类比赛参与情况，单项俱乐部组织的各类活动的参与情况。

能力提高评分主要依据：专项技术的提高程度、身体素质的提高程度、其他体育相关能力的提高程度。

（2）运动技能

运动技能考核从三方面对运动技能水平进行考核，一是专项技能评定，二是专项技术水平，三是个人的技能与技术水平的提高程度。各单项教学俱乐部根据具体的单项运动技术特点，确定出具体的评价标准与办法。

（3）身体素质

一般身体素质（15%）和专项身体素质（5%）。每学期安排一般耐力、速度、力量三方面素质考核内容，每项各占 5%。各专项成绩考核视运动项目的不同，由单项教学俱乐部在教学纲要中制定。

（4）理论知识水平

对理论知识水平的评价主要采用两种办法：一是在体育与健康课的教学中，教师设置情境，提出问题，学生回答；二是在单项技能教学结束时，教师布置书面作业，学生课余自主完成。

（四）大学体育教学俱乐部的考试管理办法

1. 体育成绩的构成及其评定方法

体育成绩由专项技术成绩、平时成绩及考勤和身体素质三个部分构成。其中，专项技术成绩占总成绩的 60%、平时成绩及考勤总占总成绩的 20%、身体素质占总成绩的 20%。

专项技术成绩的评定方法：由各教学俱乐部负责人牵头，会同本专项任课教师共同制定出本专项的具体考试内容、考核方法和考核标准；各任课教师具体组织实施本教学班级的专项技术考试，并做好详细的原始成绩登记工作。

平时成绩及考勤的评定方法：各任教师应认真、详细地记载学生的平时考勤情况和参与运动的实际表现。具体评分标准如下：学生上课积极，练习认真、刻苦，占总分的 10%；平时考勤占总分的 10%，旷课一次扣 5 分，迟到、早退一次扣 2 分。旷课超过 5 次，体育成绩以 0 分计。

身体素质考试：第一、二学期分别选取 50 米和 800 米（女）、1000 米（男）作为身体素质考试项目。

2. 考试的分析与总结

当次考试结束后，各任课教师必须对本教学班的学生总评成绩进行系统分析，并认真填写教学质量分析报告。各单项教学俱乐部负责人须对本单项的总体考试情况进行总体分析。各教研室主任须对本教研室任课教师的成绩分析报告进行认真审核并签字确认；在此基础上，分管教学的部领导撰写具体的体育系教学质量分析报告。

教学质量分析报告须包括专项技术成绩、平时成绩及考勤、身体素质三个部分的考试难度、范围和要求是否与考试大纲、教学大纲的要求相适应，考试组织与管理的实施情况，学生考试纪律状况。此外，应根据考试成绩分布情况对学生学习和练习状态进行分析，进而找出具体问题与对策。

3. 考试相关材料的归档和成绩登录

任课教师负责学生成绩评定并填写成绩表。平时成绩及考勤必须以平时考查的原始记录为依据，按同一标准准确计分；身体素质成绩和运动技能成绩必须以测试的登记成绩为依据，依照统一的评分标准给予评分。

总评分数为学生的档案记录成绩。

学生考试成绩登录由各单项教学俱乐部负责人和教研室主任督促，各任课教师在全部考试结束后三日内完成自己所任教班级的成绩登录工作。

参考文献

[1] 张琦，柴猛．大学体育教学改革与创新 [M]．长春：吉林科学技术出版社，2020.10.

[2] 任波，李广国．大学体育有效教学艺术 [M]．长春：吉林科学技术出版社，2020.10.

[3] 刘斌，马鑫．新编大学体育与健康（微课版）[M]．成都：电子科技大学出版社，2020.08.

[4] 张军，沈建国．大学体育教程 [M]．杭州：浙江工商大学出版社，2020.06.

[5] 郑砚龙，肖祥，曾文波．大学体育与健康实用教程 [M]．天津：天津科学技术出版社，2019.12.

[6] 严杰星．新时代大学体育教育革新与反思 [M]．昆明：云南美术出版社，2020.01.

[7] 文渭河，杜清锋，杨杰．当代大学体育健康教程 [M]．长春：吉林人民出版社，2020.09.

[8] 陈欣．大学体育人文教育理论及发展研究 [M]．长春：吉林人民出版社，2020.01.

[9] 冯伟．大学体育选项教程 [M]．苏州：苏州大学出版社，2020.07.

[10] 闫俊杰，秦光宇，贾冲．大学体育 [M]．南京：东南大学出版社，2020.09.

[11] 沈竹雅．大学生体育运动与体育文化研究 [M]．长春：吉林出版集团股份有限公司，2020.07.

[12] 尹新．大学群众体育发展研究 [M]．长沙：湖南大学出版社，2020.09.

[13] 朱国生，陈忠宇，刘立华．大学体育教程 [M]．苏州：苏州大学出版社，2020.08.

[14] 王德平，黄朕．大学体育与健康教程 [M]．西安：西安电子科学技术大学出版社，2020.09.

[15] 杨文．体育与健康 [M]．成都：电子科技大学出版社，2020.08.

[16] 邱天．高校体育创新思维的教学与实践 [M]．厦门：厦门大学出版社，2020.10.

[17] 何巧红．大学体育文化与运动训练研究 [M]．长春：吉林科学技术出版社，2020.08.

[18] 史健，王凯，张强．大学在线体育教学研究[M]．北京：中国商业出版社，2021.10.

[19] 沙茜．体育教学与体育文化融合研究[M]．北京：北京工业大学出版社，2021.10.

[20] 陈志伟．厦门大学百年体育发展史[M]．厦门：厦门大学出版社，2021.03.

[21] 李进文．高校体育教学与体育文化融合发展研究[M]．北京：中国原子能出版社，2021.09.

[22] 吴宏江．体育与健身[M]．长春：吉林人民出版社，2021.11.

[23] 施小花．当代高校体育教育理论与发展探究[M]．长春：吉林人民出版社，2021.09.

[24] 李慧．高校体育教学改革与科学化训练研究[M]．沈阳：辽宁大学出版社，2019.12.

[25] 张平．新编高职体育与健康[M]．北京：北京理工大学出版社，2021.06.

[26] 李德昌．现代高校体育健康理论与体育保健的科学研究[M]．北京：北京工业大学出版社，2021.10.

[27] 周跃，毛一波，李玮．新编高等职业院校体育与健康基础教程[M]．昆明：云南大学出版社，2021.06.

[28] 朱岩．大学体育混合课程教学研究[M]．长春：吉林出版集团股份有限公司，2022.09.

[29] 仵美阳．大学体育与健康[M]．武汉：华中科技大学出版社，2022.08.

[30] 张亚平，杨龙，杜利军．高校体育教学理念及模式创新研究[M]．北京：中国商业出版社，2022.05.

[31] 易丽清．大学舞蹈教育教学思考[M]．北京：中国书籍出版社，2022.01.

[32] 张娅，齐海杰．体教融合下大学生体育教学研究[M]．长春：吉林出版集团股份有限公司，2022.09.

[33] 左为东．课程思政视角下高校体育教学模式研究[M]．北京：中国纺织出版社，2022.07.

[34] 王敏婷．高校大学体育教学理论与实践[M]．长春：吉林人民出版社，2023.07.

[35] 刘良辉，姜睿，熊冲．大学体育课程的教学与训练[M]．武汉：中国地质大学出版社，2023.07.

[36] 王国旭，卢博．大学体育与健康[M]．重庆：重庆大学出版社，2023.08.

[37] 史祎．体育教学与运动训练康复研究[M]．哈尔滨：黑龙江科学技术出版社，2023.01.

[38] 董青，王洋. 大学体育理论与实践教程 [M]. 北京：对外经济贸易大学出版社，2023.06.

[39] 庞岚，李元. 特色体育育人的探索与实践 [M]. 武汉：中国地质大学出版社，2023.06.